Introdução à terminologia: teoria e prática

Maria da Graça Krieger
Maria José Bocorny Finatto

INTRODUÇÃO À TERMINOLOGIA: TEORIA E PRÁTICA

Copyright © 2004   Maria da Graça Krieger
                     Maria José Bocorny Finatto

Todos os direitos desta edição reservados à
Editora Contexto (Editora Pinsky Ltda.)

Diagramação
Gisele Gonçalves

Revisão
Luciana Salgado
Vera Lúcia Quintanilha

Capa
Antonio Kehl

Dados Internacionais de Catalogação na Publicação (CIP)
(Câmara Brasileira do Livro, SP, Brasil)

Krieger, Maria da Graça e Finatto, Maria José Bocorny
Introdução à terminologia: teoria e prática / Maria da Graça
Krieger, Maria José Bocorny Finatto. – 2. ed. – São Paulo :
Contexto, 2023.

Bibliografia.
ISBN 978-85-7244-258-9

1. Linguística 2. Português – Termos e frases I. Finatto, Maria
José Bocorny. II. Título

03-0778   CDD-469.014

Índice para catálogo sistemático:
1. Terminologia : Língua portuguesa : Linguística   469.014

2023

Editora Contexto
Diretor editorial: *Jaime Pinsky*

Rua Dr. José Elias, 520 – Alto da Lapa
05083-030 – São Paulo – SP
PABX: (11) 3832 5838
contato@editoracontexto.com.br
www.editoracontexto.com.br

Proibida a reprodução total ou parcial.
Os infratores serão processados na forma da lei.

Sumário

Apresentação	7

Parte 1 – Dos fundamentos

Dos fundamentos teóricos	13
Terminologia: definições básicas	16
Histórico: realizações e teorias	24
Correlações e interfaces	40
Semântica	40
Lexicologia	43
Lexicografia	47
Terminografia	50
Documentação	58
Tradução e Terminologia	65
Objetos	75
O termo	75
Fraseologia	84
Definição	92
Terminologia e texto	106

Parte 2 – Terminologia em aplicação

Das aplicações terminológicas	123
Geração de glossários e dicionários especializados	127
Planejamento do trabalho	127
Listagem de termos	131
Normas Internacionais	133
Árvore de domínio	134
Registro de dados: a ficha terminológica	136

Geração de bancos de dados	145
Bancos de dados e dicionários eletrônicos	146
Dicionários on-line na internet	147
Bancos de dados: histórico	148
Termos técnico-científicos e suas definições	160
Definições em Terminologia	161
Definições de dicionários	162
Normas ISO para a elaboração de definições	164
Tradução, redação técnica e gestão de informação	177
Uso de softwares para reconhecimento terminológico	182
Problemas do reconhecimento automatizado	183
Reconhecimento de fraseologias com apoio informatizado	185
Delimitação de sintagmas terminológicos	186
Metodologias descritivas	188
Descrição *versus* prescrição	188
O texto como fonte primeira	191
Estudo de texto com apoio informatizado	202
Depreensão de terminologias em corpus textual: fundamentos	202
Bibliografia citada e de leituras recomendadas	215

APRESENTAÇÃO

Na origem das reflexões sobre o nome e a denominação, base da
terminologia, encontra-se toda a reflexão sobre a linguagem e o sentido.
(Alain Rey, 1992)

Na verdade, não existe ciência encerrada em si mesma, sem formas próprias de
expressão. É necessário, então, comunicar ciência. E, mais uma vez, a língua, sob
um figurino especializado, é a protagonista que desempenha o papel de ajudar a
escrever a ciência. Explica-se, assim, também, o papel das terminologias na
expressão dos saberes humanos.
(Marlise Fontes Borges, 1998)

O objetivo deste livro é contribuir para diminuir a lacuna de produção
bibliográfica sobre Terminologia em língua portuguesa. Tal lacuna está, em
muito, relacionada ao fato de que este é um campo de estudos considerado ainda
novo não apenas em nosso meio, mas em todo o panorama internacional. De
igual modo, o interesse dos linguistas sobre a constituição e o funcionamento
dos termos técnico-científicos data de época recente, que pode ser situada na
última década do século xx.

Introdução à terminologia: teoria e prática tem um caráter didático e
abrangente, espelhando uma diversidade de ângulos e de perspectivas sobre os
fenômenos da comunicação científica ou técnica, ou comunicação especializada,
como se convencionou denominar. E, nessa direção, a obra traz um panorama
da produção e do pensamento nacional e internacional refletido na relação dos
principais temas que integram o campo de práticas e estudos terminológicos,
tanto em projeção histórica quanto no eixo da contemporaneidade. A construção
desse amplo quadro temático, em língua portuguesa, foi também determinante
das múltiplas referências aos principais nomes que, internacionalmente, bem
como no Brasil, respondem pelo estabelecimento e por reflexões e avanços da
Terminologia teórica e prática.

Muito embora de caráter didático, esta obra é também epistemologicamente
marcada. A marca consiste na apreensão linguístico-textual dos objetos sob estudo:
termos, fraseologias, definição, linguagem e textos técnico-científicos refletem a perspectiva teórica que entendemos adequada e produtiva para dar conta dos fenômenos
terminológicos em maior profundidade.

8   INTRODUÇÃO À TERMINOLOGIA

A propósito dessa perspectiva integrada e textual sobre a comunicação técnico-científica e sobre sua expressão, acompanhamos Alain Rey (Rey, 1979, p. 23) e destacamos que empreender apenas uma análise ou caracterização morfológica e sintática das terminologias científicas seria algo por demais redutor e paralisante. Uma tal imobilidade seria o resultado indesejável de desvincular o "formato" linguístico das terminologias do seu ambiente maior de significação, dissociando-as dos textos reais em que elas "acontecem". Afinal, tanto as teorias quanto as aplicações terminológicas que se voltam para a descrição das linguagens técnico-científicas devem considerar a comunicação *in vivo*.

De outro lado, bem sabemos, tem sido crescente a acolhida dos estudos e pesquisas de Terminologia no currículo de nossas faculdades, especialmente naquelas instituições que oferecem cursos que formam tradutores e profissionais que desempenham serviços de interface linguística em geral. Todavia, em que pese a maior divulgação da disciplina pela via das terminologias compiladas em dicionários e glossários para uso de tradutores e outros profissionais, é importante não perder de vista que o texto especializado vincula-se a uma tipologia ou gênero textual que ultrapassa os estreitos limites de uma lista de "palavras técnicas". Vale dizer, o texto não se esgota em um "vocabulário peculiar", como tradicionalmente se julga.

Nessa perspectiva, *Introdução à terminologia: teoria e prática* centra-se no léxico especializado, componente privilegiado pela Terminologia, mas também enfoca aspectos da redação, tradução e gestão de informação de textos técnico-científicos. Essas atividades, cada uma à sua maneira, espelham práticas comunicativas de determinadas áreas de conhecimento, que são fruto de uma linguagem especializada, compartilhada por um grupo profissional que se expressa de um modo pré-convencionado e culturalmente estabelecido.

Essa visão mais ampla sobre os entornos das terminologias explica também a razão pela qual agregamos a definição terminológica ao quadro dos objetos tradicionais da Terminologia, quais sejam, os termos e as fraseologias. Entretanto, toda essa abrangência, mais do que uma extensa cobertura temática – teórica e aplicada – representa a reiteração da perspectiva linguístico-textual aqui adotada.

Cabe ainda comentar algo sobre a concepção desta obra: é um trabalho a quatro mãos que representa a integração das autoras em torno de atividades que, há muito, reúnem interesses e experiências conjuntas desenvolvidas com base no Projeto TERMISUL, do Instituto de Letras da UFRGS. Por isso, sem deixar de expressar posições e interpretações teóricas pessoais, congregam-se orientações teóricas e metodológicas comuns quer à pesquisa, quer às práticas de docência em Terminologia.

Introdução à terminologia: teoria e prática está dividido em duas grandes partes. A primeira trata de fundamentos teóricos e menciona princípios metodológicos; a segunda dedica-se ao tema das aplicações em Terminologia. Essa divisão, ao conjugar o binômio teoria e prática, busca estabelecer uma inter-relação tanto didática quanto prática para os estudantes de Terminologia e das linguagens especializadas em geral. Dado o propósito didático, no final de cada um dos tópicos principais tratados no livro, trazemos uma bibliografia complementar para um aprofundamento sobre o assunto, possibilitando também a remissão a outros aspectos mais proximamente relacionados. Ao final do volume, indicamos a literatura de Terminologia consultada e também a bibliografia complementar.

Na expectativa de que este livro seja efetivamente útil para aqueles que motivaram sua elaboração, os estudantes de Terminologia e de áreas afins, além de uma significativa gama de profissionais que lidam com vocabulários e linguagens técnicas, queremos registrar alguns agradecimentos especiais àqueles que colaboraram para que o nosso trabalho se concretizasse. De modo especial, agradecemos às Pró-Reitorias de Graduação, Pesquisa e Pós-Graduação da Universidade Federal do Rio Grande do Sul que, pelo "Programa especial da pesquisa ao ensino de graduação: produção de material didático", apoiaram a elaboração deste livro, fornecendo-nos a infraestrutura básica necessária. Em razão desse suporte, pudemos contar com a constante colaboração da acadêmica de Letras da UFRGS, Andrea Barude, cujo empenho, ao longo de todo o período de preparo dos originais, foi decisivo para a organização deste livro.

Maria da Graça Krieger e Maria José Bocorny Finatto

PARTE 1
DOS FUNDAMENTOS

Part I

DOS FUNDAMENTOS TEÓRICOS

A parte introdutória deste livro é articulada em função de dois propósitos maiores: responder o que é a Terminologia e situar as bases teóricas deste campo de conhecimento que toma o chamado léxico especializado como seu objeto principal de interesse. Para caracterizar a identidade da área, apresentamos, inicialmente, as definições básicas que estão envolvidas quando o próprio termo – *terminologia* – é invocado. Ele tanto pode significar os termos técnico-científicos, representando o conjunto das unidades lexicais típicas de uma área científica, técnica ou tecnológica, quanto o campo de estudos.

Nesse caso, ao lado de fundamentos teóricos, há também uma dimensão aplicada, refletida na produção de glossários e dicionários técnicos, entre outros instrumentos de organização formal das terminologias. Com o sentido de conjunto de termos, *terminologia* é aqui grafada com *t* minúsculo; com *T* maiúsculo, quando referida como um campo de estudos ou disciplina.

Ao enfocar a multidimensionalidade constitutiva da Terminologia, o capítulo inicial intenta cobrir os pontos principais relacionados à natureza do léxico especializado e seu papel nas comunicações profissionais, bem como à identidade da Terminologia, compreendida como um campo de conhecimento com objetos e práticas delimitadas. Com o intuito de aprofundar o panorama geral da área, delineamos seu percurso histórico. Tratamos da origem e do desenvolvimento que a Terminologia alcançou nos tempos atuais, tanto sob o prisma do exponencial crescimento dos termos técnico-científicos quanto da consolidação da disciplina, cuja história está relacionada a escolas e fundamentos epistemológicos distintos.

O percurso histórico da área compreende ainda uma série de ações pragmáticas voltadas ao manejo e ao controle dos usos dos termos técnicos. Tais atividades, que denominamos realizações, geralmente decorrem de políticas linguísticas adotadas em determinadas regiões e países bi e/ou multilíngues, nos quais as diferentes línguas não apenas coexistem, mas rivalizam com frequência. Outras vezes, as realizações estão vinculadas ao ideal de padronizar os termos técnico-científicos de modo a facilitar a comunicação profissional em âmbito internacional. Independentemente de seus objetivos específicos, todos esses movimentos impulsionaram o desenvolvimento da Terminologia, seja em razão da tradução, seja da organização e divulgação das terminologias. Com isso, a reflexão sobre o funcionamento e o comportamento do léxico técnico-científico foi também beneficiada.

Correlações e interfaces é o terceiro tópico desta parte inicial. Em geral, procuramos complementar a informação sobre a Terminologia como uma área de conhecimento com muitas inter-relações. Para tanto, situamos seu lugar no âmbito das ciências do léxico, correlacionando as áreas afins: Lexicologia, Lexicografia e Terminografia. Em relação a essas áreas correlatas, as identidades e os objetos de cada uma foram salientados, bem como assinalados os respectivos pontos de aproximação e distinção com a Terminologia. Tal como essas disciplinas, a Semântica é aqui apresentada, avaliando-se a história e a atualidade de suas relações com os estudos terminológicos.

Como a Tradução e a Documentação mantêm uma interface com a Terminologia, foram agregadas a este cenário, também configurando os parâmetros do diálogo que costumam estabelecer. Os tradutores técnicos, cada vez em maior número, reconhecem a importância de dominar as terminologias, necessitando identificá-las formal e semanticamente para traduzirem adequadamente. Tendo em vista o crescente interesse dos tradutores pelo manejo dos termos técnicos, avaliamos algumas condições do ensino da Terminologia com vistas à formação dos tradutores. De igual maneira, os profissionais que lidam com bases de dados bibliográficos, construindo e manipulando a linguagem de indexação, preocupam-se com o tratamento dos termos. Isso porque, com alta frequência, as terminologias são tomadas como descritores das linguagens documentárias, cuja estruturação assume ainda maior relevância no mundo da informação virtual.

Concluído o panorama geral, adentramos nas especificidades dos objetos de interesse e de estudo da Terminologia – o termo, a fraseologia e a definição – embora o primeiro seja o foco primordial. As propriedades que costumam ser atribuídas às unidades terminológicas estão vinculadas a diferentes concepções sobre sua natureza, tal como quisemos ressaltar. Em continuidade, relacionamos o estatuto terminológico de uma unidade lexical e o dinamismo da linguagem, posto que o valor cognitivo que os termos assumem depende de sua inserção em diferentes cenários comunicativos, junto a outros mecanismos que engendram as comunicações especializadas.

O enfoque sobre o termo complementa-se com uma série de aspectos que envolvem a constituição das terminologias. Procuramos, assim, esquematizar um quadro de configurações, tipologias e características morfossintáticas das unidades lexicais especializadas. Mais recentemente, a denominada fraseologia especializada passou a integrar as preocupações da área, pois, de alguma forma, também expressa conhecimento especializado, além de caracterizar um modo de dizer típico e frequente da comunicação profissional.

A definição terminológica é, para nós, um dos objetos constituintes da Terminologia. Contraface do termo, o enunciado definitório responde pela explicitação da dimensão cognitiva das terminologias. Ainda pouco estudado, o tema é enfocado sob vários ângulos de modo a igualmente oferecer um conjunto de informações e inter-relações necessárias à compreensão dessa complexa problemática. Representando o ponto de vista aqui adotado, a definição terminológica é considerada como um texto perpassado por marcas enunciativas mesmo no âmbito das ciências exatas.

O último capítulo desses fundamentos teóricos expressa o desenvolvimento atual dos estudos terminológicos que, deslocando-se de um eixo "mais" lexicológico, se movimentam em direção ao texto, tomando-o como vetor da articulação e do comportamento dos termos, das fraseologias e dos esquemas de definição, os três objetos da Terminologia. Diante disso, salientamos as relações entre texto e Terminologia à luz de proposições e de resultados, tendo em vista a abertura de novas perspectivas de investigação.

Um dos efeitos naturais que o eixo textual está determinando é o interesse crescente pela descrição dos textos especializados, *habitat* natural das terminologias e das fraseologias. O texto é também moldura cognitiva de articulação dessas unidades lexicais, bem como do conteúdo semântico das definições terminológicas.

Por um paradigma linguístico-textual conclui esta parte inicial, representando tanto o contexto epistemológico em que se inscreve a Terminologia atualmente como o ponto de vista adotado neste livro. Tal visão não diz respeito somente à parte teórica, mas constitui o princípio orientador para o trabalho aplicado.

TERMINOLOGIA: DEFINIÇÕES BÁSICAS

Desde tempos remotos, os homens criam e utilizam palavras para expressar e denominar conceitos, objetos e processos dos diferentes campos do conhecimento especializado. Essa produtividade linguística, de feição terminológica, ocorre notadamente no universo das ciências, das técnicas e das distintas atividades de trabalho profissional. Se o emprego de termos técnico-científicos[1] já é antigo, muito recente é o surgimento de um campo de estudos dedicado à terminologia, o qual começa a ser estabelecido a partir da segunda metade do século xx.

Por sua vez, essas duas faces referentes, quer a um conjunto de termos específicos de uma área científica e/ou técnica, quer à disciplina ou ao campo de estudos teórico e aplicado dedicado aos termos técnico-científicos, evidenciam que *terminologia* é um termo polissêmico. Por isso, junto a definições básicas, referimos neste momento inicial uma série de aspectos correlacionados ao léxico terminológico, bem como a seus estudos e aplicações. Neste último caso, a Terminologia[2] compreende também uma face aplicada relativa, sobretudo, à produção de glossários, dicionários técnico-científicos e bancos de dados terminológicos.

LÉXICO ESPECIALIZADO: NATUREZA E FUNCIONALIDADE

Terminologias como a da Biologia, Química, Linguística ou indústria gráfica são representativas de conhecimentos especializados. Por essa razão, os termos compreendem tanto uma dimensão cognitiva, ao expressarem conhecimentos especializados, quanto uma dimensão linguística, tendo em vista que conformam o componente lexical especializado ou temático das línguas.

Ao constituir a expressão lexical dos saberes científicos, técnicos e tecnológicos, a terminologia é um elemento inerente às chamadas comunicações especializadas, as quais são tradicionalmente associadas à redação de artigos científicos, teses, resenhas, manuais, textos especializados em geral. Entretanto, também em padrão oral, desenvolvem-se intercâmbios comunicativos entre especialistas de um mesmo campo de atuação e interesse. Como esse tipo de comunicação especializada possui determinadas peculiaridades, como precisão, objetividade e o uso sistemático de termos técnico-científicos, costuma também ser identificada como língua para fins específicos (*Language for Specific Purposes*, LSP), tecnoleto, língua de especialidade entre outras denominações[3].

Por sua vez, o emprego das terminologias assume determinadas funcionalidades nas comunicações profissionais. Tais funcionalidades estão intimamente vinculadas à tridimensionalidade das faces constitutivas da terminologia – linguística, conceitual, comunicativa –, conforme pode ser ilustrado em relação ao estabelecimento do conhecimento científico:

> A constituição de uma terminologia própria marca, em toda ciência, o advento ou o desenvolvimento de uma conceitualização nova, assinalando, assim, um momento decisivo de sua história. Poder-se-ia mesmo dizer que a história particular de uma ciência se resume na de seus termos específicos. Uma ciência só começa a existir ou consegue se impor na medida em que faz existir e em que impõe seus conceitos, através de sua denominação. Ela não tem outro meio de estabelecer sua legitimidade senão por especificar seu objeto denominando-o, podendo este constituir uma ordem de fenômenos, um domínio novo ou um modo novo de relação entre certos dados. O aparelhamento mental consiste, em primeiro lugar, de um inventário de termos que arrolam, configuram ou analisam a realidade. Denominar, isto é, criar um conceito, é, ao mesmo tempo, a primeira e última operação de uma ciência. (Benveniste, 1989, p. 252)

A consideração de Benveniste salienta a dimensão cognitiva das terminologias na representação do conhecimento científico; mostrando, simultaneamente, a importância da função denominativa do componente lexical das línguas. No caso das denominações técnicas, o componente lexical especializado permite ao homem denominar objetos, processos e conceitos que as áreas científicas, técnicas, tecnológicas e jurídicas criam e delimitam conceitualmente. Do mesmo modo, o léxico especializado contribui para expressar princípios e propósitos que constituem e animam diferentes áreas sociais e profissionais. É o caso, por exemplo, da terminologia jurídica, que auxilia o Direito a estabelecer suas determinações normativas, entre outros aspectos.

A importância do processo denominativo para as atividades de conceitualização explica, assim, o papel das terminologias na fixação e na circulação do saber científico e técnico. Donde o sentido da afirmação de que:

> Para os especialistas, a terminologia é o reflexo formal da organização conceitual de uma especialidade, e um meio inevitável de expressão e comunicação profissional. (Cabré, 1993, p. 37)

O léxico temático configura-se, portanto, como um componente linguístico, não apenas inerente, mas também a serviço de comunicações especializadas, posto que os termos transmitem conteúdos próprios de cada área. Por isso, os termos realizam duas funções essenciais: a de representação e a de transmissão do conhecimento especializado. Ao circunscreverem conteúdos específicos, as terminologias auxiliam também a elidir ambiguidades e jogos polissêmicos, frequentes no uso do chamado léxico geral da língua, contribuindo para uma desejada precisão conceitual.

Tudo isso está associado à natureza constitutiva dos termos, considerados como signos linguísticos de valor monossêmico, caracterizando-se ainda pela monorreferencialidade, porque, de modo geral, veiculam apenas o significado específico de cada área, bem como estabelecem uma única referência com o mundo exterior, sempre na ótica da área em que a unidade lexical está inserida.

São exemplos do funcionamento monossêmico e monorreferencial os termos *cardiopatia* e *eletroemissão* pertencentes à Medicina e à Física, dados seus respectivos significados particulares de "doença do coração" e "qualquer fenômeno em que sejam emitidos elétrons". Esses são termos que também se caracterizam pela exclusividade denominativa, outra qualidade comum das terminologias, embora isso nem sempre ocorra, como é o caso de *vírus*, significando "substância orgânica capaz de transmitir doença" em Medicina e, em Informática, "programa de computador, cuja principal característica é danificar ou mesmo destruir informações armazenadas em computadores".

Cabe também observar que o uso de termos técnicos é um importante recurso para a precisão conceitual nas comunicações profissionais favorecendo, consequentemente, a almejada univocidade. A precisão conceitual torna-se uma condição necessária para um eficiente intercâmbio comunicativo, seja no universo da transmissão do conhecimento científico, seja para o assentamento de toda sorte de contratos jurídicos e comerciais, bem como das múltiplas e variadas proposições de intercâmbio tecnológico, científico e cultural, que se intensificam na atual sociedade globalizada.

A funcionalidade operada pelo léxico especializado na transmissão de conhecimentos, na transferência de aparatos tecnológicos, bem como nas relações contratuais faz com que, cada vez mais, a Terminologia assuma relevância na e para a sociedade atual, cujos paradigmas de desenvolvimento estão intimamente relacionados ao processo de economia globalizada e ao acelerado desenvolvimento científico e tecnológico. Alinham-se, no mesmo paradigma, a organização e divulgação da informação, condições que favorecem o comércio e as relações internacionais.

Nesse contexto de alargamento das fronteiras e de grande ampliação de intercâmbios, as línguas passaram a entrar mais fortemente em contato, exigindo novas competências linguísticas, em que se inclui o domínio dos termos técnicos. Junto a essas novas necessidades encontra-se a crescente demanda pelas traduções técnicas, as quais necessitam transpor adequadamente as terminologias de uma língua para outra. Diante da funcionalidade operada pelos termos especializados na transmissão de informações e tecnologias, justifica-se a importância de seu conhecimento, bem como de sua divulgação em glossários, dicionários técnico-científicos e bancos de dados terminológicos.

A necessidade de contar com obras de referência plurilíngues na busca quer de conceitos, quer de denominações terminológicas atinge uma extensa gama de profissionais envolvidos com as linguagens técnicas. Entre eles, destacam-se os tradutores, intérpretes, documentalistas, redatores técnicos, lexicógrafos e terminógrafos, estudantes universitários, bem como outros profissionais considerados como usuários indiretos da terminologia. O interesse, portanto, não se restringe mais aos especialistas que, como usuários diretos, sempre compreenderam a importância de dominar as terminologias de suas áreas de competência.

Igualmente, avança o interesse dos profissionais da mídia pelos termos técnicos, pois a ciência hoje é objeto de larga divulgação. Tanto que, se houve um tempo em que se postulava que o conteúdo das linguagens especializadas era de uso restrito aos profissionais da área, atualmente a ciência e a tecnologia tornaram-se objetos de notícia e, nessa medida, de interesse do público não especializado.

Mais ainda, a sociedade atual sofre o impacto da acelerada produção do conhecimento, traduzido pelas mais variadas inovações tecnológicas que afetam seu cotidiano. De certo modo, vive-se um processo de alfabetização técnico-científica, o que determina a ampliação de contatos com as terminologias.

A existência e a circulação de terminologias em distintos cenários comunicativos são testemunhos de que essas cumprem, prioritariamente, a dupla função de fixar o conhecimento técnico-científico e de promover sua transferência de modo pontual. Com isso, delineia-se também o papel social das terminologias no âmbito da comunicação humana.

A esse papel está também associada a ideia de padronização, revelando a visão normativa sobre as terminologias. A tentativa de estabelecer uma padronização terminológica nas linguagens técnicas é própria da adoção de políticas linguísticas articuladas sobre a crença de que o uso recorrente de um mesmo termo garante a univocidade da comunicação especializada. É com essa ideia de auxiliar a resolução de problemas linguísticos de comunicação, ou seja, evitando o uso de sinonímias e variações, que se estabelecem as políticas de organismos normalizadores, como é o caso do Comitê Técnico 37, *Terminologia: princípios e coordenação* da Organização Internacional de Normalização, ISO. As proposições da ISO em direção à padronização das terminologias fundam-se sobre o ideal de facilitar a cooperação internacional, mas não deixam de representar uma tentativa de interferência no uso dos vocabulários especializados.

Há também alguns países, como a França e o Canadá, que desenvolvem políticas linguísticas normalizadoras, objetivando preservar a identidade de seus idiomas. Por intermédio de legislação específica e de uma série de estratégias como a de traduzir termos, estabelecer padrões de estruturas neológicas e, acima de tudo, recomendar o uso de determinados termos em detrimento de outros, esses organismos normalizadores intentam padronizar o léxico, impedir o emprego de estrangeirismos, bem como a utilização indiscriminada de neologismos. Trata-se de tentativas de manejo e controle de vocabulários, as quais dependem, em muito, de fatores culturais.

Mas, independente de ações políticas, o emprego de termos técnicos traz consigo a ideia de uma uniformização denominativa e conceitual, tornando-se, nessa medida, um estratégico componente na busca da eficiência que a comunicação especializada requer de modo particular. Em razão disso, entende-se que as faces que conformam a essência das terminologias explicam também sua funcionalidade. Ao congregar um plano cognitivo a um estratégico papel comunicacional, as terminologias revelam-se como componentes basilares dos sistemas linguísticos, bem como das interações comunicativas no universo das ciências, das técnicas, das tecnologias e das atividades laborais especializadas.

Campo de estudos: teoria e aplicações

A Terminologia é uma disciplina que possui seu objeto primordial definido: o termo técnico-científico. É esse objeto que marca a identidade da área, embora a fraseologia especializada e a definição terminológica também tenham passado a integrar seus horizontes de pesquisa.

Marca também a identidade desse campo de estudos a coexistência de dois enfoques distintos sobre esses objetos: de um lado, o desenvolvimento teórico e as análises descritivas; e, de outro, as chamadas aplicações terminológicas. Estas compreendem uma variedade de produtos e ferramentas, tais como: glossários, dicionários técnico-científicos, bancos de dados terminológicos e sistemas de reconhecimento automático de terminologias.

A essa dupla face da Terminologia, estudo e aplicação, relaciona-se também a discussão sobre a natureza, o estatuto e o lugar desse campo de estudos no panorama das ciências. Trata-se de uma disciplina, cujas bases foram estabelecidas pelo engenheiro austríaco Eugen Wüster (1898-1977), que a introduziu na Universidade de Viena em 1972. Com a preocupação de padronizar o uso de termos técnico-científicos de modo a alcançar a univocidade comunicacional no plano internacional, desenvolveu uma série de estudos sobre os termos que deram origem à Teoria Geral da Terminologia (TGT)[4].

Por tudo isso, Wüster é considerado o fundador da Terminologia moderna, tendo-a concebido como uma disciplina autônoma e multidisciplinar, situada na convergência da linguística, da lógica, da ontologia, das ciências da informação e das diferentes áreas do conhecimento científico. Para ele, a apreensão da natureza constitutiva de um termo técnico-científico exige uma gama de conhecimentos de ordem linguística, cognitiva, lógica, ontológica e das ciências da informação. Nessa conjunção de saberes, entende também que é necessário "manter um estreito intercâmbio de experiências com as diversas áreas do saber como a física, a engenharia elétrica e a economia[5]". (Wüster, 1998, p. 26)

A necessidade de diálogo evidencia que, para Wüster, a terminologia de uma área é, em sua natureza, a expressão de um conhecimento científico, logicamente estruturado. Nesse sentido, os termos refletem fundamentos conceituais, bem como representam a apreensão da essência dos fenômenos estudados pelas especializações. Por isso, a colaboração dos especialistas complementa o círculo de vozes necessárias para explicar os termos.

Considerando ainda que todas as matérias especializadas possuem e usam uma terminologia para representar seus conhecimentos, a Terminologia, além da interdisciplinaridade, assume uma feição transdisciplinar. Entretanto, é seu caráter multidisciplinar que leva alguns estudiosos a não considerá-la como uma disciplina autônoma. Isso, no entanto, não impede que o campo de estudos terminológicos tenha sua própria identidade. Ao contrário, sua especificidade configura-se pela intersecção de outras disciplinas na compreensão do léxico temático, seu objeto central de investigação e tratamento.

É importante também observar que, em sua origem, a Terminologia foi concebida como um ramo da Linguística Aplicada:

> Pertencer à linguística aplicada é precisamente o que caracteriza, em larga medida, o estudo científico geral da Terminologia. Isso torna implícito o fato de que ela é um ramo da Linguística Aplicada. Eis aqui, com efeito, a descrição que se deu desta última e que é tomada a Gunther Kandler. Ela vai além da Linguística por reunir conhecimentos linguísticos em todos os domínios da vida e de torná-los úteis a todos os domínios da vida. (Wüster, 1974, p. 64)

A ideia de Linguística Aplicada relaciona-se ao aspecto prático da Terminologia, particularmente à produção de obras de referência especializadas, instrumentos que organizam a informação e, em decorrência, facilitam a comunicação. Nessa ótica, o papel maior da área é organizar e divulgar os termos técnico-científicos como forma de favorecer a univocidade da comunicação especializada.

Embora Wüster tenha definido a Terminologia como um ramo da Linguística Aplicada, preocupou-se em assinalar as diferenças básicas entre a própria Linguística e o campo terminológico, demarcando fronteiras entre as duas disciplinas. Nesse sentido, diferencia seus objetos de interesse: para a primeira, a língua geral em todos os seus aspectos; para a segunda, somente o léxico especializado.

De acordo com seu pensamento, trata-se de duas atitudes distintas diante da língua, considerando que o trabalho terminológico toma os conceitos como ponto de partida com o objetivo de estabelecer os limites conceituais de cada unidade terminológica dentro de uma terminologia. Diante disso, afirma que:

> A Terminologia considera que o âmbito dos conceitos e das denominações (= aos termos) são independentes. Por essa razão, os terminólogos falam de conceitos, enquanto os linguistas falam de conteúdos das palavras, referindo-se à língua geral. (Wüster, 1998, p. 21)

Independente dessas oposições epistemológicas, presentes no pensamento fundador da Terminologia, a proposição de compreendê-la como um ramo aplicado da Linguística tem suscitado reflexões e controvérsias sobre a natureza, o alcance e o lugar dessa disciplina. Uma importante posição a respeito reside na compreensão de que os termos podem, concomitantemente, ser tanto um objeto teórico quanto descritivo e/ou aplicado. Por isso, conforme Cabré e Adelstein (2001), os termos, na qualidade de objetos teóricos, permitem questionamentos sobre sua identidade, suas diferenças com as palavras e sua forma de aquisição, bem como sobre o modo como se organizam na mente humana ou se integram em uma gramática. Por sua vez, estudos descritivos dos termos oferecem, por exemplo, dados sobre as estruturas produtivas das terminologias em um âmbito determinado.

Considerando ainda que os termos integram o léxico de um falante, as mesmas autoras postulam que devem ser explicados e descritos por uma teoria geral da linguagem. Mas, enquanto elementos de aplicações, as terminologias encontram efetivamente seu lugar na Linguística Aplicada. Assim, discutir se a Terminologia é ou não Linguística Aplicada requer a compreensão de que o estatuto da área depende do enfoque sob o qual os termos são analisados e manipulados.

A despeito de enfoques específicos, a Terminologia é um campo de conhecimento que vem intensificando os estudos sobre a constituição e o comportamento dos termos, compreendendo desde sua gênese até o exame de suas relações nas mais distintas áreas do conhecimento científico e técnico. Para tanto, encontra subsídios na ciência da linguagem, o que lhe permite avançar no conhecimento do termo, seu objeto central, bem como daqueles outros elementos que também introduziu em seu quadro de investigação, quais sejam, a fraseologia e a definição.

É importante ainda observar que o aprofundamento dos estudos terminológicos tem impulsionado uma série de pesquisas sobre os textos especializados[6], ainda pouco descritos. No entanto, o reconhecimento das especificidades desse gênero textual é um componente imprescindível para a compreensão da natureza e do funcionamento dos principais objetos terminológicos.

Além dos aspectos teóricos, a Terminologia tem avançado no sentido de oferecer elementos que subsidiem a definição de princípios e diretrizes de tratamento dos termos técnico-científicos nas aplicações terminológicas.

Complementarmente, a terminologia constitui-se em um campo de conhecimento que, ao dialogar com diferentes áreas especializadas, se capacita a estabelecer princípios e métodos de elaboração de ferramentas e produtos, tais como sistemas de reconhecimento automático de terminologias, glossários, dicionários técnico-científicos e bancos de dados terminológicos.

Essa dupla face, teórica e aplicada, que reúne tanto a descrição e a explicação dos termos, fraseologias e definição terminológica quanto o conjunto de diretrizes metodológicas para o tratamento desses objetos configura a identidade da disciplina denominada Terminologia. Trata-se de uma área com feição própria que, cada vez mais, inscreve-se no campo dos estudos linguísticos, independente da necessidade de diálogo com os outros domínios de conhecimento que corroboram seu caráter multidisciplinar.

LEITURAS RECOMENDADAS

CABRÉ, M. T. (1993) *La terminología: teoría, metodología, aplicaciones*. Barcelona: Antártida/Empúries, 1993.
KRIEGER, M. G. (1998b) Terminologia em contextos de integração: funcionalidade e fundamentos. *Organon*. Porto Alegre: IL/UFRGS, 1998, v. 12, n. 26, p. 19-32.
LERAT, P. (1995a) *Les langues spécialisées*. Paris: Presses Universitaires de France, 1995.
SAGER, J. C. (1993a) *Curso práctico sobre el procesamiento de la terminología*. Fundación Germán Sánchez Riupérez/Ediciones Pirámides, Madrid: Pirámide, 1993.

NOTAS

[1] *Termo técnico-científico* é uma denominação tradicional que aqui será mantida, embora não seja sempre aplicável, como é o caso das terminologias das áreas eminentemente técnicas.

[2] Com o sentido de conjunto de termos, *terminologia* é aqui grafada com *t* minúsculo. Com *T* maiúsculo, quando referida como campo de estudos ou disciplina.

[3] Maior detalhamento a respeito das características do texto especializado encontram-se na seção "O texto especializado" do capítulo "Terminologia e texto" (Parte I) e também no capítulo "Metodologias descritivas: macro e microestrutura do texto" (Parte II).

[4] A TGT está baseada nas proposições da tese de doutoramento de Eugen Wüster, "*Internationale Sprachnormung in der Technik, besonders in der Elektrotechnik*". (Normalização Internacional na Técnica Especialmente na Eletrotécnica), focalizando a Terminologia sob o prisma da precisão conceitual. Outros detalhes a respeito da TGT, no capítulo "Histórico: realizações e teorias".

[5] Embora o texto original de Wüster date de 1931, a referência a 1998 está baseada em data da obra traduzida.

[6] Maiores detalhes sobre a aproximação entre Terminologia e os enfoques textuais estão no capítulo "Terminologia e texto".

Histórico: realizações e teorias

Tendo em vista que a Terminologia é uma área teórica e aplicada, com atividades e diretrizes voltadas a diferentes perspectivas e interesses sociais, delinear seu panorama histórico pressupõe referir inúmeros vetores que cobrem a diversidade de situações compreendidas em sua trajetória de desenvolvimento. Diante da amplitude do tema, limitamo-nos a salientar alguns aspectos da história da Terminologia sob dois enfoques básicos: de um lado, a origem e a consequente evolução da área, compreendendo a contextualização de alguns desenvolvimentos particulares de natureza política e social; de outro, o percurso teórico relacionado a escolas e teorias de terminologia.

As realizações, conforme aqui denominamos, são compreendidas como ações pragmáticas que levam em conta a funcionalidade do manejo e do domínio das unidades terminológicas para diferentes fins, como a comunicação, a tradução, o controle de vocabulários, bem como para a valorização das línguas, como ocorre em determinados países e regiões. Por sua vez, os estudos terminológicos são abordados numa perspectiva de fundamentos epistemológicos que sustentam os princípios e proposições das mais destacadas escolas clássicas de terminologia, culminando com as atuais perspectivas teóricas.

Das origens ao desenvolvimento atual

Qualquer história sobre as linguagens especializadas não pode deixar de lembrar que:

> A terminologia não é um fenômeno recente. Com efeito, tão longe quanto se remonte na história do homem, desde que se manifesta a linguagem, nos encontramos em presença de línguas de especialidade, é assim que se encontra a terminologia dos filósofos gregos, a língua de negócios dos comerciantes cretas, os vocábulos especializados da arte militar, etc. (Rondeau, 1984, p. 1)

A terminologia, compreendida como léxico dos saberes técnicos e científicos, é inegavelmente uma prática antiga, posto que o conhecimento especializado não é fenômeno dos tempos atuais.

> A linguagem atual da ciência é o resultado de 2500 anos de pensamento científico, desde o século V a.C. até a atualidade; isto é, nele aparecem

> termos gregos e latinos que datam de séculos junto a outros que estão se formando neste momento. Se em alguns ramos da ciência há uma história tão longa, cujas criações muito antigas convivem com outras completamente modernas, em outros, a existência de uma breve história não permite nada além de uma terminologia muito recente. Temos de situar a procedência dos tecnicismos, em primeiro lugar, nas línguas clássicas, árabes e, sobretudo, grega e latina, grupo do qual ainda hoje procede a maior parte deles. (Gutiérrez Rodilla, 1998, p. 40)

Em contrapartida à antiguidade da prática terminológica, seu desenvolvimento mais expressivo, bem como os estudos sobre o componente lexical das comunicações especializadas são relativamente recentes, situando-se na segunda metade do século xx.

Apesar dessa atualidade, o reconhecimento formal da existência de vocabulários específicos de determinadas áreas de conhecimento especializado se dá no século xvii, período em que alguns dicionários clássicos da cultura europeia incluíram a Terminologia como uma entrada, definindo-a como matéria que se ocupa de denominações de conceitos próprios das ciências e das artes.

No século xviii, especialmente com o trabalho dos enciclopedistas, foi impulsionada a discussão das propriedades e problemas que envolvem as línguas de especialidade, como, posteriormente, passaram a ser chamadas as terminologias. O interesse por estas línguas, notadamente as da ciência e das técnicas, mas também as do comércio, da administração, entre outros domínios, progride de vários modos e por diferentes razões.

Tal interesse vincula-se também ao fato de que o século xviii é um período marcado pelo estabelecimento das nomenclaturas técnico-científicas, cunhadas com componentes do latim e do grego. Trata-se dos conhecidos termos científicos, desenvolvidos particularmente no campo das ciências taxionômicas a exemplo da Botânica, da Zoologia, da Química entre outras.

Não apenas o surgimento das linguagens científicas, mas também a discussão sobre suas propriedades e peculiaridades são fatores que assumem relevância em todo esse período histórico, adentrando ainda o século xix. Este também desempenha um papel de destaque sobretudo porque a internacionalização das ciências, que começa a se efetivar nessa época, faz com que os cientistas passem a preocupar-se com determinadas estratégias capazes de assegurar a univocidade da comunicação científica internacionalmente. Norteados por esse objetivo, os cientistas estabelecem padrões terminológicos em seus âmbitos de especialidade, bem como intensificam suas preocupações com regras de formação dos termos de modo a atribuir determinadas especificidades à sua linguagem. Para tanto, instituem um processo denominativo, cujas particularidades permitem uma demarcação nítida entre o léxico das ciências e o chamado léxico comum, configurando os termos das ciências.

Em relação a esse percurso histórico, Gutiérrez Rodilla observa que:

> É difícil estabelecer onde se inicia exatamente a história das nomenclaturas, que, em boa medida, está relacionada com a das classificações e da sistematização. A situação varia de um ramo a outro da ciência, embora poderia considerar que o ponto de partida se encontra na última parte do século XVII e que adquire uma grande importância ao longo do XVIII – a ideia de que a ciência deveria utilizar uma "linguagem bem feita". Essa concepção, portanto, perfeitamente lógica e unívoca, relaciona-se em grande medida com a concepção de uma razão transparente e coerente, típica do século das luzes, e sobretudo, do século XIX, ao amparo do positivismo e sob o impulso das sociedades científicas; embora existam notáveis precursores e antecedentes em outros tempos e períodos de dedicação à ciência. (Gutiérrez Rodilla, 1998, p. 207)

À luz desses ideais, determinadas estratégias se efetivaram concretamente como o estabelecimento e a normatização[1], por exemplo, da terminologia elétrica, durante o Congresso Internacional de Eletricidade realizado em Paris, em 1881. Ações dessa natureza têm continuidade no século XX, caso da terminologia da Astronomia, normatizada durante o primeiro Congresso da União Astronômica Internacional, realizado em Roma no ano de 1922.

É na perspectiva de estabelecer uma terminologia padronizada e, ao mesmo tempo, distinta do léxico comum que se explica a razão pela qual os termos científicos são, basicamente, criados com afixos e radicais tomados especialmente do grego, mas também do latim. De certa forma, é seguida a tradição das nomenclaturas técnico-científicas. Entretanto, sua terminologia se distingue porque os elementos gregos e latinos que as constituem, integralmente, limitam-se a componentes dos termos, articulados como unidades lexicais que obedecem aos padrões morfossintáticos do idioma em que tiveram origem ou para o qual foram traduzidos, como atestam *cardiopatia* e *hidráulica*, termos da língua portuguesa. Do mesmo modo, línguas como o inglês, o francês e o alemão possuem um léxico especializado com comportamento semelhante ao léxico geral.

Esse comportamento sistêmico passa a ser uma característica marcante das terminologias contemporâneas que se proliferam e se consolidam como componente lexical especializado dos sistemas linguísticos particularmente no século XX. Esse período torna-se o cenário maior do grande desenvolvimento e da consolidação da terminologia, quer como instrumental linguístico especializado a serviço de diferentes finalidades científicas, sociais e políticas, quer como campo de conhecimento.

O crescimento exponencial das unidades terminológicas é um fenômeno diretamente resultante do acelerado avanço da ciência e da tecnologia que requer novas denominações para as novas descobertas e invenções que se avolumam.

A ampliação do conhecimento científico e tecnológico, uma das mais marcantes características do final do milênio, vem, portanto, afetar a composição das terminologias, sejam elas criações originais, sejam denominações já existentes que passaram a ser redefinidas, integrando novos campos e horizontes de conhecimento.

Razões de outra ordem também motivam o interesse pelo componente lexical especializado dos idiomas. Entre elas, destaca-se o processo de globalização que, incrementando as transações comerciais entre as nações, propiciou o surgimento dos atuais blocos econômicos, bem como de uma série de intercâmbios que ultrapassaram o âmbito comercial, expandindo-se para o mundo científico, tecnológico e cultural. Tal situação fez crescer a preocupação com a utilização e a tradução adequadas das terminologias, posto que os protagonistas dos processos de alargamento de fronteiras passaram a perceber o importante papel dos termos técnico-científicos para uma comunicação mais eficiente, uma adequada transferência de tecnologia e um correto estabelecimento de contratos comerciais entre outras ações de cooperação.

Em todo esse processo de expansão, o interesse pelas terminologias deixou de estar restrito aos especialistas que, como usuários diretos, sempre compreenderam a necessidade de dominar o vocabulário específico de seus campos de competência. Nessa mesma situação, estão os estudantes universitários que necessitam incorporar os termos de suas áreas de aprendizagem profissional. Hoje, há uma extensa gama de profissionais também preocupados com a terminologia e que são considerados seus usuários indiretos, como é o caso dos tradutores, intérpretes, documentalistas, redatores técnicos, lexicógrafos e terminógrafos, entre outras categorias de profissionais envolvidos com a linguagem. Igualmente, avança o interesse dos comunicadores pelos termos técnicos, pois a ciência e a tecnologia tornaram-se objetos de larga divulgação, integrando o cotidiano das notícias.

Inscreve-se na emergência do conhecimento e domínio de determinadas terminologias, o próprio cidadão, tendo em vista que a sociedade atual sofre o impacto da acelerada produção do conhecimento, traduzido pelas mais variadas inovações tecnológicas que afetam seu cotidiano. Consequentemente, amplia-se o contato e o uso das terminologias, mesmo com alterações denominativas e perdas conceituais, efeitos próprios da divulgação do conhecimento em grande escala.

Todo esse conjunto de fatores retrata a expansão dos léxicos especializados, bem como a evolução da consciência sobre o seu papel na comunicação, sobretudo no plano internacional. É também nesse cenário de expansão e reconhecimento do valor comunicacional e social dos termos técnicos que a história da terminologia no século xx é marcada por uma série de estratégias pragmáticas, comumente relacionadas a uma intervenção sobre o uso dos vocabulários especializados. Como são norteadas por diferentes finalidades sociais e políticas, essas ações realizam-se de diferentes maneiras, permitindo caracterizar distintas linhas orientadoras da terminologia.

28 Introdução à terminologia

Com base em clássico estudo sobre a história da área, realizado por Pierre Auger (1988), três grandes orientações que norteiam o desenvolvimento e o manejo dos termos técnico-científicos foram identificadas: uma orientação linguístico-terminológica; uma voltada para a tradução; e uma outra orientação centrada nos propósitos de planificação linguística. Apesar de delimitadas, essas três orientações não são excludentes, como seus percursos demonstram.

A primeira orientação está relacionada ao desenvolvimento dos estudos teóricos sobre o léxico especializado, cujo impulso deve-se a Eugen Wüster, o fundador da Teoria Geral da Terminologia (TGT). Seu nome, além do estabelecimento das bases da disciplina, está fortemente vinculado ao objetivo de delinear diretrizes pragmáticas de normatizar as terminologias, visando a facilitar seu uso unívoco mundialmente.

O ideal de alcançar a padronização terminológica para garantir a perfeita intercomunicação científica e técnica em plano internacional, assim como o intuito de unificar os métodos de trabalho em terminologia, está na origem da constituição de organismos internacionais voltados a essas finalidades. Tais objetivos, preconizados por Wüster, motivaram até mesmo a criação do Comitê Técnico 37 da ISO (*International Standard Organization*), intitulado "Terminologia: princípios e coordenação".

Alguns países e regiões também possuem seus próprios comitês de terminologia que integram organismos oficiais de normas técnicas, visando a determinar quais os termos normalizados, bem como os padrões neológicos aceitáveis. São casos exemplares dessa organização terminológica a região do Québec, no Canadá, e da Catalunha, na Espanha, que contam, respectivamente, com instituições como o *Office de la Langue Française* e o Centro de Terminologia da Catalunha, Termcat.

O Québec e a Catalunha são também modelos da atuação denominada orientação para a planificação linguística que, em grandes linhas, corresponde a um programa de valorização e desenvolvimento das línguas regionais, caso do francês, no Canadá, e do catalão, no território espanhol. Geralmente, a existência de um planejamento linguístico oficial, vale dizer, de políticas linguísticas é referente à preservação e ao desenvolvimento de idiomas que foram proibidos por razões políticas ou considerados ameaçados de extinção. Desse modo:

> O conceito de planificação linguística se apoia em um projeto linguístico coletivo. Por visar a harmonização linguística, a planificação deverá resultar de um consenso social para que seja bem-sucedida. Normalmente, a planificação decorre de um esforço conjunto para o estabelecimento de uma política linguística nacional. Nesse sentido, nós podemos dizer que a planificação é regulamentada pelas disposições jurídicas que, em matéria de língua, acabam por se constituir em um conjunto de regras legisladas. (Faulstich, 1998, p. 248)

No plano das intervenções orientadas sobre a língua, encontram-se também ações normalizadoras, compreendidas como aquelas que buscam aparelhar as línguas para todas as formas de expressão. Projetos dessa natureza costumam incentivar a criação oficial de neologismos[2] como forma de dotar uma língua de todo o léxico necessário, sem que os falantes necessitem recorrer a empréstimos.

> Ainda que importantes projetos de ordenamento linguístico tenham sido conduzidos em diversos estados do mundo antes de 1975 (por exemplo, na antiga URSS, na Finlândia ou em Israel), é a partir dos anos 70 que o fenômeno se desenvolve em escala continental. A África é um belo exemplo disso (experiências de arabização no norte da África e as numerosas experiências de implantação das línguas nacionais tradicionais na África Negra). Foi, aliás, a partir desta época que os "ordenadores da língua" chamaram a atenção para o papel fundamental desempenhado pelo ordenamento da terminologia no projeto de reapropriação linguística nos países em desenvolvimento. Essa nova dimensão permitiu à terminologia distanciar-se da tradução. (Auger, 1988, p. 43)

Embora a expansão de determinadas línguas tenha se feito de modo a evitar traduções e cunhar palavras próprias de um idioma, o desenvolvimento da tradução inscreve-se entre as mais importantes ações planificadoras. Nos países e regiões que valorizam a tradução, há paralelamente um desenvolvimento da lexicografia geral, mas também especializada. Neste caso, assume relevância a terminografia, posto que os termos técnicos tornaram-se objeto de produção organizada, sistemática e oficial de léxicos, glossários, dicionários técnicos e bancos de dados terminológicos sempre bi ou multilíngues.

As preocupações em oferecer instrumentos de referência para fins de tradução são bastante comuns nos países com mais de um idioma oficial. O desenvolvimento da lexicografia e da terminografia multilíngues não deixa de corresponder a uma estratégia para promover as condições de desenvolvimento equalitário entre as línguas que coexistem e, muitas vezes, rivalizam.

De igual modo, o processo de globalização responde por um incremento da tradução especializada, bem como de obras de referência especializada. Isso se deve, em muito, à reorganização das fronteiras determinadas pelos blocos econômicos surgidos ao final do século XX, que provocaram maior contato entre as línguas. Mesmo sem tensões de competitividade, porque geralmente foi atribuído a todas as línguas integrantes dessas conjunturas supranacionais o mesmo estatuto oficial, a necessidade de estabelecer correlações idiomáticas ocasionou, sob muitos aspectos, um grande desenvolvimento terminológico prático e também teórico.

A história dos avanços da Terminologia está também relacionada ao exponencial desenvolvimento da Informática, outra característica do século XX.

30 INTRODUÇÃO À TERMINOLOGIA

Os recursos informatizados favoreceram, de modo particular, a criação de grandes bancos de dados terminológicos, dos quais são exemplos pioneiros o EURODICAUTOM, da União Europeia, o TERMIUM, do Canadá e o BTQ, Banco Terminológico do Québec[3].

Com efeito, as novas tecnologias da informação permitiram, sobretudo a partir dos anos 70, processar volumes consideráveis de dados e difundir rapidamente grandes massas de termos. Essas tecnologias favoreceram uma série de novas aplicações terminológicas que, mesmo em dimensões menores do que os bancos, têm auxiliado a agilizar a produção de instrumentos terminográficos, como a construção de pequenas bases de dados, fichas de trabalho, dicionários e glossários em versão eletrônica. A esse conjunto de aplicações agregam-se os já inúmeros programas informatizados concebidos para a recuperação automática de terminologias.

Todos esses recursos tecnológicos representam fatores do progresso e da consolidação das atividades de Terminologia, que vem superando muitos obstáculos em seus trabalhos aplicados. Na realidade, a área está hoje consolidada e seu incremento deve-se, em muito, a todo esse percurso de realizações que abarca desde o manejo político, a normalização, a tradução, até a Terminografia, compreendendo um expressivo conjunto de mecanismos e estratégias de promoção do léxico das linguagens científicas, das línguas em geral, e, particularmente, das que rivalizam. Por sua vez, os estudos teóricos e descritivos da área têm, igualmente, contribuído para a consolidação do campo. Em Terminologia, pode-se dizer que a inter-relação entre teoria e prática são duas faces de uma mesma moeda.

ESCOLAS E TEORIAS DE TERMINOLOGIA

As bases teóricas iniciais da Terminologia estão intimamente relacionadas a propósitos pragmáticos de favorecer a comunicação das ciências no plano internacional, conforme mencionamos anteriormente. Preocupados com os aspectos práticos da Terminologia, alguns estudiosos passaram a desenvolver reflexões sobre os termos. Embora isolados, esses estudos deram origem às denominadas Escolas de Terminologia, tais como a de Viena, a de Praga e a Escola Russa, agregando-se, em tempo posterior, a do Canadá, entre outras que vieram a se constituir.

Nesse conjunto, pode-se distinguir aquelas, cujos estudos caracterizam-se pelo privilégio a um enfoque cognitivo do fenômeno terminológico, de outras que se desenvolvem de uma visão do funcionamento linguístico dos termos. No primeiro caso, situação das Escolas clássicas, prevalece uma perspectiva normativa sobre as terminologias em contraponto às linhas de fundamento descritivo sobre o léxico especializado, que ganham impulso com o desenvolvimento da Linguística.

Fundamentos cognitivos

As três primeiras Escolas, a de Viena, a de Praga e a Russa, são reconhecidas pelo seu pioneirismo e pela relevante contribuição de seus representantes maiores ao estabelecimento das bases da disciplina, como é o caso Wüster, fundador da Escola de Viena, e do russo D. S. Lotte (1889-1950) que, junto com Drezen, desenvolveu reflexões e propôs diretrizes para o exame dos léxicos terminológicos.

> Igual ao que fez Wüster, também Lotte e Drezen publicaram o resultado de suas investigações e análises da situação da terminologia em seu país. Esses dois investigadores foram os fundadores do que seria, anos mais tarde, a Escola Russa de Terminologia. (Felber, 2001, p. 15)

Essas escolas, consideradas clássicas, apresentam algumas características comuns, em que se sobrepõem a valorização da dimensão cognitiva dos termos e o delineamento de diretrizes para a sistematização dos métodos de trabalho terminológico, visando, com isso, a padronização dos termos técnicos e, por vezes, o aparelhamento das línguas para responderem às exigências de uma comunicação profissional eficiente. Assim, em primeiro plano, os precursores da Terminologia preocuparam-se em estabelecer orientações metodológicas para o tratamento das unidades terminológicas com base no princípio de que os termos são denominações de conceitos. Consequentemente, os elementos essenciais da comunicação profissional são os conceitos e os signos associados a esses conceitos, cuja precisão deve ser assegurada por meio de léxicos padronizados. Tais pressupostos caracterizam o enfoque cognitivo sobre os termos, privilegiado por essas Escolas.

O enfoque cognitivo e os princípios normativos presidem também os estudos de Wüster, os quais deram origem à Teoria Geral da Terminologia (TGT). Essa teoria, que se tornou um marco na história da área, está registrada em obra póstuma, intitulada *Introdução à Teoria Geral da Terminologia e à Lexicografia Terminológica*. A versão original foi publicada na Alemanha, em 1979, logo após a morte de Wüster, por seu discípulo Helmut Felber, que reuniu manuscritos e notas das aulas de Terminologia que o mestre havia ministrado na Universidade de Viena entre 1972 e 1974.

Entre as produções wüsterianas, destaca-se sua tese de doutoramento *A normalização internacional da terminologia técnica*, especialmente na eletrotécnica, apresentada em 1931. O tema escolhido reafirma sua preocupação e envolvimento com organizações internacionais de padronização terminológica. Wüster publicou ainda um dicionário bilíngue sobre a terminologia da máquina-ferramenta (*The Machine Tool*, 1968).

A despeito do consensual reconhecimento do nome de Wüster no estabelecimento da disciplina terminológica, ele mesmo, na abertura do Simpósio da Infoterm em 1975, atribui essa tarefa a quatro homens:

32 INTRODUÇÃO À TERMINOLOGIA

> [...] ao alemão A. Schloman, que foi o primeiro a considerar o caráter sistemático dos termos de especialidade, ao linguista suíço F. Saussure, que foi o primeiro a registrar a sistematicidade das línguas, ao russo E. Drezen, pioneiro em destacar a importância da normalização e impulsor da organização ISA; ao inglês J. E. Holmstrom, que da UNESCO impulsionou a difusão internacional das terminologias e foi o primeiro a clamar por uma organização internacional que se ocupe desta disciplina. (Wüster, apud Cabré, 1993, p. 27)

Embora outros nomes também sejam destacados, a TGT é o pilar referencial dos estudos terminológicos, apesar do seu objetivo último de padronizar os léxicos especializados para favorecer a eficácia das comunicações científicas e técnicas em plano internacional. A teoria wüsteriana justifica seu papel de referência porque auxiliou a Terminologia a estabelecer-se como campo de conhecimento com fundamentos epistemológicos e objeto próprio de investigação. Ao desenvolver importantes reflexões sobre a Terminologia como disciplina[4], bem como sobre as unidades terminológicas em muitas de suas feições, Wüster recorre a elementos da Linguística, ciência que integra a interdisciplinaridade com que concebeu a Terminologia.

O enfoque reflexivo da obra wüsteriana pode ser ilustrado pela sua apreensão acerca dos mecanismos de funcionamento dos termos, em especial na referência que faz à noção de monovalência:

> Em sentido restrito, um termo unívoco ou monovalente é um termo que, em um contexto de discurso determinado, apenas tem um 'significado atual', embora possa ser polissêmico. Por 'contexto de discurso' é preciso entender, ou bem o contexto da frase, ou bem a situação de discurso determinada pelas circunstâncias. A distinção entre, por uma parte, a monossemia, e por outra, a monovalência, ou univocidade em sentido estrito, permite limitar a exigência teórica da monossemia em terminologia a uma única condição econômica: que os termos sejam 'monovalentes', sem serem necessariamente 'monossêmicos'. (Wüster, 1998, p. 140)

Tratam-se de concepções extremamente produtivas para o reconhecimento do estatuto terminológico de uma unidade lexical, um dos maiores problemas com que se defronta a pesquisa terminológica, confirmando a inegável contribuição de Wüster para o estabelecimento dos princípios iniciais que permitiram o desenvolvimento dos estudos teóricos e aplicados da área. Por isso, a TGT é reconhecida "como um passo importante no esclarecimento da essência das linguagens de especialidade." (Hoffmann, 1998, p. 30)

Apesar da obra de Wüster conter acuradas compreensões sobre os mecanismos dos léxicos terminológicos, a teoria clássica não ampliou seu poder

HISTÓRICO: REALIZAÇÕES E TEORIAS   33

explicativo. Os seguidores da Escola de Viena consolidaram somente as orientações metodológicas à produção terminográfica de fundamento prescritivo. Da mesma forma, sobrepuseram-se as concepções normativas que auxiliaram a expandir e a consolidar a organização internacional da Terminologia sob a feição de uma linguagem controlada. Por tudo isso, as bases teóricas da Escola de Viena, antes que um aprofundamento reflexivo, equivalem mais a princípios de uma disciplina, cuja vocação primeira está associada à missão de controlar e padronizar os usos terminológicos em escala mundial. Donde a crítica a seu caráter redutor, que mais contemporaneamente passou a ser feita.

Para essa visão redutora da TGT, muito contribuiu a concepção de que os termos são designações de conhecimentos científicos. Em consequência, os termos não são vistos como elementos naturais das línguas naturais, pois são compreendidos como unidades de conhecimento que comportam denominações. Nessa ótica, os conceitos científicos são identificados por meio de rótulos, etiquetas denominativas criadas com determinadas peculiaridades que permitem fugir das ambiguidades do léxico comum. Isso evidencia uma valorização da dimensão conceitual das terminologias em detrimento do ponto de vista que as considera como elementos naturais dos sistemas linguísticos com todas as implicações daí decorrentes[5].

A primazia que assume o componente conceitual na constituição das terminologias explica também o direcionamento inicial dos estudos terminológicos, segundo os quais é tarefa intrínseca à Terminologia ocupar-se dos processos de formação conceitual, o que pode ser avaliado pelas próprias palavras de um dos expoentes da Escola de Viena:

> Os temas principais de uma Teoria Geral da Terminologia são: a essência dos conceitos e da formação dos conceitos; as características dos conceitos; as relações entre conceitos dentro dos sistemas conceptuais; a descrição dos conceitos (mediante definições); a atribuição de termos a conceitos ou bem de conceitos a termos, a essência dos termos e a sua formação. (Felber, apud Hoffman, 1998, p. 28)

Como se depreende, a prevalência do componente conceitual sobre o linguístico está intimamente relacionada à concepção wüsteriana de que os termos expressam conceitos e não significados. Ao contrário destes, que são linguísticos e variáveis, conforme o contexto discursivo e pragmático, os conceitos científicos são atemporais, paradigmáticos e universais. Nessa concepção positivista de ciência, os conceitos veiculados pelos termos constituem os objetos que interessam às comunicações especializadas e, consequentemente, a uma teoria da Terminologia. Trata-se ainda de uma teoria que, epistemologicamente, fundamenta-se no princípio da dissociação entre pensamento e linguagem[6].

Esse conjunto de postulados caracteriza a visão predominantemente onomasiológica da TGT, hoje muito criticada em vários aspectos, particularmente

34   INTRODUÇÃO À TERMINOLOGIA

em razão de suas proposições prescritiva e normalizadora. Mas, independente de críticas, a TGT tornou-se referência internacional, sendo unanimemente reconhecida sua contribuição à consolidação da Terminologia, levando-a a alcançar o estatuto de um campo de conhecimento com identidade própria no universo das ciências do léxico. Vale dizer que a Terminologia alinha-se à Lexicologia, à Lexicografia e à Semântica, mas com o objeto próprio que lhe coube privilegiar em primeiro plano: o termo técnico-científico.

FUNDAMENTOS LINGUÍSTICOS

Na última década do século XX, a Terminologia inicia um novo percurso em sua trajetória, pautado pelo incremento de investigações terminológicas de base linguístico-comunicacional. Os novos fundamentos levam em consideração o comportamento dos léxicos terminológicos no âmbito das comunicações especializadas.

De modo geral, as novas proposições criticam os limites de alcance da TGT que, por seu caráter prescritivo, conduzem ao apagamento dos aspectos comunicativos e pragmáticos que também envolvem o léxico temático. Esse reducionismo torna-se um dos focos principais das críticas à teoria clássica, as quais se sistematizam a partir dos anos 1990 com novas concepções sobre os termos e seu funcionamento, bem como sobre a tarefa que compete a uma teoria da Terminologia.

Antes dessa época, eram raros os estudos de fundamento linguístico sobre os léxicos temáticos em contrapartida à valorização do componente cognitivo. Pioneiramente, na década de 1980, Alain Rey traz um pensamento fundamental ao asseverar que: "Na origem das reflexões sobre o nome e a denominação, base da terminologia, encontra-se toda a reflexão sobre a linguagem e o sentido" (Rey, 1979, p. 3)

A particularidade desse pensamento inovador está na proposição de compreender a unidade terminológica à luz de um ponto de vista descritivo. Mais ainda, tratar de terminologia técnico-científica é tratar de questões das línguas e não de um constructo formal idealizado a serviço de uma comunicação restrita ao âmbito de especialistas. Na perspectiva clássica, os termos técnicos são representações conceituais que ocupam um determinado lugar numa hierarquia lógica de conhecimento. Logo, as unidades lexicais especializadas não comportam diversidades conceituais, estando isentas de polissemia.

Com o direcionamento inovador, intensificam-se os estudos fundamentados na complexidade que envolve o funcionamento das terminologias, tal como qualquer outra unidade da língua natural. Dentre esses, encontram-se as proposições em favor de uma socioterminologia, formuladas por François Gaudin, autor que critica fortemente a política normalizadora conferida ao manejo internacional da terminologia. Nesse sentido, diz ele:

> Sobre esse ponto, tentaremos mostrar como, no mesmo movimen-
> to que conduziu a linguística estrutural à sociolinguística, uma

> sócioterminologia pode levar em conta a realidade do funciona-
> mento da linguagem e restituir toda sua dimensão social às práticas
> linguageiras concernidas. (Gaudin, 1993, p. 16)

Por esse caminho, Gaudin critica a inoperância dos instrumentos de referência, glossários e dicionários técnicos que não expressam a realidade dos usos terminológicos, propondo que o artificialismo do ideal normalizador seja suplantado pelo exame do contexto de produção dos léxicos especializados. A primeira consequência é o reconhecimento da variação terminológica nas comunicações especializadas.

Em decorrência, Gaudin postula a variação como o eixo central para o desenvolvimento da socioterminologia, bem como alerta para a necessidade de efetivar o diálogo interdisciplinar entre as áreas de conhecimento afetas à problemática terminológica. Acredita que, com esses fundamentos, a Terminologia avançará teórica e aplicadamente, tornando operatório seu aparato teórico-metodológico. Diferentemente, as orientações prescritivas desconsideram o real funcionamento da linguagem na elaboração de produtos terminográficos, porque não registram as variações denominativas e conceituais que os termos seguidamente comportam. Em consequência, deixam de atender a muitas necessidades informacionais dos usuários.

No quadro de redimensionamento dos estudos terminológicos, destaca-se a Teoria Comunicativa da Terminologia (TCT), proposta por Maria Teresa Cabré e o grupo de pesquisadores do Instituto de Linguística Aplicada, da Universidade Pompeu Fabra, em Barcelona. A esse grupo deve-se o pioneirismo no debate sistemático e crítico à Teoria Geral da Terminologia (TGT).

Em suas críticas, são apontadas várias insuficiências da Escola de Viena para se constituir em uma teoria da Terminologia, tais como: a própria finalidade da teoria, limitada a estudar os termos com vistas à sua padronização; o modo de conceber a unidade terminológica, separando conceito (elemento independente das línguas e de valor universal) e significado (ligado a línguas particulares); o desinteresse pelas estruturas morfológicas, pelos aspectos sintáticos das unidades lexicais, além da supervalorização da função denominativa. (Cabré, 1999c, p. 77)

Com fundamentos epistemológicos distintos, a TCT articula-se baseada na valorização dos aspectos comunicativos das linguagens especializadas em detrimento dos propósitos normalizadores, bem como na compreensão de que as unidades terminológicas formam parte da linguagem natural e da gramática das línguas. De acordo com o princípio comunicativo, uma unidade lexical pode assumir o caráter de termo em função de seu uso em um contexto e situação determinados. Consequentemente, o conteúdo de um termo não é fixo, mas relativo, variando conforme o cenário comunicativo em que se inscreve. Tais proposições levam a TCT a postular que *a priori* não há termos, nem palavras, mas somente unidades lexicais, tendo em vista que estas adquirem estatuto terminológico no âmbito das comunicações especializadas.

Outra decorrência da compreensão de que o termo é um elemento natural das línguas naturais, isto é, unidade lexical que sofre todas as implicações sistêmicas e contextuais como qualquer palavra da língua, é o acolhimento do princípio da variação em toda sua dimensionalidade:

> Tanto o conhecimento especializado quanto os textos especializados, como as unidades terminológicas podem ocorrer em diferentes níveis de especialização e serem descritas em diferentes níveis de representação. Só assim, a terminologia do desejo passa a ser a terminologia da realidade. (Cabré, 1999c, p. 126)

A TCT, ao ter introduzido de modo sistemático uma visão linguística nos estudos terminológicos, tem impulsionado um maior conhecimento sobre a estrutura e o funcionamento do termo, objeto primeiro da Terminologia.

No mesmo percurso revisionista dos fundamentos clássicos da Terminologia, representando uma ruptura epistemológica significativa na história da disciplina, encontram-se outras teorizações que compreendem os termos como elementos naturais das línguas naturais e como unidades linguístico-pragmáticas que participam da constituição dos discursos científicos e técnicos. Acima de tudo, passou-se a entender, como diz Sager, que "os termos funcionam num modelo de comunicação". (Sager, 1993a, p. 149)

Todos esses novos postulados que acolhem o dinamismo e a complexidade constitutiva da linguagem levaram a uma descrição das terminologias com base em seu comportamento nos textos especializados, o que acarretou o reconhecimento da polissemia no universo das comunicações científicas e técnicas. Encontra-se aqui mais uma das grandes rupturas com os fundamentos cognitivos que presidem a teoria clássica que nega a existência de diversidades conceituais no plano do conhecimento especializado.

As proposições inovadoras da Terminologia linguística também se assentam na recusa à dicotomia pensamento e linguagem, tendo em vista que o conhecimento só pode ser produzido e apreendido mediante sua materialização nos diferentes sistemas semióticos, dentre os quais o verbal é predominante no universo das ciências e tecnologias. Com isso, os propósitos que competem a uma teoria da Terminologia passam a ser redimensionados:

> A Terminologia trata de conceitos e, portanto, de estruturas de conhecimento apenas na medida em que estão representados no léxico da língua. Os conceitos são elementos da estrutura do conhecimento e, como tais, ocupam um lugar importante dentro da filosofia das ciências e das teorias cognitivas. A Terminologia não tem esses propósitos. (Sager, 1993a, p. 36)

Uma teoria da Terminologia que compreende os termos como unidades linguístico-comunicacionais descarta, portanto, a problemática do conceito como foco prioritário de interesse. Não obstante, o componente conceitual interessa-lhe na medida em que repercute sobre a própria identificação dos termos, tendo em vista ainda sua íntima relação com a definição terminológica e a fraseologia especializada, objetos que se integram ao quadro de estudos da Terminologia linguístico-textual.

Em consonância com esse enfoque, alinha-se a Teoria Sociocognitiva da Terminologia, de Rita Temmerman (2000), estruturada sobre paradigmas da hermenêutica. Em razão desse enfoque interpretativo, a teoria correlaciona-se a uma abordagem cognitivista da ciência, tomando por base uma análise da terminologia empregada pelas ciências biológicas.

Essa é também uma proposta que se erige da contestação de princípios da Escola de Viena, em especial da crença no objetivismo da ciência e de seus termos, concebidos como etiquetas denominativas de um sistema conceitual, lógica e ontologicamente estruturado. Além da ideia de racionalismo científico, Temmerman critica o não reconhecimento do papel e do modo de constituição dos termos na produção do conhecimento científico.

Em razão do enfoque hermenêutico que privilegia, para a Teoria Sociocognitiva da Terminologia, os termos são unidades de compreensão e de representação, funcionando em modelos cognitivos e culturais. Nessa perspectiva, o conhecimento corresponderia a um padrão sociocognitivamente modelado, constituído em diferentes módulos que podem alcançar desde informações históricas, categoriais até informações relativas a procedimentos.

Outro ponto central da teoria reside na compreensão de que as unidades terminológicas estão em constante evolução; comportando, em consequência, sinonímia e polissemia, processo seguidamente resultante de movimentos metafóricos, como Temmerman menciona. Para ela (2000, p. 236), essa propriedade evolutiva reflete "o poder das palavras de (se) mover", comprovando, por sua vez, os diferentes papéis da linguagem na constituição dos saberes.

Todos esses ângulos sob os quais os termos passaram a ser examinados demonstram também que as novas teorias terminológicas mantêm muitos pontos de vista em comum e refletem avanços dos estudos linguísticos em geral. Por isso, não compactuam com posições que não acolhem o pleno funcionamento da linguagem, criticando as posições redutoras na apreensão do fenômeno terminológico. Conforme afirma Hoffman:

> A tendência da orientação léxica de excluir os aspectos sociolinguísticos e pragmáticos em benefício de um ponto de vista semântico, lógico ou ontológico está intimamente relacionada ao privilégio da função denominativa das linguagens de especialidade. (Hoffman, 1998, p. 30)

Uma tal compreensão, basilar nas novas proposições da investigação terminológica, abala a ideia clássica de univocidade, fundamentada nos pressu-

Introdução à terminologia

postos da monossemia terminológica, da exclusividade designativa, bem como da monorreferencialidade.

O conjunto de oposições evidencia que a revisão a que os enfoques linguísticos estão submetendo tanto a teoria quanto as aplicações terminológicas normalizadoras, pode ser situada na tensão de duas concepções antagônicas sobre a natureza constitutiva dos termos, sobre os objetivos e o alcance de uma teoria da Terminologia. No bojo da TGT predominam os princípios de apreensão dos léxicos temáticos como constructos teóricos das áreas científicas e técnicas, bem como orientações vocacionadas para a normalização.

Diferentemente, as teorias de base linguístico-comunicacional compreendem os termos como elementos linguísticos com todas as implicações sistêmicas e discursivas que afetam qualquer unidade lexical em suas realizações sintagmáticas. Além disso, o antagonismo entre princípios normativos e descritivos é revelador de propósitos pragmáticos distintos, pois a meta de estabelecer bases metodológicas visando ao controle dos léxicos temáticos contrapõe-se aos fins investigativos que caracterizam os procedimentos da ciência da linguagem.

A Linguística responde, portanto, pelo grande redirecionamento dos estudos terminológicos, ocorrido, especialmente, a partir dos anos 90 do século XX. Mas, a nova visão epistemológica foi também impulsionada por pesquisadores de formação filosófica e tradutológica. Há, igualmente, significativas contribuições advindas da inteligência artificial que têm motivado a Terminologia a avançar numa linha linguística.

Ao mesmo tempo, esse campo de pesquisa não tem se limitado a enfoques linguísticos estritos. Ao contrário, há um avanço em direção a uma perspectiva textual, tendo em vista que os termos são usados em situação de comunicação. Consequentemente, a análise das unidades terminológicas em seus contextos reais de ocorrência, e a consideração pelos componentes constitutivos dos universos de discurso especializado[7] em que se manifestam, constituem uma das faces mais produtivas das pesquisas terminológicas atuais. Explica-se assim também a preocupação maior em dar conta de uma terminologia *in vivo* e não *in vitro*, porquanto importa apreender o comportamento real do léxico terminológico.

Todos esses novos direcionamentos estão fazendo com que a Terminologia se estabeleça como um campo de estudos. Esse campo, sem excluir as considerações pelo componente cognitivo das unidades terminológicas, está fundamentado na reflexão linguística, textual e comunicacional sobre o léxico especializado dos sistemas linguísticos.

Leituras recomendadas

AUGER, P. La terminologie au Québec et dans le monde de la naissance à la maturité. In: *Actes du Sixieme Colloque OLF-STQ de Terminologie. L'ère Nouvelle de la Terminologie. 1985.* Québec: Office de la Langue Française et Société des Traducteurs du Québec. 1988, p. 27-59.

CABRÉ, M. T. (1993) Aspectos organizativos. In: CABRÉ, M. T. *La terminología: teoría, metodología, aplicaciones.* Barcelona: Antártida/Empúries, 1993.

GUTIÉRREZ RODILLA. B. M. *La ciencia empieza en la palabra. Análisis e historia del lenguaje científico.* Barcelona: Ediciones Península, 1998.

KRIEGER, M. G. (2001) Terminologia revisitada. In: KRIEGER, M. G., MACIEL, A. M. B. (orgs.). *Temas de Terminologia.* Porto Alegre/São Paulo: Universidade/Ufrgs/Humanitas/Usp, 2001, p. 47-60.

REY, A. (1979) *La terminologie.* Noms et notions. Paris: Presses Universitaires de France. 1979. (Que sais-je?)

RONDEAU, G. *Introduction à la terminologie.* Québec: Gaëtan Morin, 1984.

Notas

[1] Há uma distinção entre normalizar e normatizar. *Normalizar* compreende aparelhar as línguas para todas as formas de expressão, sobretudo a expressão científico-técnica. *Normatizar* diz respeito à fixação de uma determinada expressão como a mais adequada.

[2] As orientações fundadas no princípio de intervenção no léxico têm também estabelecido diretrizes de criação neológica, caso da iso, que possui norma com o objetivo de fazer recomendações sobre princípios de formação de termos neológicos.

[3] Detalhamentos sobre bancos no capítulo "Geração de bancos de dados".

[4] Detalhamento na seção "Campo de estudos: teoria e aplicações", do capítulo "Terminologia: definições básicas".

[5] Outros aspectos sobre essa visão estão na seção "O termo", do capítulo "Objetos".

[6] Detalhamento dessa temática na seção "Definição", do capítulo "Objetos".

[7] Outros detalhes no capítulo "Terminologia e texto".

Correlações e interfaces

A Terminologia é um campo de estudos de caráter inter e transdisciplinar, o que a leva a convocar um conjunto de saberes para a apreensão do fenômeno terminológico, por excelência, o termo, cuja essência situa-se na representação lexical do conhecimento especializado e na sua divulgação. Para tanto, contribuem determinados conhecimentos exteriores e mesmo interiores aos estudos da linguagem.

Ao pretendermos traçar um panorama de áreas e disciplinas que, em razão de seus objetos específicos, estão correlacionados à Terminologia, ou que com ela mantêm uma significativa interface, uma série de campos de estudo mereceriam ser mencionados. Entretanto, limitamo-nos a abordar alguns deles, iniciando pela Semântica. Esta é uma área cuja aproximação com a Terminologia explica-se em razão do importante papel que o plano conceitual desempenha na constituição das terminologias.

A seguir, situamos a Terminologia no quadro das Ciências do Léxico. Nele, incluem-se a Lexicologia, a Lexicografia e a Terminografia, esta representando a dimensão aplicada da Terminologia. São áreas com as quais a Terminologia, em razão quer de sua face teórica, quer aplicada, mantém pontos de confluência.

Complementarmente, enfocam-se a Tradução e a Documentação de áreas com as quais a Terminologia estabelece uma produtiva interface. No âmago, todas estão intimamente relacionadas à problemática da comunicação, aspecto que também integra a constituição do componente lexical especializado.

Semântica

A Semântica é um domínio que abriga uma grande diversidade de correntes teóricas em razão dos diferentes postulados adotados no que tange às formas de apreensão do sentido e aos conceitos de significado e significação, entre outros aspectos que integram preocupações dessa natureza. Tal diversidade, por sua vez, explica o surgimento de correntes que delineiam enfoques mais ou menos linguísticos. Entre elas, alinham-se a Semântica Lexicológica, a Estrutural, a de fundamento referencial que se equaciona sobre o valor de verdade das sentenças, bem como a Semântica Cognitiva, entre outras linhas que poderiam ser citadas.

Independente desse multifacetado universo, a Semântica é sobremaneira uma disciplina linguística, ocupando-se da descrição das significações próprias das línguas e compreendendo também formulações teóricas. Isso não significa, como diz Lérat (1995), que a interpretação dos enunciados seja prerrogativa dos linguistas. Ao contrário, as necessidades de interpretação psicológica justificam, por exemplo, a existência de uma Semântica Psicológica, bem como a interpretação qualificada requer a visão do especialista da área, tratando-se de Direito, Medicina ou de História.

A relação entre a Semântica de cunho linguístico e a Terminologia é marcada por algumas peculiaridades. A despeito da lógica dessa relação, não há aí uma história de muitos diálogos. Isso se explica, em primeiro plano, porque os termos técnico-científicos não foram inicialmente estudados numa perspectiva linguística, mas muito mais tratados como nódulos representativos do conhecimento especializado[1]. Em decorrência, a Semântica não integrou o cenário fundador da Terminologia voltado, primordialmente, à padronização do uso dos termos técnico-científicos no panorama de uma comunicação técnico-científica internacional.

Agrega-se a isso o fato de que o estatuto de termo, que determinadas unidades lexicais assumem, está vinculado à sua face conceitual. Na medida em que termo e conceito são entidades intimamente relacionadas, a arquitetura conceitual das áreas especializadas passou a ocupar a atenção dos terminólogos que seguiram a orientação clássica da Terminologia.

Nessa direção, Finatto observa que a teoria terminológica:

> [...] tem prestado especial atenção à descrição das relações estabelecidas entre conceitos que se inserem no interior de uma área de conhecimento, dada sua orientação fundamentalmente onomasiológica. Alguns estudos têm se orientado exclusivamente pela chamada Teoria do Conceito[2]; outros têm tentado conjugar princípios dessa teoria linguística de caráter semântico, principalmente porque parece inevitável tratar da dupla dimensão linguístico/conceitual no âmbito da comunicação especializada.[3] (Finatto, 2001b, p. 143)

A maior consequência desse posicionamento foi, portanto, o interesse pela problemática dos conceitos por parte dos primeiros estudiosos de Terminologia que também orientaram suas pesquisas baseados no princípio de que os conceitos científicos são imutáveis, diferentemente dos significados linguísticos, isto é, dos sentidos das palavras que variam conforme os contextos em que estão inscritos[4].

Por razões dessa natureza, que refletem a preocupação de distinguir radicalmente a natureza e o comportamento do léxico geral especializado, como se houvesse, *a priori*, um divisor de águas entre palavras e termos, entende-se que:

> [...] se considerarmos que a terminologia como disciplina apareceu há pouco, durante a segunda metade do século xx, vemos bem que as únicas publicações tratando do sentido dos termos, desde suas origens pouco distantes e até hoje, emanam de terminólogos

> motivados antes de tudo pelo desejo de estabelecer a independência
> da terminologia em relação às disciplinas conexas, singularmente a
> linguística. (Béjoint, Thoiron, 2000, p. 5)

Com a reversão de alguns paradigmas clássicos da Terminologia que, por sua vez, respondem pelo enfoque linguístico de que tem sido objeto este campo de estudos na última década, abrem-se perspectivas maiores de diálogo. Este é o caso, por exemplo, da Semântica e Linguística Cognitivas, que são fruto de pontos de convergência entre Linguística e Psicologia Cognitivas.

No âmbito da Psicologia e das Ciências Cognitivas, cada vez mais se questiona se *conceitos* seriam ou não independentes de contexto ou situação e se seriam realmente universais. Diferentemente, os *significados* sempre são qualificados como dependentes e compreendidos como não universais, ainda que os modelos linguístico-gerativos tivessem postulado uma semântica de valores universais de significação. Mas, num âmbito psicológico, de um modo que parece bastante interessante explorar em Terminologia, conceitos passaram a ser percebidos em *frames* que interferem sobre os significados, oferecendo-lhes domínios ou escopos de referência.

Nessa inter-relação entre Terminologia e Semântica Cognitiva, pode-se dizer que o aproveitamento do trabalho de Lakoff (1987) para a observação de constructos categoriais, especialmente as subjacentes aos enunciados definitórios científicos, marca o início de um diálogo. Trata-se de uma concepção sobre categorização e conceitualização[5] que é fundada sobre uma percepção de padrões cognitivos culturalmente modelados, de tal forma que os enunciados e toda a linguagem técnico-científica podem ser vistos em meio à vigência de determinados "padrões de conhecimento" que seriam conformados pelas diferentes "culturas de ciência" vigentes. Essas distinções dariam margem a determinados padrões de representação e de expressão de um conhecimento científico ou tecnológico.

Esse tipo de percepção sobre a constituição dos sentidos e valores de significação presentes nas linguagens especializadas já tem rendido frutos importantes para a pesquisa em Terminologia (entre outros, veja-se Pearson, 1999; Temmerman, 2000 e Kostina, 2000). Isso ocorre porque a percepção cognitiva nos oferece a possibilidade de observar outras condições, por exemplo, que interferem sobre diferentes definições para um mesmo termo numa mesma subárea de conhecimento, tanto nas técnicas quanto nas ciências e também com diferentes e multiplicadas apresentações de um termo em apenas uma mesma área ou especialidade.

Nessa via, vale salientar, já é comum encontrar trabalhos que se dedicam a observar a constituição de mapas conceituais, mais ou menos coincidentes, com base em *corpora* de textos científicos de modo que se descrevem temas dominantes e inter-relações, geralmente em meio a análises com apoio informatizado, baseadas na pesquisa de frequências lexicais específicas.

A perspectiva da significação, enfim, a dimensão semântica das terminologias e das linguagens técnico-científicas é, ainda, um estudo em desenvolvimento.

Entretanto, muitas das especificidades das linguagens especializadas, tanto de termos quanto de uso de outros recursos expressivos, serão mais bem compreendidas à luz dessa dimensão.

LEITURAS RECOMENDADAS

BÉJOINT, H., THOIRON, P. Le sens des termes. In: BÉJOINT, H., THOIRON, P. (orgs). *Le sens en Terminologie*. Lyon: Presses Universitaires de Lyon, 2000.
FINATTO, M. J. B. (2001b) Terminologia e ciência cognitiva. In: KRIEGER, M. G., MACIEL, A. M. B. (orgs.). *Temas de Terminologia*. Porto Alegre/São Paulo: Universidade/UFRGS/ Humanitas/USP, 2001, p. 141-149.

LEXICOLOGIA

A Terminologia, ao tomar como objeto privilegiado de investigação o termo, ocupa-se do componente lexical especializado ou temático dos sistemas linguísticos. O interesse por esse componente responde também pelo estabelecimento de uma fronteira com outro ramo da Linguística, a Lexicologia. Trata-se de uma área, de longa trajetória, consensualmente definida como o estudo científico do léxico, mais especificamente, das palavras de uma língua. A Lexicologia ocupa-se, portanto, do componente lexical geral, e não especializado, das línguas.

Lexicologia e Terminologia, embora se aproximem, porquanto ambas constituem ciências do léxico, distinguem-se pela especificidade de seus objetos. A diferença entre estes, cabe ressaltar, não é outra senão a propriedade que possuem as unidades lexicais chamadas de termos de estruturas linguísticas que, em sua dualidade sígnica, denominam e circunscrevem cognitivamente objetos, processos e conceituações pertinentes ao universo das ciências, das técnicas e das tecnologias; enquanto as palavras, realizando o mesmo processo denominativo e conceitual, cobrem toda a abrangência da realidade cognitiva e referencial apreendida e construída pelo homem.

UM DOMÍNIO TRANSDISCIPLINAR

A fronteira entre Lexicologia e Terminologia, muito embora procedente e fundamentada em seus respectivos objetos centrais, pode dar a entender que a Lexicologia seja uma disciplina claramente definida e demarcada. Ao contrário, a Lexicologia tende a ser compreendida de modo difuso, pois diferentes visões e interesses a perpassam. Tal característica está intimamente relacionada à complexidade, bem como à multiplicidade de facetas e abordagens que a palavra encerra e permite.

44 INTRODUÇÃO À TERMINOLOGIA

De modo geral, os estudos lexicais tardaram a ser valorizados em virtude da concepção de que o léxico só comporta irregularidades. Essa equivocada visão relaciona-se largamente ao dinamismo do componente lexical das línguas que amplia e se transmuta conforme crescem e se alteram as necessidades de referência designativa e conceitual das sociedades. Com isso, os repertórios lexicais dos sistemas linguísticos são universos ilimitados, outro aspecto também determinante da concepção de que não há regularidades no componente lexical e de que tampouco se podem estabelecer relações simétricas.

No entanto, o reconhecimento da existência de campos lexicais evidenciou importantes traços de sistematicidade do componente lexical. Para tanto, os princípios de análise linguística muito contribuíram, como se pode depreender do pensamento a seguir exposto:

> Ora, ao nível do microcosmo lexical, cada palavra da língua faz parte de uma vastíssima estrutura que deve ser considerada segundo duas coordenadas básicas – o eixo paradigmático e o eixo sintagmático. Da conjugação dessas simples coordenadas resulta a grande complexidade das redes semântico-lexicais em que se estrutura o léxico, evidenciando como a palavra inserida numa cadeia paradigmática se articula em combinatórias sintagmáticas, gerando um labirinto de significações linguísticas. (Biderman, 2001, p. 16)

Com efeito, a identificação de regularidades sistêmicas no léxico auxiliou a Lexicologia a se estabelecer, embora seu estatuto nem sempre tenha sido acatado:

> Disciplina central em linguística, por sua afinidade com a gramática das formas (morfologia) e a semântica; disciplina de encruzilhadas nas ciências humanas e em semiótica, esta lexicologia contestada é, além disso, indispensável à maior parte das aplicações da linguística, desde a filologia e a tradução até a confecção dos dicionários. (Rey, 1970, p. 1)

Se mais recente fosse a afirmação de Alain Rey, certamente nela encontraríamos a menção à Terminologia, conforme adiante enfocaremos. Antes, importa ressaltar que a Lexicologia configura-se como um campo de conhecimento de caráter transdisciplinar dado que a palavra é um lugar de encontro e interesse particular de muitas ciências a iniciar pela Filosofia que, desde seus primórdios, apreendeu a importância do *logos* para a vida dos homens quer na perspectiva de sua individualidade, quer na da constituição da vida social. É também sobre o viés filosófico que nascem os estudos sobre as relações entre palavras e coisas, entre tantos outros ângulos que envolvem o uso da palavra.

No entanto, é na perspectiva dos estudos linguísticos que se estabelece a Lexicologia. É nesse contexto que as unidades léxicas de um idioma passam a ser observadas e descritas, caracterizando-se a abordagem lexicológica propriamente dita. Considerando que a constituição da palavra reside, em essência, na dualidade forma/conteúdo, o que pressupõe ainda a funcionalidade das unidades lexicais, a Lexicologia relaciona-se intimamente com a gramática, em especial com a Morfologia, envolvendo a problemática da composição e derivação das palavras, da categorização léxico-gramatical; bem como se vincula aos enfoques sobre a estruturação dos sintagmas; além das relações com a Semântica. Por isso, diz-se que a Lexicologia se ocupa de aspectos formais e semânticos das unidades lexicais de uma língua.

Com respeito à problemática da significação e sua histórica relação com a Lexicologia, é interessante observar que:

> Antes que a semântica fosse reconhecida como componente autô-
> nomo da gramática (ou da semiótica), a lexicologia foi a única a se
> ocupar dos problemas de significação em linguística. (Greimas, A. J.,
> Courtès, s.d., p. 256)

Tendo em vista que a Semântica passa a adquirir estatuto próprio, tal situação não apenas reitera o caráter difuso da ciência das palavras, bem como a constituição multifacetada do léxico.

> Chamaremos lexicologia a descrição do léxico que se ocupa das
> estruturas e regularidades dentro da totalidade do léxico de um
> sistema individual ou de um sistema coletivo. (Haensch, 1982, p. 93)

O mesmo autor estabelece uma distinção entre morfologia léxica e semântica léxica. O primeiro caso refere-se ao exame de regularidades formais e o segundo, enfoca também regularidades, mas dentro da perspectiva do conteúdo das unidades léxicas.

O sucinto panorama, há pouco apresentado, permite constatar que a Lexicologia é sobremaneira um lugar de fronteiras, mesmo no interior da própria ciência da linguagem, dada sua intersecção com vários outros campos de investigação que desenvolvem teorias e modelos sobre o papel do léxico nos sistemas linguísticos, como ilustra, notadamente, o pensamento gerativo. Assim também a multidimensionalidade constitutiva da palavra, seu objeto central, explica a feição transdisciplinar da Lexicologia.

Estruturas e neologismos

Central entre as Ciências do Léxico, a Lexicologia tende a ser subsidiária de estudos que analisam as formas lexicais com vistas ao tratamento dos repertórios lexicais dos sistemas linguísticos. Este é o caso das relações dessa área com a Lexicografia. Para Greimas e Courtès (op. cit.), compete ainda à Lexicologia a reflexão teórica sobre suas aplicações em Lexicografia, o que se explica se pensarmos no tratamento que os dicionários dão às unidades léxicas sejam elas complexas, sejam simples.

No caso da Terminologia, subsídios da Lexicologia contribuem para o exame do comportamento morfossintático das terminologias. De modo geral, estudos nessa ótica têm comprovado que a constituição estrutural das unidades terminológicas sintagmáticas, predominantes no componente léxico especializado, não se distingue das unidades do léxico geral. Sob essa perspectiva, comprova-se que ambos, palavra e termo, obedecem aos mesmos padrões e sofrem os mesmos efeitos da gramática dos sistemas linguísticos.

Por conseguinte, a contribuição lexicológica propriamente dita reside na descrição dos padrões terminológicos típicos de cada campo especializado, possibilitando um importante estudo comparativo das estruturas terminológicas. Isso não significa, entretanto, que uma tal descrição seja, por si só, suficiente para dar conta da estruturação e comportamento dos distintos repertórios terminológicos.

Dentre os fenômenos de natureza essencialmente lexical que afetam o componente terminológico das línguas, estão os neologismos e os empréstimos. Diferentemente da gramática:

> [...] as variações de uso são mais fortes e mais rápidas em matéria lexical, e a ação normativa se exerce mais frequentemente e – menos ineficazmente – nesse domínio, donde o interesse sobre o neologismo, o empréstimo e as estruturas terminológicas. (Rey, 1985, p. 159)

Neologismo e empréstimo são fenômenos lexicais que integram o campo dos estudos neológicos, embora possam ser distinguidos. A diferença reside no fato do primeiro corresponder a uma inovação lexical no interior de um mesmo sistema linguístico e do segundo, de constituir-se numa unidade lexical oriunda de outro idioma. Neste último caso, tende-se a falar em estrangeirismos em nosso meio. De toda forma, importa destacar que:

> A história das línguas mostra que a incorporação de unidades lexicais neológicas sempre acompanhou o desenvolvimento do acervo lexical dos idiomas. Como consequência, os estudos sobre a neologia, particularmente no século xx, refletem a importância atribuída ao fenômeno neológico no nível lexical. (Alves, 2001, p. 25)

Notadamente na França e no Canadá, desenvolvem-se muitas pesquisas sobre neologismos no âmbito dos vocabulários técnicos ou dos tecnoletos (Guilbert, 1965; 1975; Boulanger, 1979) donde a referência a neologismos tecnoletais, cujo surgimento e particularidades podem ser reconhecidos quer pela descrição dos constituintes formais, quer pela dimensão semântica que comportam.

A problemática dos neologismos é ampla e complexa. Aqui nos limitamos a situá-la no contexto da interface Lexicologia e Terminologia. Nessa relação, esta se torna tributária da primeira, tendo em vista o aproveitamento que a

Terminologia faz da descrição dos fatos lexicais, incluindo a inovação lexical, estabelecida via neologismos. Com isso, a Lexicologia oferece importantes subsídios para os dois ângulos básicos da pesquisa terminológica: a análise reflexiva e o tratamento dos termos.

Leituras recomendadas

ALVES, I. M. Neologia e Tecnoletos. In: OLIVEIRA, A. M. P. P., ISQUERDO, A. N. (orgs.). *As ciências do léxico: Lexicologia, Lexicografia, Terminologia.* Campo Grande: UFMS, 2001, p. 25-31.

BIDERMAN, M. T. C. (2001) As ciências do léxico. In: OLIVEIRA, A. M. P. P., ISQUERDO, A. N. (orgs.). *As ciências do léxico: Lexicologia, Lexicografia, Terminologia.* Campo Grande: UFMS, 2001, p.13-22.

REY, A. (1970) *La Lexicologie: lectures.* Paris: Klincksieck, 1970.

Lexicografia

No conjunto das disciplinas que, em razão de seus objetos e propósitos, são correlatas à Terminologia situa-se a Lexicografia, consensualmente definida como arte ou técnica de compor dicionários. A Lexicografia ocupa um lugar histórico entre as disciplinas dedicadas ao léxico, pois milenar é sua atividade essencial.

> A lexicografia conservou, desde suas origens, o sistema de estabelecer a relação entre os elementos de um léxico as equivalências elaboradas na mesma língua, que vieram substituir as traduções, destinadas a revelar os significados. (Rey, 1977, p. 15)

Obra monolíngue, o denominado dicionário geral de língua consiste na referência primeira do fazer lexicográfico na diversificada tipologia de obras dicionarísticas. Tal tipo de dicionário registra o léxico geral de um idioma, reunindo seu conjunto de palavras e locuções da forma mais abrangente possível. Atualmente, alguns grandes dicionários incluem também terminologias em seus repertórios, entendendo que estas integram o componente lexical das línguas. Paralelamente, os dicionários gerais apresentam informações etimológicas, gramaticais, como gênero, ortografia, regência, bem como a indicação de usos regionais, profissionais entre outros aspectos que variam conforme a profundidade descritiva da língua pretendida pelo lexicógrafo.

Por tudo o que reúne, o dicionário cumpre sua finalidade de instrumento de consulta, assumindo o caráter de referência sobre a constituição e o comportamento do conjunto das palavras de um sistema linguístico, sejam elas de natureza lexical,

48   INTRODUÇÃO À TERMINOLOGIA

como substantivos, adjetivos, verbos e advérbios, sejam de caráter fundamentalmente gramatical, como é o caso dos pronomes, preposições e conjunções.

Como, em sua essência, a Lexicografia é uma atividade aplicada, há uma forte tradição em compreendê-la menos como um fazer teórico e metodologicamente orientado e mais como uma arte, ou seja, "como um conjunto de preceitos para fazer bem uma coisa", como bem lembra Julio Casares (1992, p. 10). O problema da não cientificidade deve-se, em larga medida, ao fato de que a Lexicografia prática, ao correlacionar palavras e respectivos significados, desde sua remota origem, permaneceu mais como uma técnica de interpretação semântica do que um método descritivo, conforme observa Rey (1977).

Apesar de seu caráter prático, a Lexicografia compreende também uma face teórica, bem mais recente, que ganha impulso no século XX, com o advento da Linguística. Surge, então, a Lexicografia teórica, em torno dos anos 60, que se beneficia muito "das novas visões sobre o significado, levadas a cabo pelo estruturalismo" (Ahumada Lara, 1989, p. 30).

De acordo com Greimas e Courtès, a Lexicografia, que categorizam como um ramo da Linguística Aplicada, pressupõe um saber fazer pragmático e intuitivo no âmbito do tratamento semântico. Razão por que:

> [...] exige ao mesmo tempo um saber teórico (definição de unidades lexicais, tipologia das definições, e, na maioria dos casos, uma opção a favor desta ou daquela teoria semântica) que depende de uma semântica lexical (ou de uma lexicologia semântica). (Greimas, Courtès, s.d., p. 458)

De modo geral, as reflexões sobre o fazer lexicográfico ressaltam que este ganha em qualidade ao deixar de ser somente compilador, e ao se orientar por um paradigma teórico-metodológico pertinente aos propósitos desse fazer não apenas no âmbito semântico, mas também no funcionamento morfossintático do léxico. O estabelecimento desse paradigma não apenas confere à Lexicografia um caráter descritivo, como é uma das importantes tarefas de uma efetiva teoria lexicográfica autônoma, vale dizer, aquela que define seu objeto, postula princípios e descreve os problemas e métodos envolvidos nas aplicações lexicográficas. Esses problemas eram compreendidos como da esfera restrita da Lexicologia, antes do advento da Lexicografia teórica, cujo fim último é oferecer subsídios para o desenvolvimento da confecção de dicionários gerais ou como, diz Haensch (1982, p. 93), estabelecer a metodologia científica desse fazer.

A Lexicologia contribui muito para a tarefa lexicográfica, que não é pequena e tampouco se reduz a uma atividade compilatória. Ao contrário, é um empreendimento imenso, devendo o dicionarista realizar uma intensa pesquisa para constituir a nomenclatura geral da obra, bem como chegar à estruturação dos verbetes. Necessita buscar as unidades lexicais e analisar sua frequência no interior dos discursos individuais e coletivos, do presente e do passado, para depois adentrar no mundo da significação. E, então, apreender os valores significativos nucleares e virtuais, explicitando-os por meio da definição, uma difícil e complexa equação semântica, e construir a rede de acepções que uma mesma palavra pode comportar, quando se realiza polissemicamente.

Muitos são os princípios de organização dos dicionários gerais de língua, obras que privilegiam a palavra como entrada de verbete. Entre eles, encontra-se o movimento semântico de caráter semasiológico, tendo em vista que a busca dos sentidos orienta-se do significante ao significado. Esse é outro enfoque que demarca o campo da Lexicografia, atividade que tem sofrido uma série de transformações quer no âmbito teórico-metodológico, quer no tratamento de dados. O primeiro caso está diretamente relacionado à passagem do paradigma prescritivo, tradicionalmente adotado pela Lexicografia, em favor de um modelo descritivo. Assim, em vez de privilegiar determinadas formas lexicais como exemplos do "bem-dizer", os dicionários passaram a registrar as mais diferentes realizações linguísticas, naturais ao funcionamento integral da linguagem.

Sem o intuito de avançar no universo de especificidades da Lexicografia, limitamo-nos a caracterizá-la em grandes linhas, objetivando evidenciar sua aproximação, bem como suas distinções com a Terminologia.

A própria dualidade teórica e aplicada da Lexicografia consiste em um dos pontos de correlação com a Terminologia que também comporta uma dimensão dupla, reunindo fundamentos e aplicações, sendo este o caso da Terminografia. Além disso, as duas áreas envolvem-se com o componente léxico dos idiomas, buscando organizá-los com vistas a seu registro em obras que funcionam como instrumentos de referência nas sociedades. Apesar de apresentarem aspectos comuns e propósitos semelhantes, as áreas distinguem-se em finalidades específicas, objetos particulares, produtos e metodologias marcando as fronteiras dessa relação.

LEITURAS RECOMENDADAS

BIDERMAN, M. T. C. (2001) As ciências do léxico. In: OLIVEIRA, A. M. P. P., ISQUERDO, A. N. (orgs.). *As ciências do léxico: Lexicologia, Lexicografia, Terminologia*. Campo Grande: UFMS, 2001, p. 13-22.

CASARES, J. *Introducción a la Lexicografia moderna*. Madri: Consejo Superior de Investigaciones, 1992.

FINATTO, M. J. B. (1996) Da lexicografia brasileira (1813-1991): a microestrutura dos dicionários gerais de língua. *Linguística*. Madrid: ALFAL, vol. 8, 1996, p. 53-88.

HAENSCH, G. Delimitación del léxico y de la lexicografia en la lingüística. In: HAENSCH et alii: *La lexicografia: de la lingüística teórica a la lexicografia practica*. Madrid: Gredos, 1982.

KRIEGER, M.G. (1993) A obra e o fazer dicionarísticos. *Cadernos do IL*. Porto Alegre: Universidade Federal do Rio Grande do Sul, n. 10, jun. 1993, p. 9-16.

50 Introdução à terminologia

Terminografia

Tendo em vista que a Terminologia compreende uma face aplicada, voltada à produção de glossários, dicionários técnicos ou terminológicos e bancos de dados, a atividade relacionada a essas aplicações é chamada de Lexicografia Especializada ou Terminografia. Essa última denominação reflete a tentativa de estabelecer um paralelismo com a Lexicografia, área correlata à Terminografia.

Mesmo que a denominação cunhada nos anos 70 e atribuída a E. Natanson favoreça esse paralelismo, esse campo de atividade não se confunde com a Lexicografia, embora ambas aproximem-se em propósitos gerais. As duas áreas não se superpõem, porquanto possuem objetos específicos e metodologias que as diferenciam entre outros tantos aspectos.

A Terminografia pode ser definida como:

> Trabalho e técnica que consiste em recensear e em estudar termos de um domínio especializado do saber, em uma ou mais línguas determinadas, considerados em suas formas, significações e relações conceituais (onomasiológicas), assim como em suas relações com o meio socioprofissional. (Boulanger, 2001, p. 13)

Com esse pensamento, situam-se as características principais da Terminografia que toma o termo, e não a palavra, como faz a Lexicografia, como seu objeto de descrição e aplicação, definindo-lhe o conteúdo e considerando ainda seu uso profissional. A esses traços gerais agrega-se o caráter onomasiológico da Terminografia, tradicionalmente assinalado em razão do plano do conteúdo se constituir em foco preliminar e anterior à preocupação com o plano significante no trabalho de identificação das unidades lexicais que assumem estatuto de termo.

No conjunto das particularidades da Terminografia, é preciso salientar que essa área não se restringe a uma visão pragmática de produção de instrumentos de referência especializada, mas é também um estudo sobre termos, como refere Boulanger. O objetivo aplicado requer que sejam observados e dimensionados os fundamentos teóricos necessários à identificação das terminologias, ao reconhecimento da variedade de suas formas, tanto linguísticas quanto semióticas, bem como os princípios de análise do funcionamento dos termos com vistas a seu registro em instrumentos de referência especializada.

Assim compreendidos, os estudos terminográficos, privilegiadamente, oferecem subsídios para o estabelecimento de princípios metodológicos e diretrizes para o fazer aplicado. Soma-se a esse quadro um conjunto de reflexões e proposições que, visando à funcionalidade da obra produzida, abordam a problemática de adequação das definições terminológicas, a pertinência de informações gramaticais, entre outros componentes que integram as obras de referência temática. Esses aportes teórico-metodológicos orientam, portanto, o tratamento a ser dado aos elementos constituintes do universo de informações que integram os instrumentos terminográficos, cujas estruturas variam conforme o conteúdo de um glossário, um dicionário terminológico monolíngue, bi ou multilíngue ou ainda um banco de dados de terminologias.

Os três tipos de obras, embora cumpram finalidades semelhantes de organização e de divulgação das terminologias, possuem características particulares. Essas obras nem sempre são igualmente conceituadas dada a diversidade de enfoques possíveis para identificá-las, e, também, na prática, não obedecem a um padrão formal único. De toda forma, cada um desses instrumentos possui traços que permitem caracterizá-los em grandes linhas.

Glossário costuma ser definido como repertório de unidades lexicais de uma especialidade com suas respectivas definições ou outras especificações sobre seus sentidos. É composto sem pretensão de exaustividade. Já o dicionário terminológico ou técnico-científico é uma obra que registra o conjunto de termos de um domínio oferecendo primordialmente informações conceituais e, por vezes, linguísticas. Caracteriza-se por uma cobertura exaustiva de itens lexicais. Um banco de dados terminológicos é uma estrutura informatizada que contém uma lista de termos e um repertório de termos, além de uma série de outras informações relativas ao uso e funcionamento das terminologias.[6]

Independente da diversidade de conteúdos informativos que cada tipo de obra pode apresentar e de determinadas distinções estruturais entre glossário, dicionário técnico e bancos de dados, há alguns elementos e princípios que são comuns, na medida em que refletem o modo como a Terminografia trata de seus objetos. Muitos elementos poderiam aqui ser mencionados, no entanto, limitamo-nos a fazer referência àqueles que não apenas caracterizam o tratamento informacional nos produtos terminográficos, como também permitem diferenciar Lexicografia e Terminografia, áreas que tendem a ser confundidas, como bem assinala Boulanger:

> Em razão de seu paralelismo, de suas analogias e da semelhança formal de seus produtos dicionarísticos respectivos, a lexicografia e a terminografia são largamente confundidas na consciência coletiva dos indivíduos. (Boulanger, 2001, p. 11)

Tendo em vista que o objetivo primeiro do fazer terminográfico é organizar conjuntos terminológicos, cada termo constitui a entrada do verbete das obras de referência especializada. Mesmo constituindo-se como tal, o termo é reproduzido em sua forma plena, conforme utilizado nas comunicações profissionais, por exemplo, é registrado no feminino, no plural; não sofrendo redução a uma forma canônica, conforme faz a Lexicografia. No caso do léxico geral, opera-se um processo de lematização, na medida em que as entradas são sempre registradas

52 Introdução à terminologia

no masculino singular, para os nomes, e no infinitivo, para os verbos. Essas duas categorias são exemplos maiores da forma canônica adotada em Lexicografia.

Em Terminografia, mesmo que o termo seja sintaticamente construído ao modo de um sintagma, ele é também entrada de verbete; diferentemente, na Lexicografia, os sintagmas e as locuções são, normalmente, partes de verbetes, cuja entrada é constituída por item lexical integrante da expressão sintagmática. Por essa razão, *cabeça fria* integra o verbete cabeça, enquanto *cabeça-de-fogo*, denominação de canário, é entrada autônoma no dicionário terminológico de Zoologia.

Diante disso, os produtos terminográficos configuram-se como instrumentos que registram o componente léxico temático na sua forma plena, refletindo suas condições de uso nas comunicações especializadas. Assim também não registram as chamadas palavras gramaticais, porquanto estas, embora presentes nas comunicações profissionais, não desempenham a função léxico-cognitiva como as terminologias.

Outra característica própria da essência da Terminografia reside na proposição de, prioritariamente, oferecer ao consulente informações específicas da área de conhecimento cujo léxico é repertoriado. Em consequência, um dicionário de Medicina vai correlacionar termos e conceitos da área médica e um de Física Quântica limita-se a esse universo terminológico e conceitual. O conhecimento especializado em pauta é, em decorrência, a informação pertinente, o que consequentemente afasta a Terminografia do objetivo da Lexicografia, que é mais abrangente, buscando cobrir todas as realizações linguísticas e semânticas de uma palavra[7]. Por exemplo, no plano semântico, é necessário que a obra refira todos os significados possíveis que uma mesma palavra ou expressão comporta.

É, portanto, em razão da polissemia que os dicionários gerais de língua apresentam redes de acepções. Isso não costuma existir nos produtos terminográficos, embora a comunicação especializada também compreenda distinções, pontos de vista diferenciados sobre uma mesma matéria, o que ocorre intra e mesmo interáreas, considerando que os termos adquirem conceituações distintas conforme o contexto comunicativo em que estão inscritos. Mas, em razão da crença na monossemia no campo técnico e científico, a Terminografia trata dessas distinções sob a forma da homonímia.

Observa-se assim que uma obra terminográfica é, antes de tudo, elaborada para oferecer informação de um determinado campo de conhecimento, sobretudo no que diz respeito ao léxico utilizado com valor especializado, cujos conceitos são analiticamente articulados pelas definições. Isso não significa que um repertório terminológico também não seja acompanhado de informações sobre a língua. Cada vez mais, são oferecidas indicações sobre categorias gramaticais, variações, sinonímias, bem como marcas de usos socioprofissionais dos termos repertoriados.

Diferentemente, o dicionário geral de língua é um instrumento que, usualmente em primeiro plano, oferece informações sobre a língua, registrando usos e sentidos das palavras e expressões junto a dados etimológicos, gramaticais, entre outros. Diante disso, um dicionário geral diria que: *sabão* é "[Do latim. *Sapone*].

Substantivo masculino. Substância detergente usada com água para lavagem de roupas, superfícies, utensílios, etc." (adaptado de Ferreira, 1986 e Houaiss e Villar, 2001). De outro lado, uma definição química de *sabão* seria formulada como "substância de função química sal orgânico que tem a propriedade de detergência por apresentar na sua estrutura uma região polar e outra apolar".

Como as obras terminográficas privilegiam as informações sobre o conhecimento especializado, e como tal de natureza extralinguística, diz-se que elas aproximam-se das enciclopédias que são geralmente chamadas de dicionários sobre as coisas e não sobre a língua, como os do âmbito da Lexicografia. Apesar dessa pertinente aproximação, a Terminografia guarda suas especificidades.

À luz desse breve contraponto, que não esgota o universo de componentes das obras dicionarísticas quer gerais, quer especializadas, pode-se estabelecer fronteiras entre Terminografia e Lexicografia. Com vistas a sistematizar esse contraponto, apresentamos, na página seguinte, um sucinto quadro comparativo entre as áreas, destacando as características clássicas de cada uma.

PADRONIZAÇÃO TERMINOLÓGICA

Dentre as características da Terminografia está sua função normalizadora entendida em seu valor de estabelecer a padronização terminológica, vale dizer, de determinar a relação de termos recomendados para uso nas comunicações profissionais. Tal visão, de caráter prescritivo, está na base de repertórios terminológicos organizados com a finalidade de desempenhar não apenas o papel de obras de referência, mas de instrumentos construídos para controlar a expressão especializada empregada tanto por especialistas das áreas do conhecimento quanto por instituições e empresas. Vista dessa forma, a normalização corresponde a "uma ação mediante a qual um organismo oficial estabelece um uso terminológico preferente que exclui as demais opções." (Auger, 1988, p. 43)

Ao fixar a forma de expressão considerada mais adequada, a ação padronizadora consiste numa medida de controle dos usos de vocabulário. As atitudes nessa direção estão relacionadas à concepção de que a comunicação especializada requer um elevado grau de precisão, aspecto para o qual o emprego das terminologias contribui largamente. Além disso, existe a crença de que um uso indiscriminado de termos acarretará em dispersão conceitual de tal modo que a almejada univocidade comunicacional entre especialistas não poderá ser garantida. Nessa perspectiva, o uso livre de termos de valor sinonímicos e mesmo de variações traz sérios riscos à eficiência pretendida pela comunicação especializada.

> Existe um conflito temporal fundamental entre a necessidade de denominação e o desejo de normalizar os nomes. A denominação acontece tão logo se estabeleça um novo conceito, objeto, processo, etc., o que, inevitavelmente, leva a designações inexatas e à multiplicação de nomes. (Sager, 1993a, p. 169)

54 INTRODUÇÃO À TERMINOLOGIA

Quadro 1
Comparativo entre Lexicografia e Terminologia

	Lexicografia	Terminologia
Vertentes	Prática e teórica	Prática e teórica
Origem	Tradição	Contemporaneidade
Objeto	Léxico geral/palavra	Léxico temático/termos
Produto	Dicionários de língua mono, bi e multilíngues	Léxicos, glossários, dicionários terminológicos mono, bi e multilíngues, bancos de dados terminológicos
Natureza	Linguístico-descritiva	Cognitivo-normalizadora
Objetivos e funções	• Repertoriar o léxico temático • Oferecer informações terminológicas e conceituais de uma área de conhecimento especializado • Delimitar conceitos de um sistema cognitivo específico (homonímia) • Estabelecer padrões de designação e conceituação em áreas de especialidade (normatização)	• Repertoriar o léxico geral • Oferecer informações etimológicas, gramaticais, sociolinguísticas • Oferecer informações semânticas gerais e especializadas de todas as unidades lexicais de um idioma (polissemia) • Oferecer padrões de usos linguísticos • Legitimar o léxico de uma língua
Usuário	Difuso	Específico
Fontes	Texto em geral	Textos de especialidade
Método	Semasiológico	Onomasiológico
Entradas		
Critério de seleção	Frequência	Pertinência do termo à área de conhecimento/frequência em menor escala
Tipologia	Verbal: palavras gramaticais e lexicais	Verbal: termos simples, compostos, siglas e acrônimos Não verbal: símbolos e fórmulas
Tratamento	Lematização, forma canônica	Manutenção da forma plena e recorrente

Aqui, não pretendemos avançar nessa problemática do controle dos vocabulários, que integra um amplo panorama de questões relativas a políticas linguísticas, a ações institucionais de normalização, como é o caso, em plano internacional, da ISO, Organização Internacional de Normalização. Vinculada a essa Organização, atua o Comitê Técnico 37, "Terminologia: princípios e coordenação[8]".

As diretrizes de políticas intervencionistas estão vinculadas às proposições que fundamentam as correntes teóricas clássicas da Terminologia. Cabe ainda observar que os instrumentos terminográficos, elaborados à luz do ideal de padronização, diferem daqueles que adotam um ponto de vista descritivo. Tais obras, em vez de se limitarem a repertoriar os termos considerados recomendados, também registram sinônimos e variações. Isso não significa que, por vezes, também não indiquem o termo recomendado, mas não excluem formas concorrentes que os discursos especializados empregam.

Considerando ainda que a finalidade maior de uma obra de referência especializada é atender às necessidades de informação dos usuários, os instrumentos elaborados com esta visão descritiva, e não prescritiva, cumprem melhor esta finalidade. Ao mesmo tempo, não perdem seu valor de instrumentos de referência dos usos terminológicos, contrariamente ao que julga a visão normalizadora que questiona essa validade, por compreendê-los, antes de tudo, como mecanismos de controle dos vocabulários. De qualquer modo, a essência das obras de caráter dicionarístico reside no papel de funcionarem como repertórios de referência do léxico de uma língua, seja geral, seja terminológico.

Terminografia linguístico-textual

A reflexão sobre o fazer terminográfico tem se intensificado na última década, beneficiando-se da introdução do pensamento linguístico no âmbito da Terminologia. Mais ainda, da Terminografia, tal como a Terminologia, fundamenta-se hoje em princípios linguístico-comunicacionais. A preocupação agora não é a de estabelecer passos para a elaboração de instrumentos terminológicos, mas situar alguns aspectos centrais, relacionados à face teórica da Terminografia, obrigatoriamente, refletida nas metodologias adotadas nas aplicações terminológicas[9].

Em primeiro plano, cabe destacar a grande contribuição da Socioterminologia, que impulsionou o exame do funcionamento dos termos em seu real contexto de ocorrência, resultando no acolhimento da variação e da sinonímia, fenômenos recusados pelos estudos clássicos de Terminologia e pela Terminografia de cunho prescritivo, como há pouco mencionamos.

Entre as suas diretrizes metodológicas, a orientação clássica privilegia a onomasiologia como procedimento básico de identificação dos termos, vale dizer, identificadas as noções ou aspectos conceituais, buscam-se os termos, entendidos como etiquetas denominativas desses conteúdos. Tal visão explica-se porque, para Wüster, o domínio dos conceitos é independente daquele que

56 INTRODUÇÃO À TERMINOLOGIA

envolve o processo de denominação e também porque a terminologia é compreendida como bem exprime Clas:

> [...] um sistema de classificação artificial criado logicamente para as necessidades de pesquisa. As terminologias servem, portanto, para marcar as diferenças que têm uma significação em um sistema científico ou de raciocínio lógico e teórico, ou que foram constatadas pela observação científica. (Clas, 2001, p. 33)

A concepção sobre a constituição do componente lexical especializado explica por que um termo é considerado uma unidade de conhecimento, antes do que unidade linguística, o que também fundamenta a ideia da dissociação denominação/conceito e justifica a crença na exclusividade do movimento onomasiológico para o reconhecimento dos termos.

Contrariamente, a visão linguística não acolhe essa dissociação, entendendo que o acesso ao plano do conteúdo se faz via componente linguístico, mesmo que a denominação seja ainda provisória, tal como se pode exemplificar com o surgimento de termos compostos, de caráter analítico, que acabam se transformando em unidades simples, como a passagem da *estrada de ferro* para *ferrovia*, entre tantos outros a citar.

Igualmente, há situações em que um novo produto ou um novo processo levam um certo tempo para serem "batizados" com seu próprio nome. Antes de receberem denominação específica, costumam ser identificados genericamente como "máquina", "objeto", designações vinculadas às categorias que integram. Diante disso, pode-se afirmar que semasiologia e onomasiologia coexistem no processo de identificação das terminologias, passo essencial das aplicações terminológicas.

Por outro lado, a concepção de que o termo é, sobremaneira, uma unidade de conhecimento, está vinculada ao princípio adotado pela metodologia clássica de priorizar a identificação de um repertório terminológico, tomando por base a representação conceitual das diferentes áreas do conhecimento especializado. Tal representação configura-se por meio da chamada *árvore do domínio*[10], um constructo teórico que desenha a hierarquia temática de cada domínio de saber, pretendendo, com isso, representar o sistema lógico-cognitivo que particulariza os universos de conhecimento especializado. Por isso, a *árvore* funciona como uma espécie de mapa conceitual do domínio, auxiliando a reconhecer a vinculação terminológica, nessa medida, a pertinência dos termos a uma área.

A despeito de sua funcionalidade, a árvore de domínio, por ser um arcabouço teórico, não se constitui em um recurso metodológico suficiente para a pesquisa aplicada de terminologias (Krieger, 2001). Desse modo, não oferece elementos capazes de explicar a gênese das terminologias, ou seja, quando surge o problema do estatuto terminológico de uma unidade lexical simples ou sintagmática. A definição desse estatuto que, de certo modo, corresponde à dialética termo/não termo, é uma das mais difíceis etapas das aplicações terminológicas, sobretudo quando se centram em áreas novas ou que nunca foram objeto de obras de referência.

Nessa direção, outro ponto a favor da Terminografia está relacionado à adoção do princípio de que o estatuto das unidades lexicais define-se por sua relação com os cenários comunicativos em que se inscrevem. Trata-se de uma concepção importante, pois, ao dimensionar um dos principais fundamentos da gênese das terminologias, auxilia o desenvolvimento dos trabalhos aplicados que enfrentam a complexa tarefa de identificação das unidades lexicais que assumem estatuto de termo.

Esse fundamento é também o resultado da perspectiva textual adotada pelos estudos terminológicos que não se limitaram à descrição da morfossintaxe dos termos técnico-científicos. O componente linguístico-formal deve ser examinado, mas não permite explicar o caráter terminológico de um item lexical nem a formação dos sintagmas terminológicos, de altíssima frequência, porquanto a composição das unidades lexicais terminológicas não se diferencia das que integram o léxico da língua geral.

Para o reconhecimento de uma terminologia, é também relevante a consideração pelos propósitos maiores que presidem a comunicação especializada, concretizada em textos de distintas tipologias e pertencentes a distintos universos de discurso, como o das leis, da economia, da administração, entre outros. Para tanto, é imprescindível analisar a constituição dos universos de discurso, compreendendo sua organização narrativa, bem como a dimensão cognitiva e pragmática que os perpassam e animam[11].

Observa-se assim que as especificidades de cada área e de cada tipologia textual são determinantes do valor especializado conferido a certas unidades lexicais inscritas nesses contextos. O Direito permite bem ilustrar um tal posicionamento, pois mais do que ciência jurídica, o universo legislativo é, em essência, articulado por finalidades pragmáticas, tendo em vista o ordenamento jurídico-social que estabelece. Esse aspecto deôntico responde, por sua vez, pelo caráter terminológico que muitos itens lexicais passam a assumir na comunicação jurídica[12].

Toda essa visão, que leva em consideração as relações entre o funcionamento da linguagem, as especificidades das comunicações especializadas e a gênese do estatuto terminológico de determinadas unidades lexicais, constitui a base dos fundamentos teóricos e metodológicos da Terminografia, que denominamos linguístico-textual[13].

Essa Terminografia, ao postular esses princípios, consequentemente está em consonância com a recuperação de uma terminologia *in vivo* e não *in vitro*, como os moldes clássicos priorizam, de modo a permitir que um instrumento terminográfico cumpra o importante papel de facilitar a comunicação especializada, bem como de constituir-se em referência do léxico real utilizado nos meios profissionais.

58 Introdução à terminologia

Leituras Recomendadas

AUGER, P. La terminologie au Québec et dans le monde de la naissance à la maturité. In: *Actes du Sixième Colloque OLF-STQ De Terminologie. L'ère Nouvelle de la Terminologie.* 1985. Québec: Office de la Langue Française et Société des Traducteurs du Québec, 1988, p. 27-59.

BOULANGER, J. C. (2001) Convergências e divergências entre a lexicografia e a terminografia. In: LIMA, M. S., RAMOS, P. C. (orgs.) *Terminologia e ensino de segunda língua: Canadá e Brasil.* Porto Alegre: UFRGS/Núcleo de Estudos Canadenses da UFRGS/ABECAN, 2001, p. 7-28.

KRIEGER, M. G. Glossário de Direito Ambiental Internacional: implicações pragmáticas. In: KRIEGER, M. G., MACIEL, A. M. B. (orgs.). *Temas de Terminologia.* Porto Alegre/ São Paulo: Universidade/UFRGS/Humanitas/USP, 2001, p. 336-342.

LARA, L. F. *Teoría del diccionario monolingüe.* México: El Colegio del México, 1996.

Documentação

Entre as relações próximas que a Terminologia mantém com outros campos do conhecimento, encontra-se a Documentação, área que se inscreve no quadro das Ciências da Informação, porquanto seu propósito primeiro é organizar a informação bibliográfica de forma a permitir sua recuperação, de modo particular, pelos usuários dos catálogos das bibliotecas. A Documentação[14] visa, portanto, a facilitar as condições de acesso às informações codificadas nas bases de dados bibliográficos.

Ao estabelecer as bases da Terminologia, Eugen Wüster incluiu as Ciências da Informação no quadro da constituição interdisciplinar da Terminologia, percebendo a existência de pontos de confluência. Entre eles, está a relação bilateral que ambas mantêm, pois "a terminologia é uma peça necessária ao trabalho de documentação e os documentos são imprescindíveis para o trabalho terminológico." (Cabré, 1999c, p. 233)

Nessa via de mão dupla, o enfoque maior da Documentação recai sobre o componente lexical especializado que, em larga medida, integra a linguagem de indexação dos documentos cadastrados nas bases de dados das bibliotecas. Em contrapartida, os estudos teóricos e aplicados de Terminologia validam-se na medida em que descrevem e recolhem os termos em seus reais contextos de ocorrência, vale dizer, em textos especializados que, em princípio, integram os acervos bibliotecários, também especializados.

Tal convergência permite ainda situar essas relações no âmbito dos sistemas de recuperação de informação, pressupondo sua utilização para fins específicos, contando com usuários determinados:

> A comunicação documentária se desenvolve em um Sistema de Informação, o qual está geralmente subordinado a uma instituição e tem por objetivo atender aos seus especialistas. (Lima, 1998, p.13)

A par desses aspectos, a correlação Terminologia e Documentação também se estabelece à luz da natureza e funcionalidade das respectivas unidades básicas de cada área, ou seja, o termo e o descritor, sendo este a unidade descritiva básica que sustenta o processo de indexação das fontes documentais. O descritor é concebido como unidade representativa de nódulos conceituais dos campos de conhecimento.

Para facilitar o acesso dos usuários às fontes catalogadas, a Documentação recorre, com frequência, aos termos técnico-científicos, compreendendo que essas unidades lexicais realizam duas funções essenciais: a de representação e a de transmissão do conhecimento especializado[15]. No entanto, descritor e termo são entidades que não se confundem em virtude de seus estatutos, embora ambos constituam-se em importantes meios para recuperar a informação. Igualmente, Documentação e Terminologia mantêm suas identidades, seus propósitos e princípios específicos a despeito de sua natural correlação, como veremos adiante. Nesse contexto de aproximações, observamos ainda que a Documentação pode valer-se de princípios organizacionais da Terminografia moderna na elaboração da linguagem documentária que dá suporte aos sistemas de registro e de recuperação da informação especializada.

Antes, porém, é importante registrar que, no âmbito da Documentação, há um interesse crescente pelos estudos de Terminologia. Isso está diretamente relacionado ao fato de que os termos técnico-científicos são utilizados como descritores, unidades que dão suporte à chamada linguagem documentária que provê os sistemas de recuperação da informação. Tal linguagem, por sua vez, corresponde ao código comunicacional que o usuário deve utilizar para encontrar a informação de que necessita. Donde a importância da construção desse código de comunicação e a relevância do tema para os profissionais da Documentação.

Além disso, a relevância da linguagem documentária vincula-se também às grandes transformações que as novas tecnologias informáticas produziram sobre as condições quer de busca informativa, quer de atendimento aos usuários das bibliotecas. Nesse sentido, o consulente de uma biblioteca deixou de ser um sujeito unicamente presencial para converter-se também em consulente virtual. Logo, deixa de poder contar com a mediação do bibliotecário para solucionar seus problemas informacionais.

Por outro lado, os próprios sistemas de recuperação da informação se automatizaram em virtude da necessidade de lidar com um exponencial volume de informações, decorrente do grande avanço do conhecimento científico e tecnológico que caracterizou o final do século xx.

Linguagem documentária

A construção da linguagem documentária é norteada por diretrizes de alcance universal no campo da Documentação, valendo-se de uma série de procedimentos e de instrumentos para operacionalizar a difícil tarefa que tomou a si.

60 Introdução à terminologia

Entre os procedimentos genéricos, um documento costuma ser identificado por um conjunto de elementos, tais como os dados de imprenta[16], aspectos formais e de conteúdo. Os primeiros, basicamente, consistem no registro de autoria, título, local e data de publicação e editora. Os aspectos formais determinam a indicação de número, volume, páginas, entre outros.

Além disso, os documentos são identificados pelas temáticas ou conteúdos que apresentam e, consequentemente, classificados por matérias ou disciplinas de modo a facilitar sua recuperação nos processos de busca. Para organizar, sistematizar e divulgar informação, a Documentação vale-se de uma série de outros instrumentos e mecanismos, como os códigos não linguísticos a exemplo da Classificação Decimal de Dewey (CDD), geralmente utilizada para dispor os livros por disciplinas nas prateleiras das bibliotecas universitárias. Trata-se de uma categorização formal de áreas e subáreas que pode ser compreendida como uma engenharia do conhecimento.

Entretanto, o grande desafio está sempre na apreensão e divulgação da informação especializada no sentido de que os conteúdos dos documentos sejam identificados e adequadamente registrados por meio do processo de indexação, cuja qualificação maior é dar representatividade aos conceitos veiculados na documentação analisada. Esse processo, de acordo com a área, é feito com a ajuda de um vocabulário limitado e controlado, unívoco e coerente, que dá sustentação à linguagem documentária.

Na ótica da gestão de documentação, as características funcionais do vocabulário documental, que compreende os descritores escolhidos, permitem que a busca da informação se efetive, levando o usuário a acessar o documento, que, entre outros aspectos, delimita o vocabulário controlado. Este é assim compreendido, porquanto é estabelecido pelos próprios documentalistas para ser tomado como referência nos processos de busca. Por isso, os descritores são também chamados de termos autorizados.

Pela determinação desse vocabulário, dimensiona-se a face normalizadora da Documentação que, por esse meio, intenta ser também instrumento de controle de vocabulário, buscando evitar uma dispersão linguística, inerente ao funcionamento dos idiomas. A linguagem de indexação objetiva, em última análise, mantém eficiência no processo de divulgação/busca da informação. Trata-se, portanto, de uma diretriz voltada ao alcance da univocidade comunicacional, reconhecida como condição essencial para proporcionar uma eficiente aproximação entre sistemas de informação e usuário.

Termos e descritores

Os descritores, unidades que sustentam a linguagem documentária, possuem certas qualidades que permitem compará-los aos termos, conforme pode ser constatado:

> Este vocabulário controlado se assemelha muito a uma terminologia, porque os descritores do documentalista são denominações que servem de chaves autorizadas de acesso para a pesquisa, do mesmo modo que os termos são denominações recomendáveis para otimizar a comunicação especializada. (Lérat, 1995, p. 107)

O descritor, tal como o termo, revela sua funcionalidade no processo comunicacional, configurando-se como elemento de representação e divulgação do conhecimento. Explica-se assim também a razão pela qual a linguagem documentária recorre, em muito, às terminologias.

A despeito da correlação funcional entre termo e descritor, estes distinguem-se pela sua natureza e características básicas, salientando-se que o primeiro é uma unidade léxica que assume um valor semântico próprio de uma área de conhecimento, pela razão de integrar uma comunicação especializada. A despeito desse valor especializado, é um elemento natural das línguas naturais comportando variação e sinonímia bem como outros efeitos da linguagem em funcionamento. Diferentemente, o descritor é um componente de uma linguagem constituída pelos gestores de informação, e nessa medida, artificial.

> A unidade léxica com valor especializado é uma unidade de linguagem natural, é polissêmica, não normalizada e transmissora de conhecimento segundo seus contextos de uso. A unidade de indexação é uma unidade de linguagem documental, em princípio não apresenta ambiguidade, considerando ter sido normalizada, e realiza uma função de metarrepresentação e de metatransferência do conhecimento. (Adelstein e Feliu, 2000, p. 120)

Além desses aspectos que evidenciam o contraponto entre o termo e o descritor, é preciso atentar ainda ao fato de que o vocabulário documental não se equivale à terminologia, embora funcione como uma referência terminológica essencial na medida em que se constitui no elemento central do processo indexador e, simultaneamente, em referencial de busca da informação.

Por sua vez, esse referencial terminológico está consignado nos tesauros, obras de uso interno das bibliotecas e que estabelecem o vocabulário a ser utilizado em seus catálogos e bases de dados. Tais obras registram o vocabulário de indexação baseadas no princípio de dar representação à estrutura conceitual das áreas.

> O tesauro documentário é um vocabulário estruturado segundo um léxico hierarquizado de acordo com as relações semânticas entre os seus termos, os quais contribuem para o exercício de representação. Sua construção apoia-se basicamente em dois conjuntos referenciais; de um lado, no conhecimento categorizado em assuntos e, de outro, em um corpus discursivo do qual são retirados os termos considerados significativos. O primeiro conjunto pretende garantir, de

> forma classificatória e preditiva, a organização do universo objeto de representação; no segundo, a 'garantia literária' procede à seleção dos conceitos mais frequentes para representação da informação. Garante-se, desse modo, a contiguidade e semelhança entre o vocabulário a ser utilizado para representação e o universo do conhecimento expresso em textos. (Tálamo et alii. apud Lima, 1998, p. 42)

Como os tesauros buscam organizar a informação com base na estrutura conceitual das áreas, é adotado um critério ordenador lógico-cognitivo, expresso sob a forma de uma cadeia de elos conceituais hierarquicamente estabelecidos, na qual os descritores funcionam como rótulos de conceitos. Toda essa organização, que estabelece as bases da linguagem documentária, institui também o código comunicacional a ser adotado nas buscas bibliográficas.

Em linhas gerais, a estrutura de um tesauro reflete a preocupação básica com a representação codificada da organização conceitual das áreas de conhecimento, demonstrando que a informação a ser divulgada está diretamente relacionada aos focos de significação da produção bibliográfica analisada. Logo, o critério de escolha do descritor vincula-se, em particular, à sua representatividade de nódulo conceitual.

A construção da linguagem documentária, nessa perspectiva uma linguagem artificial, segue uma série de convenções como a que determina que atribuir a uma unidade linguística o estatuto de descritor é convencionar que se trata de um termo autorizado. Nessa medida, o descritor é um termo normalizado, vale dizer, consensualmente referendado para uso dos sistemas de informação. Por essa razão, compreende-se que:

> em terminologia, a autoridade do termo é atribuída pelas fontes, enquanto na documentação a de um descritor é relativa a convenções determinadas pelos próprios gestores da informação. (Lérat, 1995, p. 108)

No contexto das diretrizes de construção da linguagem documentária, definir o descritor autorizado é sempre uma forma de controle de vocabulário, procedimento essencial para o alcance da almejada univocidade comunicacional. A adoção de critérios dessa natureza na construção da linguagem que sustenta os sistemas de informação documental se, por um lado, favorece o acesso aos acervos bibliotecários; por outro, traz também obstáculos a este acesso, dado que o vocabulário é sobremaneira seletivo e não abrangente como ocorre com a estrutura de caráter normalizador que é, por essência, redutora. Nessa mesma perspectiva, inscreve-se a afirmação que:

> Por ser norma, o tesauro tende a ser estático em contraposição com a dinâmica da língua, mesmo em se tratando de uma linguagem de especialidade, sendo atualizado mais num processo de surgimento

de novos conceitos do que no sentido de alteração denominativa de conceitos já existentes. (Van der Laan, 2002, p. 6)

Vista dessa maneira, a linguagem de indexação deixa de contemplar a face linguística dos termos tomados como descritores. E, ao não reconhecer o estatuto de legitimidade das variedades denominativas que, seguidamente, as unidades terminológicas comportam, limitando-se a tratá-las como descritores não autorizados, a linguagem documentária é redutora. Isso se explica em razão da dimensão conceitual que a ordena prioritariamente. Entretanto, com a redução das possibilidades de realizações linguísticas, a comunicação pretendida pode não se efetivar, não atendendo às necessidades de busca de informação dos usuários.

Certamente, este não é o único problema que pode afetar a comunicação, há outros como a pretensão de sustentar a informação por um significado invariável, desconhecendo-se a grande diversidade de contextos sobre um mesmo tema. (Gonzalez de Goméz, 1993, p. 221)

Sem avançar nessa larga e complexa discussão, interessam aqui apenas as aproximações entre Terminologia e Documentação, tendo em vista que a linguagem documentária vale-se, em muito, do componente lexical especializado em seu ideal de construir uma linguagem que seja representativa dos nódulos conceituais das diferentes áreas do conhecimento e, simultaneamente, um instrumento de controle. Nessas características reside o projeto de eficácia da linguagem documentária para a pesquisa de fontes documentais.

Dado que uma terminologia é representativa de um sistema de conceitos no âmbito dos campos de especialidade, é natural que a linguagem documentária recorra aos termos técnico-científicos. Muito embora essa linguagem não se limite às unidades lexicais especializadas, sua presença confere-lhe maior coerência:

> Em sua função de representação, a terminologia serve à Documentação, pois é um elemento chave para representar o conteúdo dos documentos e para chegar até eles, pois a capacidade de uma Linguagem Documentária em recuperar as informações presentes nos textos está condicionada à sua capacidade de referir. (Lima, 1998, p. 89)

Em virtude desse reconhecimento, há uma crescente preocupação de analistas da linguagem de indexação no sentido de que essa efetivamente utilize as terminologias como descritores, compreendendo que isso permitirá maior coincidência vocabular entre os sistemas de informação e os usuários que buscam acessá-la. (Lima, 1998; Van der Laan, 2002)

Não obstante a produtiva busca dessa confluência terminológica, é preciso considerar, conforme Cabré alerta com propriedade, que:

> Falar 'da' terminologia em relação à documentação não é mais do que uma simplificação do tema, porquanto o trabalho documental é uma atividade que tem dois polos contrapostos: um – o de descrição

64 INTRODUÇÃO À TERMINOLOGIA

> e catalogação – necessariamente marcado pela sistematicidade e univocidade; o outro – o da recuperação da informação por parte do usuário – exige um nível mais amigável e mais natural, distante da rigidez da normalização. (Cabré, 1999c, p. 240).

Nesse contexto, está situada a dialética da Documentação, estabelecida entre a normalização e o registro das formas coocorrentes dos descritores selecionados, dois procedimentos igualmente importantes para a recuperação da informação.

Toda proposta de sistema padronizado não é por si só garantia de acesso à informação, seja por desconsiderar, seja por reduzir fortemente o registro das variações denominativas, bem como das sinonímias existentes nas comunicações especializadas. O apagamento da diversidade denominativa não evita, obrigatoriamente, ruídos no processo comunicacional. Ao contrário, é muito comum a não coincidência terminológica, porquanto o consulente não domina o vocabulário de indexação ou utiliza outras unidades da língua que correspondem a formas coocorrentes do descritor autorizado. Este é um aspecto que tem repercutido sobre o complexo processo de construir uma linguagem documental.

Essa linguagem, cada vez mais, assume importância na sociedade atual que, entre tantas características, é reconhecida como a sociedade da informação e do conhecimento. Além disso, particulariza-se pela massiva utilização dos meios informatizados que lhe permitem o acesso virtual às informações buscadas.

Por todas essas razões, a área da Documentação vive hoje o grande desafio de construir uma linguagem documentária que, sem perder seu valor referencial, possa tornar-se mais flexível no acolhimento de formas concorrentes de expressão utilizadas pelos usuários dos sistemas de informação documental.

Nesse sentido, a Terminologia Aplicada, em particular a Terminografia atual, poderá contribuir, convidando a Documentação a observar que as terminologias cumprem o papel de fixar o conhecimento, dada sua dimensão conceitual, mas também de divulgá-lo. Para que este último fim seja efetivamente alcançado no que concerne ao alcance das obras de referência especializada, a face linguística dos termos passou igualmente a ser valorizada. Isso corresponde ao reconhecimento de seu comportamento discursivo, que propicia o surgimento de variações e sinonímias, tal como as outras unidades lexicais dos sistemas linguísticos.

O princípio de olhar para uma terminologia *in vivo* tem norteado a elaboração dos trabalhos terminográficos, notadamente os que seguem parâmetros linguístico-textuais. Estes, sem descurar da dimensão cognitiva dos termos, ou seja, valorizando sua representação de nódulo conceitual, registram também as formas concorrentes e correlatas utilizadas nas comunicações especializadas, indicando marcas de uso. Isso é feito, sobretudo, no sentido de referir a diversidade designativa que uma determinada área especializada cria e utiliza. Não se trata de propor uma dispersão, mas de sistematizar a variedade vocabular, retirando o registro dos termos de um enfoque prescritivo e oferecendo-lhes um tratamento descritivo.

CORRELAÇÕES E INTERFACES   65

Glossários, dicionários e bancos de dados terminológicos, estruturados com o intuito de cobrir o repertório das formas de expressão especializada, são instrumentos que facilitam a comunicação especializada e não a obstruem, como tende a julgar o pensamento prescritivo. A ampliação dos registros linguísticos constitui um importante recurso para criar mais condições de interatividade entre usuário e sistema de informação, porquanto oferece maior probabilidade de confluência vocabular.

A Terminologia Aplicada já conta com a experiência de resultados positivos dessa orientação mais flexível na constituição dos instrumentos de referência terminológica, haja vista, por exemplo, a reorganização, de natureza socioterminológica, operada nos bancos de dados terminológicos do Canadá[17]. Por sua vez, a área da Documentação pode se valer dos novos delineamentos terminográficos, examinando-os criticamente e adaptando-os com seus próprios parâmetros à otimização da linguagem documentária e, consequentemente, dos sistemas de recuperação da informação.

Com essa aproximação pragmática, salienta-se mais uma correlação entre Terminologia e Documentação, duas áreas que mantêm uma relação bidirecional, embora cada uma guarde suas especificidades.

LEITURAS RECOMENDADAS

ADELSTEIN, A., FELIU, J. Relacións semàntiques entre unitats lèxiques amb valor specialitzat i descriptors. Terminologia i Documentació: I Jornada de Terminologia i Documentació. Barcelona: IULA, Pompeu Fabra, 2000, p. 121-133.

LÉRAT, P. (1995b) Langues spécialisés et documentation. In: LÉRAT, P. *Les langues spécialisées*. Paris: PUF, 1995, p. 106-113.

VAN DER LAAN, R. *Tesauro e Terminologia: uma inter-relação lógica*. Porto Alegre: UFRGS, 2002. (mimeo) Tese de Doutorado. (inclui anexos)

TRADUÇÃO E TERMINOLOGIA

A Tradução e a Terminologia mantêm uma série de confluências, mas suas identidades e propósitos específicos não se superpõem. Ao modo de um panorama de inter-relações entre esses dois campos de práticas e de conhecimento, referimos alguns aspectos que motivam e justificam as aproximações entre essas duas áreas, incluindo uma breve visão sobre a formação do tradutor.

Embora venha despertando um interesse crescente nos últimos tempos, o tema da relação entre as duas áreas ainda é muito novo:

> Nenhum especialista minimamente informado em linguística aplicada
> põe em questão, hoje em dia, que entre a tradução especializada e a

> terminologia existe uma relação evidente e inevitável, mas, sem dúvida, se estudou muito pouco sobre as características e motivações dessa relação e menos ainda se estabeleceram seus limites. (Cabré, 1999c, 177)

Não apenas a relação, mas tudo o que diz respeito à Terminologia é bastante recente em razão de se constituir num campo de conhecimento que começou a se estabelecer na segunda metade do século xx. Contrariamente, as reflexões sobre a tradução possuem larga tradição. Apesar disso, esta é também uma área que, mais recentemente, tem avançado muito na busca de compreensões aprofundadas sobre a complexa problemática tradutória. O avanço ocorre de forma mais sistemática nessas últimas décadas, levando ao surgimento da Tradutologia, disciplina teórica que desenvolve reflexões e descrições sobre o processo tradutório em seus mais diferentes aspectos, componentes e perspectivas. Motivadas, portanto, pela busca de maior conhecimento de seus objetos centrais, bem como de práticas mais eficientes, essas duas áreas estão abrindo os caminhos de um produtivo diálogo.

A primeira motivação do encontro que direciona a Tradução para a Terminologia relaciona-se ao fato de que os termos técnico-científicos são elementos chave, nódulos cognitivos, dos textos especializados. É em relação a essa tipologia textual que se efetua a chamada tradução técnica ou especializada. A esse respeito, alguns autores, considerando a existência de comunicações profissionais, como ocorre no âmbito científico, jurídico, administrativo, econômico, entre outros, preferem falar em tradução de textos especializados já que "toda tradução (literária, audiovisual, etc.) é especializada no sentido de que requer determinados conhecimentos e habilidades especiais." (Hurtado Albir, 2001, p. 59)

Por outra parte, o interesse do mundo globalizado pela informação referente à produção científica e tecnológica de nossa era, bem como a intensificação das trocas comerciais e tecnológicas realizadas em âmbito mundial, são fatores determinantes do incremento das relações internacionais e, consequentemente, de uma significativa demanda no campo da tradução técnica.

Tal tipo de tradução, incidindo sobre textos especializados, *habitat* natural das terminologias, leva efetivamente os profissionais da tradução a se defrontarem com os léxicos temáticos, bem como com uma série de outros aspectos, conforme se pode observar na sistematização a seguir.

Ao enfrentarem uma série de requisitos textuais para uma prática competente, os tradutores compreendem que os termos técnicos e científicos consistem numa forma de expressão própria da comunicação profissional, possibilitando que sejam objetivamente veiculados conceitos próprios de uma área. É nessa medida que os termos configuram-se como elementos linguísticos de representação e de divulgação do conhecimento, além de funcionarem como recurso para conferir univocidade e, consequentemente, eficácia à comunicação entre especialistas.

O reconhecimento da funcionalidade, simultaneamente, cognitiva e comunicativa operada pelas terminologias explica a preocupação dos tradutores

Quadro 2
Características de textos técnicos e competências requeridas para a tradução técnica

Características do funcionamento textual → Competências requeridas ao tradutor	
Importância do campo temático → Conhecimentos de âmbitos técnicos	Capacidade de documentar-se em relação aos textos técnicos
Utilização de terminologia específica → Aplicação da terminologia técnica adequada na língua de chegada	
Presença de características de gêneros técnicos → Domínio dos traços convencionais dos gêneros técnicos na língua de chegada	

Fonte: Gamero (2001, p. 48)

dos textos especializados com esse componente léxico, o qual, por vezes, denominam de jargão. Tal denominação sempre atualiza aspectos pejorativos do vocabulário técnico, relacionando-o à ideia de uma linguagem hermética que não possibilita a compreensão do assunto por quem não é "iniciado". Diferentemente, os estudiosos da Terminologia enfatizam que a utilização de termos é fator favorável à eficácia comunicativa. Uma maior aproximação entre as duas áreas também deve favorecer a compreensão positiva sobre os termos.

Sem descurar das outras tantas variáveis envolvidas no exercício da complexa prática tradutória, ao tradutor interessa um manejo terminológico competente, expresso pela adequada seleção, na língua de trabalho, dos termos equivalentes àqueles utilizados pelos especialistas na língua original. Por isso, esse profissional necessita conhecer, e também poder acessar, repertórios terminológicos utilizados nas comunicações especializadas em ambas as línguas. Explica-se assim a grande utilidade para a prática tradutória das obras de referência especializada elaboradas em mais de um idioma. O acesso a esse tipo de obra constitui um dos passos da capacidade de documentar-se, item que integra o rol de competências exigidas do tradutor especializado.

Sob o enfoque aplicado, uma utilização adequada da terminologia contribui para o alcance da precisão semântico-conceitual, requisito que toda tradução de texto especializado obrigatoriamente requer. Além dessa qualificação, a transposição de uma língua para outra dos termos próprios de uma área confere ao texto traduzido grande parte das características expressivas comumente usadas pelos profissionais do mesmo campo de atuação. Este também é o caso do uso das fraseologias especializadas, que caracterizam formas típicas de expressão das comunicações profissionais. Nessa medida, o respeito pelo uso profissional de termos e das fraseologias é também um respeito pelo estilo, o que vai favorecer a aceitabilidade do texto de chegada, independente da língua em que será traduzido.

A despeito da qualificação à pratica tradutória que o manejo da terminologia possibilita, é importante relembrar que a transposição interlínguas do componente lexical especializado não é o único fator que assegura a qualidade tradutória até porque o texto especializado não se reduz à presença de termos e tampouco constitui um bloco monolítico[18]. Como essa tipologia textual possui muitas outras propriedades e um conjunto de variantes, o domínio de uma terminologia é condição necessária, mas não suficiente, para efetuar uma boa tradução, considerando ainda que o processo tradutório é algo complexo que envolve muitos componentes. Nessa mesma direção, entendemos a propriedade de um posicionamento como o que segue:

> Ainda que a terminologia tenha sido tradicionalmente considerada como a característica principal da tradução especializada, coloca-se em segundo plano, já que o mais importante é o conceito que encerra o termo e não o termo em si; para compreender um determinado termo (e para encontrar o equivalente justo na língua de chegada), é necessário saber relacioná-lo com o conceito a que faz referência. Além disso, o tradutor tem de conhecer os gêneros próprios do âmbito específico que está traduzindo e o funcionamento peculiar de cada um deles em relação a convenções linguísticas e textuais. (Hurtado Albir, 2001, p. 61)

Diante da interface do fazer tradutório com a utilização de termos técnico-científicos, explica-se ainda o motivo pelo qual os tradutores integram a categoria de usuários indiretos da terminologia, tal como outros profissionais que, em razão dos objetivos de suas atividades, se preocupam com a transferência conceitual e denominativa que o uso das terminologias opera.

Mas, se os profissionais da tradução de textos especializados são levados a olhar para a Terminologia, interessando-se, inclusive, cada vez mais pelos estudos da área, o inverso também ocorre. A face aplicada da Terminologia direciona seu olhar para a tradução na medida em que se ocupa da elaboração de glossários, dicionários técnicos e bancos de dados bi ou multilíngues. A organização e a divulgação de terminologias por meio de instrumentos de referência elaborados em mais de um idioma consiste em um trabalho que cumpre um papel social maior, pois aproxima mundos, facilitando a comunicação e a recuperação da informação no campo do conhecimento especializado.

O fazer tradutório é, sob esse viés, parceiro do fazer terminológico, considerando-se ainda que o conhecimento especializado e, de modo particular, aquele relacionado aos avanços científicos costuma ser divulgado em diferentes idiomas. Junto a isso, podemos lembrar que os termos, hoje, são traduzíveis de língua para língua, diferentemente do tempo em que a linguagem científica resumia-se às nomenclaturas técnico-científicas. Estas eram formuladas pelos próprios cientistas que se valiam de componentes gregos e latinos com o intuito de criar uma espécie de língua universal, própria da ciência e, desse modo, precisa e sem ambiguidades, diferentemente da comunicação ordinária.

Apesar da relação de parceria, extremamente produtiva, entre Terminologia e Tradução, tratam-se de dois campos distintos quer de atuação, quer de investigação e que não podem ser confundidos.

APROXIMAÇÕES E DISTINÇÕES

Tal como Terminologia e Tradução são campos de conhecimento e de atuação com objetivos e particularidades próprias, fazer tradução técnica e trabalhar com terminologias com fins aplicados são atividades que, igualmente, não se confundem[19]. A organização de instrumentos de referência temática não monolíngues, tarefa que os especialistas em Terminologia tomam a si, só pode ser adequadamente realizada com o concurso de tradutores.

Isso equivale também a dizer que, apesar das zonas de confluência e de interesses comuns entre as duas áreas, as competências e as formações profissionais não se superpõem, embora alguns profissionais possam reunir o conjunto de qualificações exigidas para o fazer terminológico e tradutório.

Nesse conjunto das distinções está a finalidade dos produtos de cada uma das áreas. Enquanto a Tradução constitui uma finalidade em si mesma pela produção de um texto em outra língua; a Terminologia aplicada, ou Terminografia, ao gerar obras de referência temática, realiza um trabalho de suporte, elaborando instrumentos pragmáticos que se constituem em meios para facilitar o trabalho de tradutores, intérpretes, redatores técnicos etc.

Esses aspectos resumem a ideia de que o trabalho terminológico e o de tradução possuem objetivos, produtos e, consequentemente, formas diferenciadas de trabalhar. Cada área possui ainda suas metodologias particulares, mediante o produto que oferecem. No entanto, há pontos de confluência, a iniciar pela característica comum de serem tarefas cujos produtos auxiliam o fluxo comunicacional. Em sua essência, o ato criador de terminologias, bem como o que representa o exercício tradutório, por estarem relacionados a problemas de expressão e alargamento de compreensão, retratam as dimensões comunicativa e pragmática envolvidas no funcionamento da prática terminológica e tradutória.

Outro ponto comum que merece ser salientado é a interdisciplinaridade. Tanto a Terminologia quanto a Tradução são campos de conhecimento que se caracterizam pela natureza interdisciplinar, pois se valem de outros saberes que as auxiliam a apreender a complexidade dos seus objetos de interesse.

Em sua estruturação, a Terminologia vincula-se à Linguística, à Ontologia, às Ciências da Informação e aos diferentes domínios técnicos e científicos. Dessas áreas específicas, a disciplina toma aquilo que considera pertinente e adequado para articular e aprofundar o seu saber sobre o termo e as fraseologias, seus objetos principais.

Por sua vez, a Tradutologia, ao postular princípios e explicar os mecanismos do complexo processo tradutório, também necessita valer-se de conheci-

70 Introdução à terminologia

mentos oriundos de outras ciências. É assim que acolhe aportes da semântica, da pragmática, da linguística frasal e textual, das ciências cognitivas, das teorias da comunicação entre tantas faces relacionadas à tradução.

Embora muitos outros aspectos possam ser lembrados, o rápido panorama aqui apresentado permite constatar que terminologia e tradução são duas áreas teóricas e práticas, com identidades e propósitos distintos. Além disso, cada uma possui suas teorias próprias, almejando alcançar o necessário poder explicativo para dar conta teórica e metodologicamente dos fenômenos envolvidos na constituição de seus objetos específicos.

Contudo, as identidades não impedem a relação de parceria entre ambas, pois se o manejo competente dos termos permite qualificar melhor o trabalho de tradução especializada, em contrapartida, as aplicações terminológicas têm um alcance maior, quando os instrumentos terminográficos se fazem em mais de um idioma. Mais ainda, nessa relação, a Terminologia é uma área ancilar à tradução.

Nessa mesma direção, Auber afirma:

> No entanto, se, na sua epistemologia e no seu objeto de estudos, a Terminologia e a Tradução abarcam e se conduzem por caminhos distintos, no fazer *tradutório* e no fazer *terminológico* esses mesmos caminhos se cruzam e se entrecruzam. Com efeito, como afirma Galinski (1985), *translators are probably the largest identifiable individual user group for terminologies...* Ou seja, os tradutores profissionais apresentam-se como um dos principais grupos de usuários finais da pesquisa terminológica (glossários, dicionários técnicos, bases de dados terminológicos, etc.) (Auber, 1996, p. 14)

A terminologia na formação do tradutor

Dimensionadas as bases da relação tradução e terminologia, é importante também lançar um olhar sobre a formação do tradutor sob o prisma da Terminologia. Assim como esta última é uma área ancilar para o fazer tradutório, igualmente os estudos de Terminologia teórica oferecem importantes subsídios para a formação do tradutor.

A maior colaboração que a disciplina terminológica pode oferecer aos tradutores é a de auxiliá-los a compreender a natureza, o estatuto, a constituição e o funcionamento dos termos técnico-científicos. Isso porque a Terminologia é uma disciplina que, ao se apoiar cada vez mais na Linguística, tem ampliado seu poder explicativo, oferecendo fundamentos teóricos que auxiliam no reconhecimento dos termos, bem como na análise de seu comportamento nas diferentes línguas.

Para tanto, a Terminologia tem adotado um enfoque mais amplo do que a descrição dos aspectos morfossintáticos das terminologias, fundamentando-se no pressuposto de que o estatuto de uma unidade lexical especializada define-se por sua inserção contextual em diferentes cenários comunicativos. Por essa razão, o termo *cromático* tem um sentido para a Música e outro para a Biologia, bem como *grade* adquire um significado na Eletrônica e outro distinto na terminologia dos transportes ferroviários. Diante do comportamento dinâmico dos termos, os estudos textuais e discursivos configuram-se como um importante quadro epistemológico, capaz de melhor explicar as terminologias nas suas mais diferentes configurações, nem sempre facilmente identificadas.

A identificação de um termo costuma ser problemática para os tradutores, mas não deixa também de sê-lo para os que fazem Terminologia aplicada. As razões dessa dificuldade devem-se a uma série de aspectos, a iniciar pela estruturação dos termos técnico-científicos, que, em sua maioria, são unidades lexicais complexas. Muitas vezes chamadas de sintagmas terminológicos, essas estruturas alcançam mais de 70% de uma terminologia, conforme estudos descritivos já constataram. Nos novos campos de conhecimento, esse índice tende a crescer, como é o caso do meio ambiente maciçamente dominado por sintagmas como: *normas de emissão*; *normas de qualidade do ar*, entre tantos outros[20].

Em realidade, é difícil reconhecer a unidade terminológica, identificando seu início e seu fim, ou seja, delimitando suas fronteiras, e ainda distinguir o termo do não termo. O trabalho é menos complexo em domínios cuja terminologia já está consolidada e os conceitos estabelecidos. De todo modo, o reconhecimento dos limites de um sintagma terminológico é imprescindível ao trabalho de tradução técnica sobretudo porque o sentido, nesse caso, não se constrói gradativamente como resultado direto da soma de seus constituintes. O sentido veiculado por um termo é um todo que estabelece uma referência única como ocorre com corpo celeste que, na Física, determina a relação com o Sol e a Lua, além dos outros satélites que se enquadram nessa categoria.

As dificuldades de reconhecimento dos termos relacionam-se também ao fim da demarcação de fronteiras rígidas entre o léxico especializado e o geral, porque os termos passaram a se assemelhar muito às palavras da língua.

> Atualmente, o trabalho de identificação terminológica exige o reconhecimento de grande quantidade de unidades lexicais especializadas que integram a linguagem de campos de conhecimento técnico e/ou científico em contínua e acelerada expansão. Mais ainda, assiste-se também à expansão das linguagens especializadas como decorrência das novas áreas tecnológicas que se agregam ao cenário já estabelecido. Em realidade, os termos técnicos e/ou científicos deixaram de se configurar como uma "língua à parte", não sendo mais facilmente identificados, como ocorria quando, ao modo das nomenclaturas, correspondiam a palavras muito distintas da comunicação ordinária e permaneciam praticamente restritos aos

diferentes universos comunicacionais especializados. Hoje, os termos circulam intensamente, porque ciência e tecnologia tornaram-se objeto de interesse das sociedades, sofrendo, consequentemente, processos de vulgarização, favorecidos pelas novas tecnologias da informação. (Krieger; Maciel; Finatto, 2000, p. 144)

Todos esses fenômenos têm provocado importantes efeitos sobre as línguas em geral e, de modo particular, sobre as terminologias, comprovando que a identificação do termo é uma questão muito complexa. São razões dessa natureza que permitem fundamentar o ponto de vista da necessária e produtiva interface que a teoria da Terminologia pode oferecer à Tradução.

É importante ainda lembrar que os estudos terminológicos não se fecham sobre o termo, interessando-se pela problemática da fraseologia e da definição. Essas entidades são componentes integrantes das linguagens especializadas, auxiliando também a fixar e transmitir conceitos científicos, técnicos e tecnológicos. Consequentemente, constituem lugares privilegiados da expressão do conhecimento especializado em seu caráter científico, técnico ou tecnológico. Por sua vez, para o tradutor, é de suma importância o tratamento das frascologias utilizadas nas comunicações profissionais.

Além disso, os estudos terminológicos podem trazer aportes teóricos e funcionais que venham a auxiliar no tratamento tradutório de um termo. Trata-se de casos como a neologia, tão crucial para o tradutor em seu trabalho solitário, sobretudo, quando não conta com obras de referência que contemplem a terminologia da área em questão. Este é um dos momentos em que ele atua como terminólogo, posto que responde por criações neológicas particulares. Vale dizer que é obrigado a criar neologismos ou mesmo paráfrases do termo para dar conta das equivalências semânticas.

Por tudo isso, é necessário um conhecimento teórico mais aprofundado, por exemplo, sobre os princípios morfossintáticos de formação lexical. Bem entendido, a Lexicologia desempenha um papel essencial, mas a Terminologia, por se ocupar das linguagens especializadas, poderá dar uma contribuição mais específica, evocando as orientações internacionais para a criação dos neologismos.

Esses são apenas alguns exemplos que ilustram as contribuições que os estudos terminológicos de caráter teórico podem oferecer à formação do tradutor, embora a aquisição de conhecimentos em Terminologia não seja um requisito sem o qual a prática tradutória não se efetue. Entretanto, é uma forma de tornar seu ofício mais consciente e facilitado. O ideal ainda é somar a possibilidade de especialização em determinada área temática, além da instrumentação no tratamento informatizado das terminologias, conforme registramos:

[...] nos programas de graduação, os alunos podem ser introduzidos a metodologias de levantamento e de pesquisa terminológica, cujo resultado é o armazenado em bancos de dados terminológicos,

garantindo que as informações não se percam e possam ser reapro-
veitadas por outros alunos de forma otimizada. (Araújo, 2001, p. 211)

Dentre muitos outros aspectos que poderiam ainda ser mencionados, como um adequado estudo de tipologia textual e de Lexicografia, salientamos que, ao se trabalhar com Terminologia nos cursos de formação de tradutor, é preciso avaliar com clareza a medida e a propriedade dos fundamentos teóricos oferecidos, respeitando-se a especificidade da formação desse profissional. Contudo, é um substrato significativo ao exercício da profissão uma formação teórica adequada, de cuja ausência os tradutores profissionais comumente se ressentem. Estes, muitas vezes, são acusados de serem apenas pragmáticos e de não se interessarem pela reflexão dos fenômenos da linguagem.

No entanto, as distâncias entre os universos da Tradução e da Terminologia começam a diminuir. O diálogo tende a se ampliar, motivado pelo reconhecimento de que a aproximação desses dois universos articula uma relação de complementaridade, uma parceria necessária a uma boa tradução técnica. Em contrapartida, essa complementaridade favorece uma melhor compreensão e adequação dos princípios metodológicos norteadores da produção de instrumentos terminográficos bi/multilíngues. Explica-se, portanto, na prática e não apenas na teoria, a importância da aproximação desses universos convergentes e complementares, mas com identidades inquestionáveis que são a Terminologia e a Tradução.

LEITURAS RECOMENDADAS

ARAÚJO, L. A. *De big bangs a buracos negros no universo da tradução no Brasil: um estudo sobre o papel da terminologia na prática tradutória e na formação de tradutores.* Campinas: Universidade Estadual de Campinas. 2001. Tese de Doutorado.

CABRÉ, M. T. (1999) Traducción y Terminología. In: CABRÉ, M. T. (1999c) *Terminología: Representación y comunicación. Elementos para una teoría de base comunicativa y otros artículos.* Sèrie Monografies, 3. Barcelona: Universitat Pompeu Fabra, Institut Universitari de Lingüística Aplicada, 1999.

HURTADO ALBIR, A. (2001b) La tradución de textos especializados. In: HURTADO ALBIR, A. *Traducción y traductología: introducción a la traductología.* Madrid: Cátedra, 2001, p. 59-61.

KRIEGER, M. G. (2001) Relações entre Terminologia e Tradução. In: KRIEGER, M. G., MACIEL, A. M. B. (orgs). *Temas de Terminologia.* Porto Alegre/São Paulo: Universidade/ UFRGS/Humanitas/USP, 2001, p.155-163.

NOTAS

[1] A respeito dessa perspectiva, vide capítulo "Histórico: realizações e teorias".

[2] A Teoria do Conceito ou Conceptologia é elaborada principalmente pelos continuadores da Escola de Viena e tende a desconsiderar a importância da dimensão linguística.

[3] Embora isso seja constantemente negado, como por exemplo em Sandrini (1996b, p. 60): "A definição não é derivada do signo linguístico, mas é produzida, independentemente da linguagem, pelo plano da especialidade [...]. A definição, isto é, o conteúdo do conceito, é a delimitação do conceito, é o ponto de partida".

[4] Sobre esse tema, a seção "Escolas e teorias de Terminologia" do capítulo "Histórico: realizações e teoria"; e sobre a problemática conceito/significado a seção "Definição" do capítulo "Objetos".

[5] Sobre possíveis rendimentos de uma concepção categorial prototípica para o estudo de definições em Terminologia, vide Finatto (2001 b e 2001c).

[6] Especificações no capítulo "Terminologia aplicada à geração de bancos de dados".

[7] A respeito, vide seção "Definição", do capítulo "Objetos".

[8] A respeito, vide capítulo "Histórico: realizações e teorias".

[9] Mais detalhes no capítulo "Geração de glossários e dicionários especializados".

[10] Para um exemplo de árvore vide seção "Árvore de domínio", do capítulo "Geração de glossários e dicionários especializados" (Parte II).

[11] Mais detalhes a respeito em Krieger (2001c) "Terminologia revisitada".

[12] Mais detalhes na seção "O papel do texto", no capítulo "Terminologia e texto".

[13] Este é o enfoque norteador dos trabalhos aplicados do grupo TERMISUL há mais de dez anos.

[14] A área de Documentação é também chamada de Biblioteconomia.

[15] A respeito dessas funções, vide seção "Léxico especializado: natureza e funcionalidade", no capítulo "Terminologia: definições básicas".

[16] Informações impressas geralmente na parte inferior da página de rosto de um livro, contendo nome da editora, cidade e ano de publicação.

[17] Outros detalhes sobre bancos de dados terminológicos estão no capítulo "Geração de bancos de dados".

[18] Mais detalhes dessas características na seção "O texto especializado", no capítulo "Terminologia e texto".

[19] Outros detalhes estão no capítulo "A tradução técnico-científica, redação técnica e gestão de informação".

[20] Para outros detalhes, vide a seção "Delimitação de sintagmas terminológicos", do capítulo "A tradução técnico-científica, redação técnica e gestão de informação" e também a seção "Tratamento de bases textuais em formato digital: alguns tópicos de observação", do capítulo "Linguagem especializada: estudo de texto com apoio informatizado".

Objetos

A Terminologia situa-se como campo de saber com identidade própria, definindo o termo como objeto privilegiado de reflexão e de tratamento. Mas, além desse objeto essencial, o desenvolvimento das pesquisas teóricas e aplicadas levou a Terminologia também a preocupar-se com a fraseologia, expressão típica das comunicações profissionais. Trata-se de uma construção sintagmática nuclear, um nódulo cognitivo que também transmite conhecimento especializado. Com isso, a fraseologia forma com o termo um par estabelecido sob uma relação de complementaridade[1].

A esse par, agregamos a definição dentro do quadro dos objetos da Terminologia (Krieger, 2001), considerando sua íntima relação com o equacionamento do componente cognitivo dos termos. Isso melhor se explica na medida em que a definição terminológica corresponde à materialização linguística do componente conceitual do termo, funcionando, simultaneamente, como articulação linguística e via de acesso desse componente.

Por outro lado, termo e definição são duas faces da mesma moeda, como se observa:

> As palavras *definição* e *termo* são ligadas por um traço comum: elas designam na origem o estabelecimento de um limite, de um fim (*définir*) e seu resultado (termo). No plano nocional, para que um nome tenha direito ao título de termo, é necessário que ele possa, enquanto elemento de um conjunto (uma terminologia), ser distinguido de outro. O único caminho para exprimir esse sistema de distinções recíprocas é a operação dita *definição*. (Rey, 1979, p. 40)

Os três objetos da Terminologia – termo, fraseologia e definição – projetam de diferentes maneiras os fundamentos do conhecimento especializado. Nessa funcionalidade comum reside seu enquadramento como elementos destacados da reflexão terminológica.

O termo

A unidade terminológica é, simultaneamente, elemento constitutivo da produção do saber, quanto componente linguístico, cujas propriedades favorecem a univocidade da comunicação especializada. Para avançar no exame do fenômeno

76 Introdução à terminologia

terminológico, é necessário, ao lado do reconhecimento da funcionalidade dos termos no campo da expressão e da comunicação humanas, observar uma série de aspectos relacionados à sua conceituação, identificação e constituição.

Buscamos, assim, descrever propriedades cognitivas e formais do termo, entidade complexa, cujo reconhecimento consiste numa das mais difíceis tarefas do trabalho terminológico. Consequentemente, é um ponto nevrálgico dos estudos teóricos da Terminologia, bem como das aplicações terminológicas.

Propriedades e concepções

Todo panorama geral relativo aos principais aspectos que envolvem o estatuto e a estrutura das unidades terminológicas, tal como aqui objetivamos, implica obrigatoriamente estabelecer relações com teorias terminológicas dada a existência de diferentes concepções. Porém isso não impede uma confluência de visões entre os mais destacados estudiosos da Terminologia sobre as características mais prototípicas dos termos. Examinemos, então, algumas definições de termo, iniciando por quem estabeleceu os princípios da Teoria Geral da Terminologia:

> Uma unidade terminológica consiste em uma *palavra* à qual se atribui um conceito como seu significado (...), ao passo que, para a maioria dos linguistas atuais, a palavra é uma unidade inseparável composta de forma e conteúdo. (Wüster, 1998, p. 21)

Ao contrapor posições epistemológicas diferenciadas entre terminólogos e linguistas na percepção do termo, Wüster destaca o papel do conceito como componente responsável pela atribuição do estatuto terminológico a uma unidade lexical da língua. Dessa forma, estabelece a propriedade básica que distingue termos e palavras, salientando que a compreensão de uma unidade da língua, enquanto termo, está fundamentada no papel da dimensão conceitual do signo linguístico que responde, neste caso, pelo denominado conteúdo especializado.

Ilustra essa mesma linha de pensamento a ideia de que:

> [...] Terminus significa limite, fronteira. Por conseguinte se faz necessário estabelecer de que forma o termo se deslinda, se diferencia das outras palavras, e quais são os traços que facilitam essa diferenciação. (Reformatskii, 2000, p. 152)

Ao modo de uma complementaridade às visões de termo, Alain Rey dirá que:

> O nome é o objeto mesmo da Terminologia: com efeito um nome definível no interior de um sistema corrente, enumerativo e/ou estruturado, é um termo; o conteúdo de sua definição correspondendo a uma noção (conceito), analisável em compreensão. (Rey, 1979, p. 22)

Sob esse viés, Rey explicita as condições para que uma unidade lexical alcance o estatuto de termo, lembrando ainda que um nome tem direito ao título de termo, quando se distingue conceitualmente de outra unidade lexical de uma mesma terminologia. Exemplo dessa distinção pode ser tomado à terminologia alimentar, em que os termos *diet* e *light*, embora frequentemente confundidos, não se equivalem conceitualmente, porquanto o primeiro designa um *alimento isento de açúcar*, razão de ser considerado dietético; enquanto o segundo foi cunhado para identificar *alimento que sofre diminuição de algum componente como a gordura ou o próprio açúcar*. Por essa razão, o produto é rotulado como "leve", mas não significa que não contenha açúcar.

Outra propriedade, tradicionalmente vinculada à dimensão conceitual das unidades terminológicas, é a invariabilidade semântica. Vale dizer, enquanto o significado que uma palavra adquire é, em larga medida, dependente do contexto discursivo em que se insere, as unidades terminológicas não sofrem esses efeitos porquanto se limitam a expressar conteúdos das ciências e das técnicas. Nessa perspectiva, o plano do conteúdo dos termos é compreendido como da ordem dos conceitos, enquanto o das palavras comuns da língua é da ordem dos significados. Explica-se assim também o fundamento onomasiológico que articula a essência dos termos.

Exemplifica toda essa visão o item lexical *folha*, cujo uso pode atualizar o sentido de folha da árvore ou página de livro entre tantas outras possibilidades significativas que a comunicação ordinária permite. Já no domínio das especializações, como é o caso da Botânica, *folha* é objeto de conceituação, tal como expressa o seguinte enunciado: "órgão, geralmente, laminar e verde, das plantas floríferas ou fanerógamas e principal estrutura assimiladora do vegetal". (Houaiss & Villar, 2001, p. 1365).

A ideia de invariância conceitual das terminologias está, por sua vez, associada às características funcionais de monossemia, de monorreferencialidade e exclusividade denominativa. Segundo Rondeau:

> O termo carateriza-se no sentido de que para uma noção dada, há, teoricamente, uma única denominação. Esta característica do termo se funda sobre um postulado da terminologia: o da relação de univocidade entre denominação (significante) e noção (significado, relação do tipo reflexiva). (Rondeau, 1984, p. 19)

Em continuidade à identificação de características das unidades terminológicas, lê-se também que:

> Um termo é uma unidade linguística que designa um conceito, um objeto ou um processo. O termo é a unidade de designação de elementos do universo percebido ou concebido. Ele raramente se confunde com a palavra ortográfica. (Gouadec, 1990, p. 3)

Conforme Gouadec assevera com propriedade, os termos não se restringem a expressar conceitos, mas também objetos e processos. Todos eles são elementos de expressão da realidade e de construção do saber científico, técnico e tecnológico. Nessa descrição, Daniel Gouadec chama a atenção para outra particularidade dos termos, sua não coincidência formal com as palavras, dada a formação morfossintática complexa, predominante no componente lexical especializado.

Do conjunto dos autores citados, depreende-se um denominador comum: o estatuto terminológico de uma unidade lexical define-se por sua dimensão conceitual. Consequentemente, o que faz de um signo linguístico um termo é o seu conteúdo específico, propriedade que o integra a um determinado campo de especialidade, tal como Lérat reafirma:

> As denominações técnicas estão na língua porque são suscetíveis de serem traduzidas em língua estrangeira, mas são denominações de conhecimentos especializados, e é isso que as torna pertinentes terminologicamente. (Lérat, 1995, p. 45)

O reconhecimento unânime do papel do componente conceitual na constituição do fenômeno terminológico explica o fundamento onomasiológico que preside a gênese das terminologias, bem como as razões pelas quais os termos cumprem as funções de fixar e divulgar o conhecimento especializado.

Ao mesmo tempo, o privilégio da dimensão conceitual no universo terminológico responde fortemente pelas interpretações de que um termo é, antes de uma unidade linguística, uma unidade de conhecimento, cujo valor define-se pelo lugar que ocupa na estrutura conceitual de uma especialidade. Em decorrência, as unidades terminológicas são vistas como meros rótulos e etiquetas com as quais, conscientemente, denominam-se os resultados das ciências e das técnicas. O reducionismo dos termos a essa feição denominativa decorre da compreensão de que significante e significado, ou nome e noção, como foi convencionado chamar na Terminologia clássica, são entidades autônomas.

Unidade linguística

A valorização do termo como unidade de conhecimento, e não como unidade linguística, revela um posicionamento distinto daquele assumido pelas novas correntes dos estudos terminológicos[2], segundo os quais os termos são itens lexicais que não se distinguem da palavra do ponto de vista de seu funcionamento. Consequentemente, os contextos linguísticos e pragmáticos são componentes que contribuem para a articulação do estatuto terminológico de uma unidade lexical, bem como explicam a presença de sinonímias e variações nos repertórios terminológicos. Todas essas características não foram consideradas pelos primeiros estudiosos de Terminologia que, a rigor, não levaram em conta a linguagem em seu funcionamento.

Entretanto, os termos revelam sua naturalidade aos sistemas linguísticos de várias formas, sendo uma delas a consonância aos padrões morfossintáticos das línguas que os veiculam, independentemente de serem originais ou corresponderem a estruturas neológicas. Assim também, tal como as outras unidades lexicais dos sistemas linguísticos, as especializadas sofrem processos de sinonímia e comportam variações das mais diferentes naturezas. Diante dessas constatações, explica-se a afirmação de que:

> [...] os termos não formam parte de um sistema independente das palavras, mas que conformam com elas o léxico do falante, mas ao mesmo tempo, pelo fato de serem multidimensionais, podem ser analisados de outras perspectivas e compartilham com outros signos de sistemas não linguísticos o espaço da comunicação especializada. (Cabré, 1993, p. 119)

Assim, mais do que elementos naturais dos sistemas linguísticos, a compreensão de que um termo é elemento da linguagem em funcionamento, dada a sua presença em textos e em discursos especializados, é também determinante da visão de que a gênese das unidades lexicais terminológicas está relacionada a uma série de componentes de natureza semiótica, pragmática e ideológica que presidem os processos comunicacionais. Desse ponto de vista, uma unidade lexical pode assumir o valor de termo, instituindo-se com tal em razão dos fundamentos, princípios e propósitos de uma área. Consequentemente, a perspectiva textual explica a inserção de uma unidade lexical em um conjunto terminológico, não se limitando a identificar sua presença em determinada posição que ocupa no sistema cognitivo, conforme postula a visão clássica da Terminologia.

Ao quadro dos processos que engendram os termos e explicam seu funcionamento, agrega-se, em um plano formal, o processo de terminologização, por meio do qual palavras da língua comum sofrem uma ressignificação, passando a alcançar estatuto de termo. Nessa passagem, palavras comuns adquirem significados especializados, pertinentes a determinado campo de saber científico ou técnico, tornando-se, então, elementos integrantes de repertórios de termos.

No mesmo plano formal, outro exemplo de que o dinamismo da linguagem incide sobre a constituição das terminologias reside na polivalência que caracteriza determinadas unidades lexicais, quando estas participam de mais de uma terminologia, expressando diferentes significados em cada campo do saber, como é o caso de *cromático*. Esta é uma qualidade que pode tanto remeter à cor quanto à música, conforme o domínio de conhecimento em pauta. Trata-se do princípio de economia da língua, dada a reiteração de componentes significantes dos sistemas linguísticos.

Apesar da constatação da polivalência funcional de uma mesma unidade lexical, tradicionalmente compreendeu-se que os termos são afetados apenas pelo processo de homonímia, descartando-se a ideia de polissemia no âmbito do

80 Introdução à terminologia

léxico especializado. A recusa à polissemia tem também por base o postulado da exclusividade denominativa, segundo o qual há um significante para cada conceito e, logo, termos distintos para conceitos de áreas distintas.

O exame das particularidades do léxico especializado evidencia também que as terminologias sofrem os efeitos da larga difusão do conhecimento científico e tecnológico, característica marcante dos tempos atuais. Ao circularem em inúmeros cenários comunicativos, não permanecendo mais restritos aos intercâmbios profissionais, os termos passaram a integrar o léxico geral dos falantes de uma língua, mesmo sofrendo perdas em suas densidades conceituais.

Tal circulação, ao mesmo tempo, evidencia que não há uma fronteira rígida a separar léxico geral de léxicos especializados. Uma constatação dessa natureza, que aproxima termo/palavra sob o prisma de seus modos de funcionamento no discurso, redimensiona as proposições clássicas de que o conjunto das terminologias constitui um subcomponente do léxico geral, formando uma língua à parte, denominada de língua de especialidade.

Hoje, diferentemente, julga-se que as unidades terminológicas, cujo *habitat* natural são as comunicações especializadas, integram-se aos processos discursivos, adquirindo valor especializado, bem como sofrem os efeitos dos mecanismos típicos dos sistemas linguísticos, com todas as implicações daí decorrentes. Todas essas propriedades, reconhecidas pelos estudos terminológicos de fundamento linguístico, explicam a concepção, atualmente predominante, de que o termo é "uma unidade linguístico-comunicativa, resultado de determinada conceitualização por parte de um falante e, simultaneamente, oferta de interpretação para seus eventuais destinatários." (Ciapuscio, 1998, p. 43)

Em síntese, a diversidade de posicionamentos sobre a natureza do termo tende a se ampliar para além da controvérsia de compreendê-lo como unidade de conhecimento ou como unidade pragmático-linguística. Isso se explica porque avançam e se aprofundam os estudos sobre essa entidade que não é linear. Ao contrário, é complexa, multifacetada, configurando o que a Teoria Comunicativa da Terminologia (TCT) chama de poliedricidade do termo (Cabré, 1999c).

Nessa visão mais abrangente, o termo compreende tanto uma vertente conceitual, expressando conhecimento e fundamentos dos saberes, quanto uma face linguística, determinando sua naturalidade e integração aos sistemas linguísticos, além dos aspectos que se agregam a suas funcionalidades comunicacionais básicas: fixar e favorecer a transferência do conhecimento. Desse conjunto de ângulos constitutivos do termo, resulta a geração do componente lexical especializado dos sistemas linguísticos.

Configurações e estruturas terminológicas

Os estudos de Terminologia, ao mostrarem que há uma coincidência entre as estruturas das unidades do léxico geral e as do léxico especializado, revelam uma aproximação entre termo e palavra, tendo em vista que não existem diferenças estruturais significativas entre essas duas categorias de unidades léxicas. No entanto, há alguns traços que são peculiares às terminologias como a sua tendência à composição sintagmática. Com o objetivo de salientar essas peculiaridades, apresentamos, a seguir, um panorama das principais características da unidade lexical terminológica sob o prisma de constituintes sistêmicos.

No plano das categorias gramaticais, os nomes predominam. Descrições já realizadas demonstram a predominância de substantivos, embora adjetivos e verbos também adquiram valor de unidades terminológicas[3].

Do ponto de vista da constituição lexical genérica[4], os termos são tanto unidades simples quanto complexas. São exemplos de unidades simples, *lavra, átomo, reagente*; e de unidades complexas, *recursos hídricos, poder de polícia* e *organismo geneticamente modificado*. Apesar dessa coexistência de categorias, as unidades complexas, também denominadas de sintagmas terminológicos, são predominantes nas comunicações especializadas. Há vários estudos que comprovam a prevalência das terminologias instituídas ao modo de sintagmas, num percentual que se situa em torno de 70% das ocorrências terminológicas. O alto percentual é recorrente em áreas novas que ainda estão constituindo seus conceitos e termos.

Como os termos raramente se confundem com a palavra ortográfica, sua identificação representa um dos maiores problemas das aplicações terminológicas:

> A delimitação dos termos-sintagmas de uma área de especialidade é problemática por causa da dificuldade no estabelecimento de fronteiras entre um segmento frásico, sintagma livre e um segmento frásico lexicalizado, que se tornou (ou está se tornando) um novo termo. (Alves, 1999, p. 73)

Por outro lado, a análise dos constituintes dos termos, observando componentes como radical, afixos e sufixos, permite um reconhecimento da formação lexical terminológica típica de diferentes áreas do conhecimento. Como já foi constatado, a presença de componentes de origem grega e latina caracteriza a terminologia de algumas áreas. Conforme Martí (1991), tal presença ocorre mais nas ciências experimentais e exatas e menos nos domínios técnicos, como o vocabulário da Mecânica.

A linguagem das ciências clássicas particulariza-se por aproveitar o valor semântico desses componentes que, agregados a bases lexicais, revelam sua alta produtividade nas formações terminológicas. Na diversidade de afixos de origem grega e latina, estão *a, anti*, que contribuem para a formação de termos como *acinesia* e *antivírus* entre tantos outros. Entre os sufixos altamente produtivos para a formação do léxico especializado, encontram-se, por exemplo, *anto*, muito comum na formação de termos de Botânica, *agapanto, crisanto*, e *ite*, frequente na composição de termos médicos indicativos de processos inflamatórios, como *apendicite* e *encefalite*.

A razão para o uso de formantes greco-latinos nos termos científicos, entre outras razões, está vinculada ao propósito das ciências de captarem a essência dos fenômenos observados, buscando uma linguagem que reflita essa essência. Explica-se assim também o caráter ontológico atribuído à constituição das terminologias técnico-científicas, ao lado do intuito de construir um léxico particular, distinto das palavras comuns da língua.

Tal aspecto está igualmente relacionado ao princípio da motivação que preside o processo denominativo no campo do conhecimento especializado. Com isso, a arbitrariedade do signo revela-se tênue na terminologia notadamente científica, conforme Sager (l993a) mostra para a terminologia da Química, da Botânica e da Medicina.

No conjunto de suas características formais, os termos apresentam outras configurações sígnicas, tais como siglas, acrônimos, abreviaturas e fórmulas. Pode-se também lembrar de formas abreviadas, apesar de que esse tipo de configuração encontra sua justificativa maior ao ser examinado o comportamento dos termos nos processos comunicacionais, como é o caso do uso de *Convenção de Viena*, em vez da denominação completa *Convenção de Viena para a Proteção da Camada de Ozônio*.

Outra característica formal das terminologias está no reconhecimento de que fórmulas adquirem valor de termo, evidenciando que este não se configura apenas como unidade verbal, mas como unidade sígnica mais ampla. Por isso, Wüster refere-se à Semiótica ao afirmar que: "A extensão do conceito de termo aos signos de todo tipo requer uma ampliação análoga por parte da linguística". (Wüster, 1998, p. 100).

O quadro apresentado está estruturado com base na dimensão linguística dos termos, referindo dados que correspondem ao que chamamos de vertente

Quadro 3

Configurações prototípicas de termos

> **Nomes:** substantivos (*ácido*), adjetivos (*endotérmica*)
>
> **Sintagmas terminológicos:** (*relatório de impacto ambiental*)
>
> **Signos verbais plenos:** (*águas servidas*)
>
> **Signos verbais reduzidos:** *siglas* (ONU); *acrônimos* (TERMISUL); *abreviaturas* (set = setembro)
>
> **Signos não verbais:** *fórmulas* (H_2O)

formal, tendo em vista que são aspectos morfológicos e sintáticos que se sistematizam, agregando-se uma perspectiva semiótica. Entretanto, uma descrição formal mais detalhada da tipologia terminológica geral necessitaria ainda observar outros planos e elementos em que estariam incluídos:

- formação original, neológica ou decorrente de empréstimo;
- tipos e origem dos constituintes (por exemplo grego, latim);
- tipos de processos de formação de termos, examinando-se mecanismos como derivação, justaposição etc.;

A identificação das tipologias prototípicas das terminologias auxilia a conhecer peculiaridades do componente lexical especializado dos idiomas. Não obstante, uma tal identificação evidencia também que os termos não apresentam peculiaridades constitutivas que se contrapõem às do léxico comum. Pode-se, portanto, dizer que, se há um paradigma terminológico formal, ele não difere daquele que configura o léxico geral da língua, à exceção do caráter não verbal das fórmulas, que também adquirem valor de termo. Ao revelarem conformidade aos padrões estruturais dos sistemas linguísticos, os termos revelam-se também como elementos naturais das línguas naturais. Por essa razão, não se pode dizer que os tecnoletos formam uma língua à parte, distinta daquela que constitui os sistemas linguísticos em geral.

À guisa de conclusão deste breve panorama, é importante ainda observar que uma descrição detalhada das configurações terminológicas não pode se restringir à identificação dos componentes morfossintáticos dos termos. Como toda descrição formal, ela não é suficientemente capaz de dar conta do fenômeno terminológico, o que compreende o exame da forma como os termos se instituem nas diferentes comunicações especializadas. Em decorrência, a consideração pelos aspectos semânticos, textuais e pragmáticos que contribuem para o processo de gênese das terminologias é vital para o conhecimento de seu estatuto especializado.

LEITURAS RECOMENDADAS

CABRÉ, M. T. *La terminología: teoría, metodología, aplicaciones.* Barcelona: Antártida/ Empúries, 1993.

ESTOPÀ, R. Los adjetivos en las unidades terminológicas poliléxicas: un análisis morfo-semántico. *Organon.* Porto Alegre: IL/UFRGS, v. 14, n. 28/29, 2000, p. 233-246.

GOUADEC, D. (1990) *Terminologie: constitution des données.* Paris: AFNOR, 1990.

KRIEGER, M. G. A face linguística da Terminologia. In: KRIEGER, M. G., MACIEL, A. M. B. (orgs.). *Temas de Terminologia.* Porto Alegre/São Paulo: Universidade/UFRGS/ Humanitas/USP, p. 22-33, 2001.

KRIEGER, M. G. Sobre terminologia e seus objetos. In: LIMA, M. S., RAMOS, P. C. (orgs.) *Terminologia e ensino de segunda língua: Canadá e Brasil.* Porto Alegre: UFRGS/Núcleo de Estudos Canadenses da UFRGS/ABECAN, 2001, p. 37-43.

LERAT, P. (1995a) *Les langues spécialisées.* Paris: Presses Universitaires de France, 1995.

SAGER, J. C. (1993a) *Curso práctico sobre el procesamiento de la terminología.* Fundación Germán Sánchez Riupérez/Pirámides, Madrid: Pirámide, 1993.

84 Introdução à terminologia

Fraseologia

A ideia de fraseologia está associada a uma estruturação linguística este-reotipada que leva a uma interpretação semântica independente dos sentidos estritos dos constituintes da estrutura. É nessa perspectiva que se enquadram expressões idiomáticas, frases feitas e provérbios utilizados nas diferentes línguas. Além disso, locuções nominais e verbais são também compreendidas como fraseologias, bem como outras estruturas típicas de determinado tipo de comunicação, como é caso das fórmulas protocolares de abertura e fechamento em correspondências formais.

A existência dessas distinções evidencia uma diversidade de pontos de vista sobre a Fraseologia, seja no plano conceitual, seja no denominativo. Igualmente, há uma grande variedade de critérios sobre a constituição formal das estruturas fraseológicas. Em razão disso, com propriedade, Esther Blais afirma que:

> a noção de fraseologia é vaga e modifica-se conforme a documentação consultada. Ela recobre, no todo ou em parte, o que se designa como compostos, colocações, expressões idiomáticas, locuções, expressões fixas, coocorrentes e outras expressões do gênero. (Blais, 1993, p. 51)

Apesar da falta de uma definição maior, essas estruturas apresentam ca-racterísticas genéricas que as levam a ser compreendidas, de modo geral, como conjuntos de unidades pluriverbais lexicalizadas e frequentes na comunicação (Ettinger, 1982, p. 249).

Tais unidades integram as comunicações humanas tanto no plano da in-terlocução que envolve temáticas gerais, quanto no das temáticas especializadas. Dessa forma, conforme o contexto comunicacional, fala-se em fraseologias da língua geral ou em fraseologias especializadas. Estas últimas passaram a inte-grar o quadro de objetos da Terminologia, porquanto são formas de expressão recorrentes nas comunicações especializadas e semanticamente vinculadas aos conteúdos em pauta.

Apesar de sua importância para a Terminologia, o tema da fraseologia especializada pode ser considerado recente. Ao contrário, a preocupação com a fraseologia da língua comum advém da Antiguidade. Desde então, foram de-senvolvidas importantes reflexões sobre o assunto, intimamente relacionado à problemática da formação de palavras, de sintagmas e de locuções, bem como de estruturas chamadas de colocações.

É na perspectiva da descrição das estruturas e do funcionamento dessas combinações sintagmáticas recorrentes que, mais recentemente, se inscreve o interesse de filólogos, linguistas e lexicógrafos. Para um dicionarista, por exem-plo, a fraseologia é extremamente importante, pois cabe-lhe operar com essa estrutura complexa para definir-lhe o sentido e ainda determinar sua forma de apresentação na organização das entradas do dicionário. Isso porque as fraseologias costumam expressar um significado que não é deduzível das partes dessa combinação a exemplo de *não tem pé nem cabeça*. Além do respectivo significado formar um todo independente das partes constitutivas, uma estrutura dessa natureza, geralmente, não é registrada como entrada própria, mas integra algum verbete que, conforme o exemplo citado poderia tanto ser *pé*, como *cabeça*.

Paralelamente às preocupações com o tratamento das estruturas fraseológicas, há uma aproximação cada vez maior a esse tema. Seja em relação à língua comum, seja no âmbito das comunicações especializadas, a matéria é complexa e está longe de refletir um consenso sobre o estatuto e a constituição das cadeias sintagmáticas chamadas de fraseologias. Dada a grande extensão do tema, limitamo-nos a abordar alguns aspectos da problemática da fraseologia especializada de modo a oferecer um panorama geral de pontos de vista distintos sobre sua constituição e características, bem como critérios de reconhecimento dessas estruturas.

Fraseologia especializada e Terminologia

A razão primeira do interesse da Terminologia pela Fraseologia Especializada explica-se porque se trata de um elemento constitutivo das comunicações profissionais. Considera-se que a fraseologia é uma estrutura representativa de um nódulo conceitual das diferentes áreas temáticas, sobretudo quando inclui um termo em sua composição. Donde a importância de reconhecimento dessas estruturas que coexistem ao lado dos termos, formando uma complementaridade de expressão e de conteúdos pertinentes às áreas de especialidade. Conformes a essa perspectiva complementar, encontram-se proposições de elaboração de produtos terminográficos com inclusão de termos e fraseologias, o que seria de grande utilidade aos usuários em geral, e de modo particular aos tradutores, quando obra é bi/multilíngue.

Em função dessa importância, a Terminologia teórica intenta dar conta desses fenômenos, buscando definir características e estabelecer as fronteiras entre termos, mais exatamente, entre sintagmas terminológicos e fraseologias especializadas. A realidade, no entanto, tem revelado a complexidade de descrição das estruturas fraseológicas e as dificuldades que se intensificam, sobretudo, quando a configuração assemelha-se à dos sintagmas terminológicos. Este é o caso de uma estrutura com elemento deverbal, como *absorção de energia*.

Por sua vez, a Terminologia aplicada também se preocupa com a fraseologia, dada a necessidade de tratamento informatizado das estruturas linguísticas recorrentes que veiculam conhecimento especializado. A descrição dessas estruturas contribui largamente para toda a produção aplicada da Terminologia seja para a

86 Introdução à terminologia

produção de instrumentos de referência como glossários, dicionários e bancos de dados, seja para a própria construção de programas especiais voltados à extração automática das unidades terminológicas e fraseológicas.

A Tradução é outro aspecto determinante da ampliação de pesquisas sobre fraseologia. Neste contexto, assume relevância o problema semântico relacionado à transposição de significados de uma língua para outra, posto que as estruturas fraseológicas costumam se caracterizar pela projeção de um sentido que não se depreende da soma de seus constituintes. Diante disso, tornam-se importantes posicionamentos orientados pela compreensão de que:

> as unidades fraseológicas deveriam figurar em um dicionário bilíngue não apenas na língua de partida, mas também na língua de chegada, já que, de outro modo, o usuário do dicionário para quem a língua de chegada é uma língua estrangeira faz uma ideia bastante desfigurada do uso linguístico nessa língua. (Ettinger, 1982, p. 258)

Todos esses aspectos evidenciam as razões pelas quais a Terminologia inclui as estruturas fraseológicas dentro de seu campo de interesse. Ao mesmo tempo, compreende-se a ampliação dos estudos de fraseologia a ponto de alguns pesquisadores reivindicarem que esta matéria seja objeto específico de uma área autônoma, também intitulada de Fraseologia, grafada com maiúsculo.

Principais tendências

Em detalhado estudo, Bevilacqua (1999) afirma que duas macro tendências podem ser identificadas nas conceituações da matéria, embora haja uma diversidade de abordagens:
• a primeira tendência define as unidades fraseológicas como colocações, compreendendo-as como combinações pluriverbais fixas ou semifixas formadas basicamente por duas unidades léxicas. Nessa visão, a fraseologia aproxima-se dos sintagmas terminológicos a exemplo de *anulação de contrato*;
• a segunda tendência concebe as unidades fraseológicas como fórmulas ou frases feitas, próprias de determinados âmbitos especializados. São exemplos deste caso formulações do universo jurídico, tais como: *revoguem-se as disposições em contrário* e *para efeitos desta lei*. Tal tipo pode também ser chamado de fraseologia discursiva.

Essas concepções fundamentam-se em critérios distintos para focalizar o problema. Na primeira tendência, sobrepõe-se um critério formal, de prevalência sintática, tendo em vista que:

> entende-se por colocação a tendência sintático-semântica das palavras da língua a aceitar apenas um número limitado de combinações

com outras palavras entre uma grande quantidade possível de combinações. (Ettinger, 1982, p. 251)

No interior dessa primeira tendência, voltada à composição das estruturas sintagmáticas pluriverbais fixas e recorrentes, alinham-se inúmeras preocupações com o comportamento de estruturas equivalentes no campo da comunicação especializada. Este é o caso das aproximações das fraseologias especializadas com os sintagmas terminológicos, caracterizando uma abordagem mais lexicológica, por vezes denominada de terminológica.

A última tendência considera, de modo privilegiado, a fraseologia como fórmulas ou frases prontas, típicas de determinados universos de discursos, embora também incluam sintagmas. De acordo com este enfoque, chamado por alguns de extralinguístico, importa mais a relação com a área de conhecimento do que os aspectos morfossintáticos dos constituintes das estruturas fraseológicas.

Ao abrigo dessas duas grandes linhas, encontra-se uma multiplicidade de critérios e parâmetros definidores da fraseologia, bem como distintos postulados sobre as características desse fenômeno e sua constituição formal, conforme refletem as posições de alguns destacados estudiosos do tema.

Blais, representante canadense da primeira tendência, denomina essas estruturas de fraseologismos, considerando que, para sua identificação, são decisivas características como: a pluriverbalidade, a presença de um ou de mais de um termo, em que um será o núcleo, os efeitos de relações sintáticas e semânticas entre os componentes como determinadas restrições que impedem a substituição livre dos elementos que compõem o fraseologismo. Diante disso, define essas estruturas como:

> combinação de elementos linguísticos próprios de um domínio de especialidade, dos quais um é termo núcleo, que estão ligados semanticamente e sintaticamente e para os quais existe uma restrição paradigmática. (Blais, 1993, p. 52)

Para Blais, é importante a distinção entre termo e fraseologismo. Define o primeiro como uma unidade formada por uma palavra (termo simples) ou várias palavras (termo complexo) que designa um conceito de forma unívoca no interior de um domínio de conhecimento. Já o fraseologismo é compreendido como a combinação de elementos linguísticos que designam uma combinação de conceitos ou noções, exemplificando com *ruído surdo*, resultante da combinação dos conceitos de *ruído* e *surdo*. Além disso, os fraseologismos caracterizam-se por apresentar configurações diversas, mas nunca chegam à estrutura da frase; situando-se, portanto, entre o termo e a frase.

Outra perspectiva que merece ser mencionada é a apresentada por Desmet (1995-6) que se ocupa do tema sob o enfoque bilíngue português-francês. De acordo com seu ponto de vista, a fraseologia caracteriza-se por exigências sintáticas e restrições estilísticas que determinam as combinações dos termos com outras unidades do discurso especializado. Tal como refere, as combinações ou unidades fraseológicas podem ser identificadas numa perspectiva de coocorrência dos elementos que as constituem, ou seja, de seu aparecimento concomitante na cadeia escrita, enquanto os termos constituem apenas ocorrências.

Além disso, as combinações apresentam graus de fixação, não sendo nem totalmente fixas, nem totalmente livres; compreendendo, além do verbo, outras categorias gramaticais como nome, adjetivo e advérbio. Por essa razão, as unidades podem ter base nominal (rescisão, anulação do contrato), verbal (rescindir, anular um contrato) ou adjetival (contrato rescindível/rescindido, anulável/anulado).

Apesar das diferentes teorias e modelos em que se baseiam as proposições da primeira tendência, há uma similaridade entre elas, porquanto predomina a ideia de que fraseologia é um fenômeno de colocação, bem como de constituição de sintagmas e locuções. Isso não anula distinções de enfoque, pois enquanto algumas proposições situam a problemática das colocações no léxico, outras a consideram mais como um fenômeno do campo da sintaxe. Donde a diversidade de critérios – morfológicos, sintáticos e estilísticos – adotados na caracterização do fenômeno.

À linha da concepção de fraseologia como fórmula e expressões estereotipadas, representando a segunda tendência, aproxima-se Daniel Gouadec para quem, tanto as unidades terminológicas como as entidades fraseológicas ou fraseologismos, como denomina, são cadeias de caracteres especializados. No entanto, ambas distinguem-se, na medida em que os termos se caracterizam por designar objetos e conceitos, enquanto as fraseologias são fórmulas ou expressões que servem para expressar um conteúdo próprio de um âmbito. Assim, se as cadeias de caracteres deixam de designar e passam a expressar conteúdos, são consideradas como entidades fraseológicas. Em decorrência, postula que os estudos de terminologia devem identificar o que designam os termos e descrever seu funcionamento, ao passo que os de fraseologia devem explicar "o que as expressões significam, para que servem e como se comportam." (Gouadec, 1994, p. 173)

Além disso, Gouadec concebe a fraseologia das linguagens de especialidade como um conjunto flexível de expressões ou de formulações. Isso corresponde a reconhecer distintos graus de fixação dos elementos constituintes nas cadeias fraseológicas. Em consequência, postula que essas cadeias possuem ainda duas características que permitem seu reconhecimento: a estereotipia e a variabilidade, considerando que a estereotipia: "nasce das condições de utilização das cadeias de caracteres, relacionadas a fatores como campo de aplicação, tipo de documento, de locutor, de condição de utilização ou de repetição pura ou mitigada." (Gouadec, 1994, p. 172)

A variabilidade deve ser observada no sentido de que as fraseologias possuem uma base ou suporte (um termo ou uma matriz) a que se agregam elementos que podem variar. Com base nessas características de estrutura matricial e de elementos variáveis, estabelece seus critérios identificadores das estruturas fraseológicas.

Objetos   89

É interessante ainda observar que, para Gouadec, há um tipo interme-diário a que chama de término-fraseológico, o qual será considerado termo, se predominar a referência terminológica, ou então fraseologismo, se valorizado o contexto do termo núcleo. Exemplifica este caso com *cause the modem to initiate a remote digital loopback test*, fraseologia para alguns e termo para outros, pois designa uma ação (*initiate*), sendo ainda fraseologismo de outro termo (*remote digital loopback test*).

Nessa mesma direção estrutural que leva em conta a estereotipia e a varia-bilidade, Bevilacqua conceitua uma unidade fraseológica, conforme denomina, como uma:

> cadeia de caracteres especializada, constituída por elementos inva-riáveis e variáveis que assume, em consequência, o caráter de uma matriz representativa de um domínio. (Bevilacqua, 1996, p. 114)

Tal definição, que privilegia a perspectiva matricial, traz uma concepção de estrutura e funcionamento de fraseologia não limitada a um ponto de vista sintagmático, mas também relacionada à área em que se inscrevem essas unida-des. No contexto privilegiado de suas pesquisas, o discurso jurídico-ambiental, a pesquisadora estabeleceu critérios para identificação das unidades fraseológicas, levando em consideração os objetivos e finalidades do discurso jurídico em geral (autorregulamentação, consequências legais, atribuição de competências, sanções e punições) e também do discurso jurídico-ambiental (finalidades de preservação, instrumentos de controle ambiental, instrumentos de intervenção legal, entre outros propósitos da lei) (Bevilacqua, 1996).

Com essas categorias, Bevilacqua identifica um conjunto de unidades fra-seológicas, correspondentes tanto a estruturas peculiares ao Direito Ambiental, como causar degradação ambiental, quanto ao universo geral das leis. Neste último caso, identifica estruturas fraseológicas como para efeitos desta lei, de acordo com este decreto, em que, respectivamente as matrizes para efeitos de e de acordo com – coocorrem com as variáveis *lei* e *decreto*. De igual modo, *causar* é a matriz da variável *degradação ambiental*.

Tal como os exemplos demonstram, essa análise baseada em categorias semântico-discursivas, além de seu pioneirismo, revela-se produtiva no sentido de que os critérios estabelecidos dão conta tanto de estruturas de natureza ma-tricial, representando o nível de invariância das unidades fraseológicas, quanto da variabilidade dos constituintes que se agregam à matriz.

Na tentativa de descrição de articulações mais finas das estruturas sin-tagmáticas que funcionam como unidades fraseológicas prototípicas do meio ambiente, Bevilacqua (1999) analisa também unidades fraseológicas que se aproximam de sintagmas terminológicos, como *preservação dos ecossistemas*. Apesar dessa aproximação e aparente similitude, esse tipo de fraseologia especialista distingue-se da unidade terminológica, porquanto se caracteriza pela presença de um termo e de um núcleo eventivo, representado pelo constituinte nominalizado *preservação*. Uma tal constituição sintagmática é apontada como uma das propriedades das unidades fraseológicas especializadas, funcionando ainda como critério para sua identificação, ao lado dos indicadores de frequência e da relação com o contexto comunicativo. Este último enfoque explica a vinculação da fraseologia ao contexto cognitivo em pauta.

No quadro de estudos da matéria, há também propostas desenvolvidas com o objetivo específico de discutir a difícil fronteira entre termos complexos, ou seja, unidades terminológicas poliléxicas e unidades fraseológicas especializadas. Nessa direção, Cabré, Estopà e Lorente (1996) apresentam critérios norteadores, enunciados em forma de tendência, para distinguir esses tipos de unidades, contrapondo-os ainda aos sintagmas discursivos livres ou eventuais.

As unidades terminológicas poliléxicas são então definidas como unidades léxicas próprias de um domínio de especialidade. Costumam ser totalmente lexicalizadas e ocupam, na frase, a posição de um constituinte mínimo. Em contraponto, as fraseologias são consideradas unidades sintáticas, mas não léxicas, posto que não podem ocupar na frase a posição de um constituinte sintático autônomo mínimo. Além disso, admitem variação interna, o que as caracteriza como semifixas, e têm uma frequência elevada em determinado discurso especializado, como ocorre com *adquirir a propriedade e constituir a hipoteca*, formulações típicas da linguagem dos contratos imobiliários.

Esses princípios e parâmetros estabelecidos de modo a permitir uma distinção entre fraseologia e termos complexos visam também a oferecer descrições mais detalhadas para a extração automática dos termos complexos e das unidades fraseológicas. Uma proposição dessa natureza, voltada a aplicações terminológicas, é mais um dos pontos de interesse da Terminologia por essa estrutura complexa que é a fraseologia.

A tentativa de dar conta desse fenômeno tem-se mostrado mais intensa no plano das estruturas que, como unidades sintagmáticas, distinguem-se das frases feitas e dos termos a exemplo de *edificar o terreno* e *absorção de cálcio*. A primeira estrutura sintagmática não chega a constituir uma frase e a segunda não equivale a um termo, pois não projeta um sentido global, permitindo variáveis no lugar de *cálcio*. No entanto, a base nominalizada favorece uma identificação aparente com as unidades terminológicas.

Esses princípios de identificação das fraseologias têm se agregado a fatores, consensualmente considerados de importância, como a constituição pluriverbal e a frequência com que aparecem nos diferentes tipos de comunicação especializada. Outros critérios dependem de diferentes enfoques teóricos, tais como a lexicalização, aspecto vinculado tanto aos graus de fixação dessas estruturas, vale dizer, à existência de segmentos matriciais e variáveis, quanto à projeção de sentidos globais ou composicionais.

Fraseologia e relação textual

O quadro panorâmico antes apresentado ilustra a multiplicidade de ângulos que envolvem os estudos sobre as fraseologias especializadas, bem como confirma as distintas concepções e denominações. Mas há uma série de confluências, de tal modo que a fraseologia tende a ser vista sob uma dupla visão. Para alguns, trata-se de uma formulação estereotipada, configurando-se como fórmulas e frases feitas típicas de determinados discursos. Para outros, é uma espécie de fragmento sintagmático, recorrente em textos de mesma temática. Neste caso, tende a ser compreendida como colocação, o que lhe determina um caráter mais sintático, ou como uma estrutura poliléxica que inclui um termo. Explica-se assim a coexistência de enfoques que privilegiam quer a relação com o discurso, quer a dimensão sintática ou ainda a lexical, embora esses aspectos nem sempre sejam excludentes.

Em proposições que privilegiam o sintático e o lexical, a tentativa de encontrar critérios identificadores das estruturas fraseológicas especializadas equaciona-se à luz de sua constituição morfossintática. No entanto, o caráter estritamente formal desse tipo de proposição não tem se revelado produtivo para distinguir a fraseologia especializada daquela da língua comum. Isto porque as composições sintagmáticas equivalem-se morfossintaticamente, independente de seu caráter especializado ou não.

Os enfoques sistêmicos têm assim limitado-se a demonstrar somente determinadas regularidades estruturais que as fraseologias compreendem. De toda forma, o exame dessas regularidades tem auxiliado no reconhecimento de que nem sempre as cadeias sintagmáticas são totalmente estereotipadas. Seu grau de fixação é variável, podendo conter uma parte estável, ao modo de uma matriz, e constituintes variáveis, cujas possibilidades combinatórias são dependentes semântica e gramaticalmente da base matricial.

Em contrapartida a configuração das fraseologias é identificada mais caracteristicamente, quando é levado em consideração o ambiente textual em que se inscrevem, vale dizer, quando a gênese e comportamento dessas estruturas são explicados relacionalmente ao texto, suporte material das comunicações especializadas, e, em decorrência, espaço representativo de determinado universo de discurso, seja ele jurídico, seja administrativo, científico entre tantos outros.

Nessa abordagem textual, as duas grandes categorias fraseológicas passam a ser vislumbradas mais nitidamente: as formulações prototípicas de cada tipo de comunicação especializada e ainda as estruturas sintagmáticas pluriverbais que comportam um termo, unidade lexical semanticamente representativa da área temática em foco.

A correlação entre a existência da fraseologia especializada, a temática e a tipologia da comunicação profissional, além de um princípio produtivo para seu reconhecimento, tem se revelado um parâmetro capaz de atestar que as estruturas fraseológicas comportam traços cognitivos, bem como corroboram a dimensão comunicativa dos discursos especializados.

LEITURAS RECOMENDADAS

BEVILACQUA, C. R. (1996) *A fraseologia jurídico-ambiental*. Porto Alegre: UFRGS. 131 p. Dissertação de Mestrado.

BEVILACQUA, C. R. (1998) Unidades fraseológicas especializadas: novas perspectivas para sua identificação e tratamento. *Organon*. Porto Alegre: v. 12, n° 26, p. 119-132, 1998.

CABRÉ, M. T., LORENTE, M., ESTOPÀ, R. (1996) Terminología y fraseología. *Actas del V Simposio de Terminologia Iberoamericana*. Ciudad de México: RITERM, novienbre de 1996, p. 67-81.

GOUADEC, D. (1994) Nature et traitement des entités phraséologiques. Terminologie et phraseologie. Acteurs et amenageurs. *Actes du Deuxieme Université d'Automne en Terminologie*. Paris: La Maison du Dictionnaire, p. 164-193, 1994.

DEFINIÇÃO

Para compreender a importância da definição, basta dizer que muito do que já se escreveu e do que ainda se tem escrito, por exemplo, em Química, em Física ou em Genética depende de definições como as de força, átomo ou de gen. Definições, na condição de textos particularizados, identificam facetas de compreensão de fenômenos e de determinados valores no seio das diferentes ciências e áreas de conhecimento. Veja-se, num outro exemplo, o papel da definição em Linguística: ao observarmos diferentes definições para um termo como *língua*, é possível perceber diversas perspectivas de compreensão envolvidas no âmbito dos estudos sobre a linguagem. Assim, pelo exame cuidadoso de um conjunto de definições de uma ciência, torna-se possível uma percepção sobre o quanto de um conhecimento está sendo mobilizado e sobre como esse conhecimento pode ser multidimensional. Considerando essas peculiaridades e os diferentes papéis da definição, dedicamo-nos aqui à definição em Terminologia, situando diferentes perspectivas teóricas[5] sobre o tema.

Há vários tipos de enunciados definitórios. A definição terminológica (doravante DT) é reconhecida como aquela que mais se ocupa de termos técnico-científicos. A definição lexicográfica, por sua vez, é compreendida como aquela que mais se ocupa de palavras. A definição lógica, de um outro modo, estabelece um valor proposicional de verdade, enquanto as definições explicativas ou enciclopédicas contêm informações variadas sobre um dado objeto da realidade. Uma classificação por tipos definitórios, vale sublinhar, é estabelecida em função de algumas características que são predominantes ou mais salientes numa dada formulação. Portanto, há sobreposições entre um tipo e outro, tal que uma definição lexicográfica, por exemplo, poderá apresentar elementos ou características de um padrão que se reconheça como enciclopédico.

Em um amplo universo de tipos definitórios, a DT tem recebido atenção especial por vários motivos. Sua particularização ocorre em função de ser um enunciado-texto que dá conta de significados de termos ou de expressões de uma técnica, tecnologia ou ciência no escopo de uma situação comunicativa profissional, veiculando, assim, conceitos de uma área de conhecimento. Nesse caso, *grosso modo*, definir corresponde a expressar um determinado saber, uma porção desse conhecimento especializado.

As definições, inclusive a DT, geralmente têm sido apreciadas em função da presença delimitadora, na formulação do enunciado, de duas categorias: o gênero próximo e a diferença específica. Gênero próximo é a porção da definição que expressa a categoria ou classe geral a que pertence o ente definido. A diferença específica é a indicação da(s) particularidade(s) que distingue(m) esse ente em relação a outros de uma mesma classe. Por exemplo, se tivéssemos uma definição de *cadeira* formulada como *peça do mobiliário que serve para sentar*, o segmento *peça do mobiliário* corresponderia ao gênero próximo, enquanto que *serve para sentar* seria a diferença específica.

Para haver uma boa formulação da definição, é praxe reconhecer como importante que tanto o gênero quanto a diferença deem conta, juntos, de uma delimitação, de tal modo que a definição possa ser aplicada apenas a um conjunto específico de entes. Isso é o que não ocorre no exemplo antes citado da definição de cadeira, pois nos seus limites "cabem" também outros objetos, tais como *poltrona, sofá, banco, pufe*, etc. Isto é, a definição do nosso exemplo é, especialmente no que tange à diferença específica, ampla demais para referir apenas uma determinada classe de objetos.

De outro lado, são usuais as recomendações para que as definições, no sentido de uma objetividade textual desejada, privilegiem características essenciais do *definiendum*. Informações supérfluas e comentários devem, portanto, ser evitados. É de senso comum requerer da formulação dos enunciados definitórios objetividade e clareza. Todavia, conforme se vê na prática, em geral as formulações deixam a desejar, ou por falta de reflexão por parte de seus autores ou por peculiaridades de expressão das diferentes áreas de conhecimento.

Tradição lexicográfica e teorias da linguagem

Muitas das considerações que encontramos sobre a DT são transposições do que já se observou a partir daquela definição que aparece em dicionários gerais de língua, a definição lexicográfica. Assim, vale saber que há toda uma tradição de estudos lexicográficos sobre definição, embora seja importante frisar que nem tudo o que se "vê" pela perspectiva da lexicografia teórica poderá ser estendido à DT *pari passu*.

Recorrendo a um exemplo de definição tipicamente lexicográfica para cadeira, formulada como *um móvel com assento, com encosto e que serve para sentar* veremos, numa metodologia de análise semântica, que as categorias do gênero próximo *ser um móvel* e do gênero específico *ter assento, ter encosto* e *servir para sentar* conferem-lhe uma apresentação tida como "modelar". Quer dizer, a definição usual de uma palavra, vista em um dicionário comum, até pode apresentar outros elementos complementares, tais como informações etimológicas, comentários estilísticos e gramaticais ou até conter uma explicação detalhada sobre a diferença entre poltronas e cadeiras no século XVIII. Mas, ainda assim, as duas categorias fundamentais do gênero próximo e da diferença específica não poderão estar ausentes do enunciado, sob pena de ficar impedido um efetivo entendimento da definição, principalmente se a palavra que encabeça o verbete do dicionário for estranha para o usuário.

O gênero próximo e a diferença específica têm sido, ao longo do tempo, tomados como referências para os estudos linguísticos sobre as definições em geral e especialmente sobre definições que dão conta de significados de palavras. Observando as diferentes escalas de pensamento da Linguística, vemos distintas apreensões sobre a definição.

Em determinada fase da semântica estrutural, quando se enfocou a construção do significado de uma palavra com o recurso de categorias para acomodar as "virtualidades de sentido", tal como vemos nos trabalhos de Pottier (1978) e, particularmente, em Greimas (1968 e 1973), foram observados enunciados definitórios com apoio das mesmas categorias aristotélicas do gênero e da diferença. Entretanto, seu uso no âmbito dos estudos linguísticos deu-se por um viés que, embora abandonasse uma compartimentalização estanque, reconheceu um "papel preponderante que é preciso atribuir à construção lógica na descrição semântica" (Greimas, 1973, p. 91).

Na história recente dos estudos da linguagem, o gênero e a diferença ainda permanecem como elementos importantes para a análise de enunciados explicativos ou definitórios, sendo "traduzidos" como um conjunto de valores binários. Por essa via, uma definição da palavra *menina* passa a ser observada pelo conjunto dos traços [+ ser humano, − adulto, + sexo feminino]. Assim, a definição de palavra, quer seja colhida de dicionários comuns, não especializados, quer de outra fonte textual, poderá ser conduzida em função da presença ou ausência de determinados traços sêmicos. Esses traços poderão ser questionados em seus modos de existência e em relação a um discurso: em determinadas situações de comunicação um traço pode ser anulado, tal como ocorre, por exemplo, quando se pensa no significado de *erosão* no contexto de Odontologia, pois o objeto do processo é um dente e não um solo.

Um outro exemplo da "reciclagem" ou emprego renovado das categorias do gênero próximo e da diferença específica para observação linguística da DT também já estava no trabalho de J. Rey-Debove (1971, p. 227). Segundo entendia a autora, a DT corresponde a uma definição de "especialista". Trata-se de um enunciado que remete a um corpo de conhecimentos, notadamente por meio da escolha do gênero próximo. No caso de uma definição para *o grande público*, conforme sua ótica, a DT refletiria um nível médio de conhecimento e seria constituída por um "incluente médio": uma categoria referencial diferente do gênero próximo. Isto é, a categoria do gênero próximo, em algumas situações, poderá ser transformada em algo que poderíamos chamar de gênero médio. Essa, sem dúvida, foi uma perspectiva linguística bastante interessante sobre o enunciado definitório na medida em que não menosprezava a sua condição referencial. Uma outra qualidade do pensamento de Rey-Debove é a compreensão de que uma definição é naturalmente aberta e transformável pelo sujeito que a formula em função das necessidades e objetivos da comunicação estabelecida. Esse tipo de apreensão bem poderia ser retomado no âmbito dos estudos atuais de Lexicografia teórica e Terminologia à medida que, cada vez mais, se reconhece a influência tanto de sujeitos-autores-especialistas como de seus diferentes pontos de vista sobre os enunciados definitórios. Elementos como valores culturais, ideologias e correntes de saber científico podem ser depreendidos de determinadas definições.

A DEFINIÇÃO COMO UM TÓPICO DE ESTUDOS

O enunciado definitório é um elemento-chave na constituição e na veiculação do conhecimento especializado, tecnológico ou científico. Essa condição deve-se ao fato de que esse tipo de enunciado expressa um segmento de relações de significação de uma dada área do saber: como já dissemos, definições estabelecem seus valores mais basilares.

Ao apreciarmos a mutabilidade de um conjunto de definições de termos científicos ao longo do tempo, perceberemos as diferentes trajetórias dos conhecimentos científicos. Por isso, a DT, ao lado do termo, passou a constituir um foco de interesse das teorias de Terminologia: pela definição é possível observar tanto a linguagem quanto o conhecimento especializado num processo de evolução e alteração, evidenciando a DT como elemento de sustentação tanto para as terminologias quanto para as linguagens especializadas em geral.

A aplicação de maior evidência em Terminologia é a produção de glossários e dicionários. Neles, a definição, ainda que traga em si as marcas de uma "situação textual dicionarística" é um elemento importante para os estudos terminológicos. Naturalmente, é imprescindível considerar também definições que são formuladas em outras situações textuais, tais como, manuais, artigos e compêndios, atas de congressos etc., tomadas essas definições como versões mais "originais" daquelas que comumente figuram nos dicionários. Nesse contexto, a definição de dicionário especializado, ao ser tomada como um parâmetro referencial, oferece um ponto inicial para a apreciação da DT em geral, respeitadas suas diferenciadas condições e peculiaridades.

Conforme avançam diferentes enfoques de Terminologia teórica, adiciona-se ao estudo linguístico-terminológico da definição uma perspectiva

96 Introdução à terminologia

textual. Isso porque o enunciado definitório, de qualquer tipo ou origem, por sua própria natureza multifacetada ou poliédrica, é também uma interação entre as posições discursivas dos que participam da interlocução que ela instaura, sendo resultado de um comportamento linguístico específico que a identifica no universo da comunicação.

Portanto, é coerente ultrapassar, tanto na situação dicionarística quanto em outras, a apreciação da DT apenas em função dos limites e medidas fixos da indicação de um gênero próximo e diferença específica. Isso porque, em primeiro lugar, nem sempre fica muito claro onde começaria uma categoria e terminaria a outra num enunciado, de modo que não há margens seguras para uma descrição da definição apenas por tais parâmetros. Em segundo lugar, fica nebulosa a distinção entre o que seria essencial e, portanto, estritamente "definicional" frente ao que se poderia considerar acessório ou acidental quando a tarefa é definir. A esse respeito, vale dizer que há toda uma gama de informações ditas "enciclopédicas", usualmente consideradas colaterais, mas que podem se tornar fundamentais tanto para a formulação quanto para a compreensão da DT (Finatto, 2001a).

O tipo de comportamento linguístico, o ato de fala, a afirmação ou o movimento definitórios, caracterizados pela delimitação e identificação de um objeto concreto ou abstrato – que é o tópico ou o *definiendum* –, têm sido tradicionalmente apreciados por suas condições de predicação. Isto é, tem-se enfocado a definição em termos de um sujeito e dos predicados nela contidos.

O sujeito é tomado como o ente que se define e o predicado como o enunciado definitório. Contudo, vale lembrar que a conformação, peculiaridades, variabilidades, recorrências, resultados e padrões sintáticos desse tipo de enunciado são também condicionados pelo que se poderia chamar de localização discursiva da definição. Pela via de um enfoque sintático-proposicional, uma definição como a de *cadeira*, antes mencionada, seria observada como [[cadeira] ser [peça do mobiliário]; [cadeira] servir para [sentar]]. Nesse tipo de análise ou descrição, verbos e núcleos nominais recebem especial destaque como predicados e argumentos, respectivamente.

Nessa medida, a definição é analisada como um conjunto categorial ou como uma frase-proposição, composta por um sujeito e diferentes predicados. Mas é preciso que possa ser vinculada à situação de seus enunciadores e aos seus objetivos comunicacionais. Do contrário, teremos apenas uma perspectiva "anatômica" do enunciado; é preciso não perder de vista nem sua dimensão de objeto de comunicação, nem os elementos expressos nas definições que refletem a sobremodalização do dizer coletivo. (Krieger, 1993, p. 9-16)

Natureza da definição

A DT, em uma de suas dimensões, também configura uma situação em que um objeto ou tópico "x" precisa ser e é, de determinados modos, particularizado,

classificado, diferenciado e até contrastado com outros que lhes sejam aproxima-
dos. A diferença, em relação a uma definição do cotidiano, é que estão em jogo
valores de significação técnico-científicos e uma situação comunicativa mais específica. Todavia, o modo "mais ou menos fechado" ou "mais ou menos aberto" da
formulação definitória, no ambiente do dicionário especializado ou em qualquer
outro ambiente textual técnico-científico, será necessariamente condicionado por
uma série de fatores de diferentes ordens.

Pelo entendimento da natureza desses fatores e de seu alcance, podem ser
atingidos parâmetros explicativos para as configurações variantes e recorrentes
da DT. Isso poderia ser bastante útil inclusive para projetos menos artificiais de
normatização e controle de terminologias, que também envolvem padronizações
de definições. Afinal, ver-se ia a definição pelo que ela realmente exprime e faz,
pelo que realmente acontece no enunciado, e não mais apenas pelo que idealisticamente dele se espera ou que a ele se atribui como uma fórmula enunciativa
modelar, o que foi estabelecido principalmente pelos estudos clássicos de lógica.

Nesse caminho, vale ilustrar a insuficiência e a inadequação aos fins pretendidos no caso de apreensões excessivamente prescritivas ou redutoras da definição: no caso de ser proposta uma definição para um termo como, por exemplo,
dioxina, num dicionário da terminologia legal do meio ambiente, formulada
como *substância química do grupo x composta por dois átomos de y e um átomo
de z*, a informação pode ser tida como objetiva e modelarmente formulada, mas
não seria necessariamente suficiente. Isso porque, em função de diferentes fatores
e pela própria natureza do discurso jurídico, se houvesse um comentário sobre
a toxicidade e sobre outras denominações da substância e, ainda, a indicação
da ocorrência do termo em algumas leis, tais elementos, sem dúvida, poderiam
funcionar como componentes definitórios.

Ora, ainda que o segmento tido como definição, num sentido estrito, possa
ser considerado absolutamente essencial, corretamente lógico e "verdadeiramente
definitório", qual seja, *dioxina é substância química do grupo x composta por dois
átomos de y e um átomo de z*, a lacunaridade dessa formulação residiria, obviamente,
naquilo que é tido como um elemento acessório, "meramente enciclopédico[6]" ou
"idiossincrático": o que a dioxina pode causar à saúde do homem. Desconsiderar
tal informação, quando se analisa uma DT e se "recortam" apenas formulações
definitórias canônicas, mostra como uma relação dialógica poderia ser ignorada
no momento de uma descrição "fria" do enunciado.

Não obstante, para quem tivesse escrito uma definição com tais "comentários", deve ter sido importante explicitar, num segundo momento, danos imediatos
ou potenciais que a substância dioxina pode causar. Essa formulação definitória
estendida mostra que foi importante também indicar a inserção do termo em
textos legais[7] e de referência.

Por isso, entre cortes variados que se fazem quando se observa e se estuda uma
definição, reduzi-la, como no caso antes mencionado, ao gênero próximo *substância*

98   Introdução à terminologia

química e à diferença específica *pertencer ao grupo tal ou ser composta por x* equivale a desconsiderar outros elementos que um sujeito-enunciador possa ter entendido como relevantes. Enfim, considerar apenas aquilo que pareça ser estritamente definitório pode significar um corte severo, pouco afinado com uma percepção mais ampla de linguagem. Seria um sintoma claro de que o sujeito enunciador, em determinados casos, pode ser desconsiderado pelo analista da definição.

A definição como texto

Os diferentes enfoques da DT encontrados na literatura linguística e terminológica ainda não são unânimes em considerá-la como um texto de múltiplas dimensões. Algumas iniciativas tendem a tratá-la como um objeto representacional monofacetado, via de regra estudado com o auxílio de descrições excessivamente formalizantes, que geralmente excluem alguns elementos "supérfluos", tidos como assistemáticos ou idiossincráticos. São descartados, enfim, itens de informação importantes e funcionais, apenas em razão de serem heterogêneos ou acessórios, ou por ficarem fora de um padrão de "objetividade" ou por não se enquadrarem num esquema sintático fixo. Isso é o que aconteceria com os elementos do tipo "comentário" na definição de *dioxina*, antes mencionada.

Ainda que já se tenha reconhecido, além da redução lógica, a importância de uma descrição da dimensão de discurso ou de contexto pragmático das linguagens especializadas, tal como já indicava o trabalho de Van Dijk (1984) ou como, posteriormente, faz Beaugrande (1996), ou mesmo como já havia pensado nos anos oitenta Hoffmann (1998), quando se estudam textos especializados, é preciso voltar a atenção para o texto definitório em si mesmo. Não se deve tomar um modelo prévio e único de observação. É preciso inscrevê-lo relacionalmente em algo mais amplo, simultaneamente construído pelo indivíduo-autor e pela coletividade que ele representa. Importa recuperar, enfim, sua autoria, ambiência e, fundamentalmente, sua natureza linguística. A definição, como um texto, é um todo de sentido.

É imprescindível, portanto, ter em conta, tal como percebeu Cassirer, que definições são objetos de representação num sentido amplo e que "os conceitos fundamentais de uma dada ciência, meios pelos quais apresenta suas questões e soluções, não aparecem mais como cópias passivas de um ser dado, senão como símbolos intelectuais criados por ela" (Cassirer, 1964, [trad. de 1971] p. 14).

Num contexto de estudos bem mais geral, o enunciado definitório tem sido objeto de atenção de lógicos, filósofos da linguagem, filósofos das ciências, linguistas, lexicógrafos, psicólogos e teóricos da Terminologia[8]. Quanto aos estudos terminológicos, tem sido mais privilegiado, numa alternativa ao enfoque conceitual e ontológico da Teoria Geral da Terminologia, o tratamento da sua parte lógico-semântica por meio da análise linguística das proposições e predicados oracionais presentes nas definições.

Mesmo na nova via dos enfoques mais linguísticos do que conceituais em Terminologia, é ainda bastante usual o entendimento de que a definição está representando ou constituindo conceitos e não propriamente configurando significados. Por isso, tem-se deixado, via de regra, de apreciar os diferentes fatores que a influenciam ou modelam, tal como ocorre com qualquer outro enunciado. Ainda assim, apesar dos diferentes esforços teóricos para compreender a definição, mais amplos ou mais redutores, confirmam-se na DT, cada vez mais, desafiadores entrecruzamentos entre o conhecimento tecnológico e científico e a linguagem que os veicula.

Nesse cenário, já são muitos os trabalhos que questionam a situação binária linguagem/conhecimento especializado e reivindicam, por natural percurso de reflexão, uma revisão da oposição basilar da Terminologia: conceitos e significados. E, na via inversa, a compreensão da definição apenas como conceito evidencia uma tendência à sublimação da condição linguística do objeto textual definitório.

Contribuições para o estudo da definição terminológica

Ao pretender-se um estudo linguístico mais integrado sobre a definição e as linguagens especializadas, valeria apreciar, por exemplo, a contribuição das teorias enunciativas. Especialmente úteis são os fundamentos da semântica de enunciação, sobretudo, na obra de Émile Benveniste[9] (1989 e 1991).

Esse autor propõe um redimensionamento da noção de língua e linguagem com base na crítica da exclusão saussuriana de um sujeito que interfere sobre língua, um sujeito que propriamente faz a linguagem. E, como é fácil reconhecer e deduzir de muitas das atuais dificuldades das descrições terminológicas, pouco se tem tratado do sujeito em Terminologia, de modo que a linguagem científica ou técnica tende a ser apresentada como algo relacionado com um saber sem autoria definida, como se fosse feito por si próprio. Esse tipo de compreensão "asséptica" das linguagens científicas revela a persistência da ideia de "neutralidade científica", o que, via de regra, tem sido observado, por exemplo, pela ausência de pronomes como *eu* ou *nós* em textos científicos.

A contribuição de Benveniste parece adequada à Terminologia também pelo questionamento sobre a noção de arbitrariedade do signo linguístico. Como já se percebe, o emprego e a constituição metafórica de alguns termos e definições científicas nos revelam motivações para determinadas feições tanto de termos quanto de enunciados. Há, enfim, um *modus dicendi* na linguagem especializada que não pode mais ser negado.

Existe toda uma afinidade e uma convergência a serem exploradas, expandidas e aproveitadas: as questões e impasses da investigação atual sobre a linguagem especializada e, em especial, sobre a definição de termos científicos e técnicos só têm a lucrar com uma aproximação com as ideias da semântica enunciativa. A ideia de apropriação da língua por uma classe ou segmento social, tal como

100 Introdução à terminologia

é a comunidade científica, é só um exemplo do seu potencial de contribuição para a Terminologia. Sob essa ótica, analisar uma DT implicará observar juntamente um *modus dicendi* que pode ser peculiar a uma determinada ciência ou cientista.

Descrever e compreender

Entre os estudos linguísticos e os estudos terminológicos de perspectiva linguística, como já mencionamos, a concepção de "uma boa definição" ou de uma definição minimamente necessária e suficiente está alicerçada na utilização, quer na perspectiva lógica, quer na perspectiva linguística, das categorias do gênero próximo e diferença específica. Mesmo nas propostas iniciais de uma semântica derivada da vertente gerativo-transformacional, reaparecem essas categorias, "reeditadas" sob a forma de traços que migram de uma estrutura de superfície para a estrutura profunda e vice-versa.

Entretanto, como se pode antever, a compreensão da definição como um sistema categorial, de tipo binário ou sustentado por um sistema de traços associado aos valores +, – e Ø, será abalada a partir do momento em que seja necessário representar a definição de palavras de significação "virtual", mutável ou difusa, palavras que, por exemplo, no seio das ciências, correspondam a objetos ou conceitos de natureza complexa ou pouco objetiva. Além disso, observar apenas a categorização contida no enunciado definitório já é insuficiente também quando, tomada como uma taxionomia, questionamos onde está ou onde termina o gênero e onde começa a diferença em uma definição. Algumas vezes, a diferença parece fazer parte do gênero ou o gênero parece ser vinculado a um valor de significação bastante vago, que, enfim, diz e significa muito pouco.

Para além da compreensão da DT pelo gênero próximo e diferença específica, encontramos, como um outro parâmetro de descrição e análise linguística, o modelo de sua representação proposicional de enunciado definitório, antes brevemente referido. O enunciado, nessa sistemática de análise, passa a ser "traduzido" ou reescrito com o auxílio das proposições, que, presumidamente, estão explícitas ou subjazem ao enunciado concreto. Com base na DT, então, depreendem-se as categorizações ou predicações referidas ao termo ou palavra que está sendo definido. Assim, por exemplo, se tivéssemos a definição *o DNA é uma proteína*, a definição de DNA seria vista como uma apresentação linguística para a relação {DNA (ser) proteína}. Mas, para o caso da definição ser *DNA – uma proteína ácida, presente nos genes dos seres vivos*, a representação proposicional seria um tanto mais complexa:

{DNA (ser) {proteína (ser) ácida (estar em) {genes (pertencer a) seres vivos}}}.

Esse tipo de representação sintática do enunciado definitório permite que sejam colocados em relevo os argumentos *DNA*, *proteína*, *genes*, *seres vivos*, o qualificativo *ácida* e os predicados *ser, estar em* e *pertencer a*. Em tese, a utilidade desse tipo de representação reside no fato de se poder empreender um "mapeamento" de argumentos e predicados mais recorrentes em textos de determinada ciência ou especialidade. Seria possível identificar quais nomes e verbos aparecem com mais frequência num conjunto de definições sob estudo, além de se poder perceber que tipos de relações seriam mais presentes na vinculação entre argumentos.

MÉTODOS DE REPRESENTAÇÃO E DESCRIÇÃO

A ideia de transformação de uma definição em um conjunto proposicional é, evidentemente, mais ampla do que a percepção via gênero próximo e diferença específica. Contudo, também não oferece um padrão suficiente ao analista da definição, principalmente quando há definições com estruturas sintáticas mais complexas. O quadro a seguir ilustra alguns dos problemas da representação sintático-proposicional.

> ### GAXETA
>
> Peça mecânica circular, de borracha escura. Tipo de engrenagem inventada pelo engenheiro John Helmuth, em 1890, para ser utilizada como instrumento de diminuição de impacto entre dois discos metálicos.

Na descrição dessa definição fictícia, mesmo que usássemos somente as categorias do gênero próximo e diferença específica, teríamos, entre outras, a dúvida se a categoria do gênero é composta somente pela palavra *peça* ou pelo sintagma *peça mecânica*. E, numa análise em moldes proposicionais, com cálculo de predicados, haveria a necessidade, considerando-se apenas o caso do verbo *ser*, de usar diferentes subcategorizações para um mesmo verbo. Isso é o que vemos a seguir:

(gaxeta ser_{incl} (peça ser_{qual} mecânica, circular))

(gaxeta ser_{feita} de (borracha ser_{qual} escura)) ou

(gaxeta $ser_{tipo\ de}$ (engrenagem))

Extrapolando as dificuldades de um método de representação ou de outro, há outras opções de análise que poderiam ser mais promissoras para a Terminologia. Entre diferentes possibilidades e naturais dificuldades de representação de enunciados definitórios por meio da relação argumento/predicado, já havia se sobressaído a concepção de G. Lakoff (1987). Esse autor considerou, para a representação de enunciados definitórios, a existência de categorias relacionais ou relações conceituais compostas por subcategorias mais centrais e menos centrais, isto é, mais ou menos típicas ou prototípicas.

Por essa via de observação, categorias indicadas em uma definição como, por exemplo, *a mulher é um ser humano* e representadas por [mulher, (ser) ser humano] não serão homogêneas ou simplesmente hierárquicas. Antes disso, serão mais ou menos prototípicas, típicas ou simplesmente referenciais, fundamentalmente porque são culturalmente modeladas. Afinal, em alguns lugares ou sociedades, em função do tipo de modelo cognitivo e cultural adotado, não se definiria mulher como ser humano, mas sim como *propriedade do pai, marido* ou tutor.

Essa concepção[10] pode propiciar um avanço de compreensão importante em Terminologia porque, afinal, esse fenômeno "cultural" bem pode ser estendido às definições científicas ou técnicas: diferentes escolas de pensamento produzem definições diferentes para um termo. Não raro, encontramos diferentes e multiplicadas definições de um mesmo termo em apenas uma área ou especialidade e isso acontece tanto nas ciências "exatas" quanto nas ciências sociais e humanas. Mas, bem sabemos, esse tipo de fenômeno, contrário ao ideal de uma comunicação profissional absolutamente precisa e totalmente unívoca, tem sido historicamente atribuído principalmente às ciências sociais.

O trabalho de Lakoff (op. cit.) e sua ideia de uma "semântica culturalmente modelada", em seu grande mérito, oferece-nos uma maior opção de categorias, tidas como naturalmente difusas, aplicáveis à análise de definições terminológicas. Isso é muito importante porque, afinal, resgata a ideia historicamente excluída de que alguém ou algo interfira sobre a categorização observada pelo analista, que passa a ser algo que não acontece por si.

Seguindo essa tendência de novas compreensões para o objeto definitório, a tese de doutoramento R. Temmerman (1998), intitulada *Terminology beyond standardisation: language and categorisation in the life sciences* e também Temmerman (2000) são ótimos exemplos de trabalhos em Terminologia que desenvolvem a perspectiva lakoffiana dos Modelos Cognitivos Idealizados. Enfatizando o emprego de recursos metafóricos da linguagem científica, o pensamento da autora destaca-se no atual panorama dos estudos de Terminologia que seguem um ponto de vista linguístico, pois potencializa o avanço de um enfoque da definição que poderá ser mais linguístico do que conceitual.

Antes da iniciativa de Temmerman, uma outra perspectiva dos estudos linguísticos já vinha sendo aproveitada para o estudo das linguagens e terminologias especializadas. É o trabalho de Pustejovsky (1995), *The generative lexicon*. Nele, o autor postula que o significado de uma unidade léxica seja estruturado, na sua gramática, em quatro níveis interligados, sujeitos a transformações distintas. Um desses níveis é a estrutura qualia, na qual estão contidas as informações semânticas básicas de uma palavra, tais como *constituição, forma, propósito, função* e características de *agentividade*. Essas informações interagem com as informações do nível sintático da gramática e geram o quadro das restrições semânticas necessárias à compreensão da palavra em seus usos na linguagem.

Essa ideia possibilita uma representação do enunciado da definição como uma estrutura qualia, que é um conjunto categorial modelado por condições sintáticas. Observe-se, nesse enfoque, o apagamento de outras condições, principalmente daquelas que estejam fora da Sintaxe, como os mecanismos de enunciação ou determinadas peculiaridades definitórias. É, a despeito disso, uma perspectiva bastante explorada pelos estudos linguísticos que vinculam Sintaxe e Semântica.

Definições sob análise

A falta de uma compreensão realmente linguística da DT e uma compartimentalização estanque entre o que lhe seria interno ou externo são os problemas mais recorrentes para análises e metodologias descritivas delineadas no seio das teorias de Terminologia de viés linguístico.

Na perspectiva lógico-filosófica do estudo da definição, ainda que a redução lógico-proposicional seja operada por categorias prototípicas e culturais, com eventual destaque para as categorias estabelecidas pela metaforização, e mesmo que se continue a redução do enunciado definitório às "clássicas" categorias do gênero e diferença, é importante refletir um pouco mais cuidadosamente sobre o elemento comum a esses tipos de aproximação aos fenômenos da linguagem: a categorização lógica do enunciado. Sobre isso, o reconhecimento de Van Dijk é um alerta sempre necessário no escopo das análises lógico-formais: "a estrutura das orações da língua natural é tão complexa, que sequer a lógica *standard* mais sofisticada a reconstrói adequadamente" (Van Dijk, 1984, p. 75). Quer dizer, a análise lógica tem seus limites quando se trata de estudar enunciados definitórios *in vivo*.

A aproximação entre conceitos e significados via análise proposicional, no âmbito do estudo da definição, tem sido também uma praxe dos estudos linguísticos de Terminologia. Mas, na chamada Psicologia Cognitiva, uma corrente da Psicologia Moderna, muitos autores já destacaram que a linguagem não proporciona uma janela direta para os conceitos humanos, além de sublinharem que conceitos seguem sendo uma forma consideravelmente diferente de seus "primos" proposicionais. Isto é, e aqui vale um grifo, nem mesmo os psicólogos cognitivistas admitem a equivalência entre um conjunto proposicional de fundo lógico e um conceito. Enquanto isso, essa aproximação entre conceitos e definições, de modo surpreendente, é comum em Terminologia.

Observe-se que um conjunto proposicional tende a ser um objeto mais manipulado pelo terminólogo-linguista que, nele, tem deixado de observar significados para ver apenas conceitos. Mas, ao contrário disso, acreditamos que é válido estender nosso olhar sobre o modo como a Psicologia concebe e descreve conceitos, com vistas a melhor nos posicionarmos, como linguistas, sobre os significados que, teoricamente, deveriam ser nosso foco principal de atenção.

104 INTRODUÇÃO À TERMINOLOGIA

No âmbito da Psicologia e da Ciência Cognitiva, cada vez mais se questiona se conceitos seriam ou não independentes de contexto ou situação e se seriam realmente universais, enquanto os significados sempre são qualificados como dependentes e compreendidos como não universais, ainda que os modelos linguístico-gerativos postulem uma semântica de valores de significação universais. E, sob esse ponto de vista psicológico, de um modo que nos parece bastante interessante, conceitos passaram a ser percebidos em *frames* que interferem sobre os significados, oferecendo-lhes domínios ou escopos de referência.

Em síntese, podemos dizer que há uma distinção bastante problemática e controversa entre conceitos, significados, categorias e protótipos também na Psicologia e na Ciência Cognitiva, ciências que inspiraram uma Semântica e Linguística Cognitivas, destacando-se nas primeiras um reconhecimento recorrente de limites para a categorização. Por isso, acreditamos que a Terminologia de orientação linguística, ao incursionar pelas vertentes cognitivistas dos estudos da linguagem, quando lidar com enunciados definitórios, pode desenvolver sua própria perspectiva e abster-se de "resolver" essa diferenciação.

A melhor opção é assumir como inerente a interface linguagem/conhecimento, tratando de privilegiar, nos enunciados definitórios, os significados a eles vinculados. Esse recorte já é algo muito importante e tende a nos afastar de algumas contradições. E se, como já mencionamos, a definição e especialmente a DT são textos importantes e complexos, a vinculação entre linguagem, conhecimento e cultura que neles se realiza já explica e justifica a busca por novas metodologias e referenciais para seu estudo.

A Terminologia, ao expandir a condição de poliedricidade dos termos também para os enunciados definitórios, terá ela mesma que tornar-se multidimensional sem, contudo, sobrepor facetas diferentes ou deixar de distingui-las.

Leituras recomendadas

BESSÉ, B. La définition terminologique. In: CHAURAND, J., MAZIÈRE, F. (orgs.). *La définition*. Paris: Larousse, p. 252-261, 1990.

FINATTO, M. J. B. (1998) Elementos lexicográficos e enciclopédicos na definição terminológica: questões de partida. *Organon*, Porto Alegre: UFRGS, vol. 12, n. 26, 1998.

FINATTO, M. J. B. (2001a) *Definição terminológica: fundamentos teórico-metodológicos para sua descrição e explicação*. Porto Alegre: Instituto de Letras, Universidade Federal do Rio Grande do Sul, 2001. Tese de Doutorado.

REY, A. (1990) Polysémie du terme définition. In: CHAURAND, J., MAZIÈRE, F. (orgs.). *La définition*. Paris: Larousse, 1990, p. 13-22.

TEMMERMAN, R. (2000) *Towards new ways of tetminology description. The sociocognitive approach*. Philadelphia: John Benjamins, 2000.

Notas

1 Detalhamento na seção "Fraseologia", do capítulo "Histórico: realizações e teorias".

2 Detalhamentos a respeito desse tema no capítulo "Histórico: realizações e teorias".

3 Mais informações sobre a constituição dos termos encontram-se na Parte 2, no capítulo "Estudo de texto com apoio informatizado".

4 Nesse caso, limitamo-nos a considerar apenas a estrutura geral das unidades terminológicas e não suas articulações menores como a composição em morfemas.

5 Para uma apreensão do assunto sob uma perspectiva aplicada, vide capítulo "Termos técnico-científicos".

6 Não fazemos, intencionalmente, aqui uma discussão sobre a dimensão desse caráter enciclopédico.

7 A respeito de expressão de relações causais, temos os trabalhos de Cabré, Morel & Tebé (1996).

8 Um bom panorama desses estudos está no trabalho de Sager (2000), obra que inclui tanto textos clássicos sobre definição quanto a visão atual de A. Rey (2000).

9 Outros detalhes dessa discussão estão na obra citada de Benveniste, no texto "A semiologia da Língua", capítulo 3. Um outro exemplo bastante interessante do potencial benvenistiano para a pesquisa em Terminologia é o exame de recurso da metaforização e de outras propriedades da linguagem pelo enunciador cientista. Alguns escritos de Benveniste exploram o processo de criação de uma nova terminologia em textos científicos e a difusão/vulgarização de termos eruditos. No texto "Novas formas de composição nominal", capítulo 12, na mesma obra, o autor examina a origem do termo *micróbio* e discute a utilização peculiar do cientista de formantes greco-latinos, um assunto recentemente explorado na Terminologia de perspectiva linguística.

10 Para maiores detalhes sobre a concepção categorial prototípica, vide Finatto (2001b).

Terminologia e texto

O reconhecimento de que o texto é o *habitat* natural das terminologias representa uma reversão de paradigmas epistemológicos, posto que o caráter prescritivo da Terminologia clássica é suplantado por princípios descritivos. Em decorrência, a Terminologia assume uma face linguística e ainda avança no sentido de tomar como quadro referencial de exame do comportamento e da gênese dos termos seus contextos de ocorrência. Muitos são os resultados decorrentes dessa visão que recusa compreender o léxico especializado como um constructo cognitivo idealizado, passando a conceber os termos como elementos da linguagem em funcionamento com todas as implicações daí decorrentes.

O novo enfoque, ao valorizar o contexto discursivo das comunicações especializadas, é também responsável por uma aproximação entre os estudos terminológicos e os que, independente de particularidades e interesses específicos, tomam o texto como objeto central de análise. É o caso, por exemplo, da Linguística Textual, das teorias pragmáticas, enunciativas e da semiótica narrativa, de origem francesa, entre outras.

No âmbito desse direcionamento inovador, também ganha impulso uma série de pesquisas sobre as linguagens especializadas, fazendo com que os estudos terminológicos, além de reconhecerem o papel da textualidade e discursividade na constituição dos objetos terminológicos, comecem a interessar-se, mais sistematicamente, pelas estruturas e tipologias dos textos produzidos nas comunicações especializadas. Para ilustrar a aproximação entre Terminologia e texto, três aspectos merecem ser enfocados: a importância do texto para os estudos terminológicos; repercussões da visão textual para um conhecimento mais aprofundado dos objetos terminológicos – termos, fraseologias e definições – as investigações centradas no reconhecimento das características e propriedades específicas dos textos especializados.

O papel do texto

Para as novas teorias de Terminologia, caso da Socioterminologia e Teoria Comunicativa da Terminologia[1], a relevância do texto está diretamente vinculada ao princípio comunicacional que postulam. Isso corresponde a considerar o texto como *habitat* natural das terminologias, bem como concebê-lo como objeto de comunicação entre destinador e destinatário.

Ao mesmo tempo, tais proposições postulam o exame do comportamento das unidades terminológicas em seu real contexto de ocorrência, compreendendo que essas unidades aparecem de maneira natural no discurso, não constituindo uma língua à parte, como inicialmente se julgava. Consequentemente, os termos sofrem os efeitos de todos os mecanismos sintagmáticos e pragmáticos das cadeias discursivas que dão suporte à comunicação especializada. Diante disso, as teorias terminológicas, de fundamento linguístico-comunicacional, justificam a necessidade de aproximação com o texto para descrever as unidades terminológicas.

É interessante lembrar que a linguística de texto, tomada em seu amplo sentido, já estava consolidada quando a importância do texto para um estudo descritivo das terminologias passou, nos anos 90, a ser postulada de modo mais sistemático. No entanto, ainda nos anos 80, a problemática do texto já fundamentava determinadas reflexões, como é o caso de integrantes da escola tcheca de linguística funcional, considerada como aquela que melhor demonstrou a estreita relação entre "língua" especializada e texto especializado (Lérat, 1995, p. 560).

Para Kocourek, destacado membro dessa escola, em vez da equivocada visão de que o termo é uma invariante e de que seu contexto não é relevante, uma abordagem textual das ocorrências terminológicas permite observar seu comportamento em vários planos e sob vários ângulos. Dentre esses, cita as situações de variação, neologia, junto às distintas configurações que os termos assumem nas áreas de especialidade, incluindo desde composição morfossintática até abreviaturas, símbolos etc.

Além disso, Kocourek refere que o exame dos textos especializados atualizará também a problemática da definição e das denominações, dois eixos fundamentais da Terminologia. Em suas palavras:

> Um estudo textual pontual relativo, de um lado às definições de um significante dado, e de outro lado aos diversos significantes que nomeiam um significante dado, descobre uma variedade surpreendente de fatos de ordem definitiva e de denominação. (Kocourek, 1991, p. 72)

Jennifer Pearson, com sua obra *Terms in Context* (1998), encontra-se entre os que reivindicam o reconhecimento do papel dos contextos para as investigações que se centram sobre a identificação do termo, sobretudo, em *corpora* textuais. A voz de Pearson soma-se ao pensamento, segundo o qual uma unidade lexical ou uma palavra, como afirma, adquire o estatuto de termo em razão do cenário comunicativo em que é inscrita; considerando, portanto, irrelevante toda discussão fora desse âmbito. Ao privilegiar a noção de cenário comunicativo, a autora postula uma abordagem pragmática, afirmando que não se pode desconsiderar a linguagem em uso para dar conta da problemática de identificação de termos. (Pearson, 1999, p. 16)

No âmbito da valorização dos contextos de ocorrência para a identificação dos termos, é também de suma relevância a noção de universo discursivo, em que se enquadra o discurso científico em suas várias modalidades e temáticas, o didático, o jurídico, o político entre tantos outros. Isso porque esses universos, manifestados e concretizados em textos de distintas tipologias, apresentam especificidades e propósitos que contribuem para que uma unidade lexical alcance o estatuto terminológico.

O conhecimento do texto em toda a sua complexidade constitutiva passa a ser um requisito metodológico essencial para as investigações terminológicas teóricas, mas também aplicadas, destacando-se sua relevância à identificação informatizada das terminologias.

Slodzian, considerando as pesquisas informatizadas em lexicografia especializada, engenharia de documentação e inteligência artificial, diz, em artigo intitulado "A emergência de uma terminologia textual e a volta do sentido" (Slodzian, 2000), que os especialistas desses domínios têm intensificado seu apelo às técnicas de linguística de *corpus* em razão da extração semiautomática de termos e contextos. Esses especialistas consideram que, fora dos contextos de ocorrência e distantes da textualidade, não podem dar conta da diversidade de configurações das estruturas terminológicas.

Nessa mesma direcionalidade, há bastante tempo, já ponderava que:

> Tratando do léxico apenas no plano paradigmático, não se alcançará nem a sutileza da malha conceptual buscada nem a descrição da ação. Introduzir a noção de discursividade nos programas de lexicografia especializada é deixar de abordar os textos científicos como uma combinação de termos, ignorando as características semionarrativas da prosa científica. (Slodzian, 1995b, p. 18)

O reconhecimento de que é preciso considerar os contextos linguísticos de ocorrência para dar conta da gênese e do funcionamento das terminologias evidencia que o quadro das propriedades semionarrativas dos diferentes universos de discurso, incluindo tipologias e propósitos particulares das comunicações especializadas, está se impondo como uma produtiva orientação metodológica para detectar o estatuto terminológico de uma unidade lexical que se instaura como tal, dada sua relação semântica e pragmática com o texto especializado.

De fato, importantes aspectos do comportamento dos termos explicamse somente à luz dos fenômenos da textualidade e da discursividade e, nesse sentido, dentro de um processo pragmático de comunicação. Nessa mesma perspectiva, Pierre Auger já afirmara que o aparelho da linguística moderna tem se mostrado produtivo para a terminologia descritiva. Ao destacar o papel da sociolinguística para essas condições, lembra ainda que "Os métodos contemporâneos de análises de discursos, igualmente, podem constituir um aporte muito fértil para o futuro da Terminologia." (Auger, 1988, p. 35)

Antes da aproximação entre Terminologia e texto, os procedimentos metodológicos eram distintos, tanto que a identificação das unidades terminológicas

Terminologia e texto 109

baseava-se exclusivamente na chamada árvore de domínio, ou seja, na representação formal da estrutura conceitual de um campo de conhecimento. Esse, embora importante, não é um recurso suficiente, porque a noção de domínio vincula-se à de uma estrutura conceitual lógica e superordenada. Em consequência, as unidades lexicais especializadas limitam-se a ser observadas num lugar estático, paradigmático, sendo, portanto, alijadas das contextualizações discursivas, seu *habitat* natural (Krieger, 1998).

Contrariamente, as abordagens textuais preocupadas com o conjunto de fatores constitutivos das comunicações especializadas podem melhor dar conta de uma diversidade de aspectos que envolvem o conjunto dos objetos da Terminologia, representando um novo direcionamento para as pesquisas terminológicas.

O ENFOQUE TEXTUAL E NOVOS DIRECIONAMENTOS DE INVESTIGAÇÃO

A produtividade da proposição que leva em conta a inter-relação dos fenômenos terminológicos com os contextos comunicativos em que se materializam pode ser constatada por alguns resultados de estudos e pesquisas desenvolvidos nessa direção[2], aqui apresentados a título de ilustração. Esses novos trabalhos, na busca da apreensão da constituição e do funcionamento dos objetos terminológicos, têm se valido do alcance explicativo dos fenômenos da linguagem, oferecido pelas teorias do texto e do discurso, compreendendo visões textuais, propriamente ditas, semióticas, pragmáticas e enunciativas.

A abordagem textual tem permitido identificar, por exemplo, os fatores pragmáticos da comunicação especializada que ativam a feição terminológica que distintas unidades lexicais assumem no contexto das comunicações especializadas. É ilustrativo dessa proposição, o estudo de Maciel (2001) referente à especificidade da terminologia jurídica, segundo o qual os propósitos do universo das leis influenciam a constituição da terminologia jurídica que compreende unidades lexicais, em princípio de língua comum, tal como *casa*. No entanto, essa unidade assume valor especializado dado que a legislação circunscreve essa entidade como um bem inviolável entre outras propriedades jurídicas que lhe atribui. Paralelamente, é também destacado o papel de determinados verbos como *caber* e *competir* que contribuem para expressar determinações legais e elementos do universo conceitual da área, bem como de operações jurídicas necessárias ao cumprimento de disposições legais específicas[3].

O Direito é assim exemplar para ilustrar um tal posicionamento, pois não se trata apenas de uma área de conhecimento, antes, é particularmente articulado por propósitos pragmáticos em razão do ordenamento jurídico-social que estabelece.

> Com efeito, a comunicação do Direito, uma área humana, social
> e normativa, tem como propósito primeiro prescrever normas de

comportamento. Por isso, os critérios de atribuição do estatuto terminológico e reconhecimento das unidades lexicais que compõem sua terminologia diferem daqueles adotados em outros campos de conhecimento e de atividade com objetivos distintos. Assim sendo, é na comunicação das normas jurídicas que se configura sua especificidade. (Maciel, 2001, p. 26)

Outro complexo foco da problemática dos termos está na identificação dos sintagmas terminológicos, estruturas polilexemáticas predominantes entre as unidades lexicais especializadas e presentes em todas as áreas. As primeiras proposições de seu reconhecimento estão relacionadas à descrição morfossintática, mas os resultados descritivos, por si só, não têm caracterizado especificidades, dado que a organização estrutural dos sintagmas terminológicos não difere dos que pertencem à língua geral. Os parâmetros de regularidades sistêmicas têm se mostrado, igualmente, limitados para dar conta do dinâmico funcionamento dos sintagmas.

Um exemplo de uma abordagem textual sobre esse problema consiste na análise do comportamento dos sintagmas terminológicos no próprio contexto das comunicações profissionais. Tais sintagmas, embora sejam estruturas polilexemáticas, frequentemente aparecem como termos simples. Kuguel (1998) focaliza essa problemática, demonstrando que se trata de um fenômeno de redução de termos, o que, por sua vez, mostra a existência de variações terminológicas.

À luz das relações de correferencialidade textual, a autora analisa no mesmo estudo o comportamento do sintagma terminológico *petróleo crudo* em um conjunto de textos da área do meio ambiente, que apresentam diferentes graus de especialização. Os resultados demonstram que o emprego da forma reduzida *petróleo* não pode ser explicado somente nos estreitos limites da frase, mas somente no interior do processo comunicacional, materializado pelo texto. Em decorrência, é postulada a necessidade de considerar fatores comunicativos para a análise da variação denominativa de unidades terminológicas, como as condições de produção do texto e o nível de conhecimento especializado dos interlocutores.

Em uma perspectiva inovadora, a problemática do estabelecimento de critérios identificadores dos sintagmas é equacionada sob o enfoque de suas relações com o universo de discurso em que se inscrevem, conforme Borges (1998) demonstra em detalhado estudo realizado na área de Geociências. Neste caso, mostrou-se relevante o exame da categorização semântica dos sintagmas analisados e suas relações com os propósitos do conhecimento geocientífico.

O estudo, intentando validar esses princípios de identificação de sintagmas, avança para outros domínios de conhecimento, incluindo a Medicina e o Direito Ambiental. Os resultados alcançados comprovam que a estrutura morfossintática não é suficiente para identificar a natureza e a configuração que assumem os sintagmas nas diferentes áreas estudadas, salientando, para tal fim, a relevância da identificação de categorias semânticas subjacentes aos sintagmas especializados. O conteúdo dessas categorias, revelando também sua correlação com os propósitos e modos de articulação das áreas estudadas, explicou a pertinência dos sintagmas terminológicos presentes nesses universos de discurso (Borges, 1998).

> Proposições dessa natureza evidenciam que os termos não são somente elementos do sistema, mas componentes dos textos especializados, sofrendo os efeitos dessa relação. Por isso, confirma-se a necessidade de complementar a abordagem sistêmica com a textual[4] para dar conta do fenômeno terminológico. (Krieger, 2001)

Com efeito, há uma série de pesquisas que, embora dispersas, estão demonstrando o papel da textualidade, dos universos de discurso e dos componentes pragmáticos do processo comunicacional na compreensão do funcionamento das unidades e sintagmas terminológicos, mas também de outros fenômenos complexos relacionados à Terminologia, como é o caso das fraseologias especializadas.

De acordo com Bevilacqua (1998), cujas pesquisas centram-se na identificação de critérios de reconhecimento dessas fraseologias, estas possuem um caráter discursivo, vale dizer, estão relacionadas aos discursos em que são formuladas, tal como a expressão *para efeitos dessa lei*, própria dos textos legislativos. Paralelamente, há unidades fraseológicas que se aproximam de sintagmas terminológicos, como *armazenamento de energia solar, captação de energia*. Essas formulações caracterizam-se pela presença de um termo, bem como de um núcleo eventivo nominalizado, em sua estruturação sintagmática. Os dois tipos de fraseologia são inerentes às comunicações especializadas[5].

Tendo em vista a insuficiência de um exame morfossintático sobre o comportamento das fraseologias, a autora considera que:

> [...] somente uma teoria que leve em conta não apenas os aspectos linguísticos, mas também os comunicativos e cognitivos, e que, além disso, tome o texto como objeto de análise, pode dar conta do caráter essencialmente discursivo das unidades fraseológicas. (Bevilacqua, 1998, p. 121)

O enfoque textual vem também revelando sua produtividade para o exame de aspectos que envolvem, predominantemente, a dimensão conceitual de um objeto como a definição terminológica (DT). Em relação à DT, é importante observar que, apesar de sua grande relevância, é um tema que só mais recentemente passou a ser estudado, sobretudo, numa perspectiva textual no quadro da Terminologia. Nessa nova direção, inscreve-se a pesquisa de Finatto (2001) que propõe uma metodologia analítico-descritiva para dar conta de especificidades,

112 INTRODUÇÃO À TERMINOLOGIA

bem como da complexidade de uma DT, examinando definições de termos de Química e de Ciência Política.

O estudo demonstra os limites da clássica visão estrutural que compreende a DT como um enunciado, primordialmente de caráter lógico-categorial, nessa medida, desprovido de marcas de enunciação. À luz de algumas ideias da semântica enunciativa, em particular, de proposições de Benveniste, a pesquisa evidencia que independente da área de conhecimento, seja exata, seja humana:

> [...] a definição revela-se como um texto de formulação de significados e que expõe, de diferentes modos, os sujeitos enunciadores envolvidos em uma atividade de construção de significação que é simultaneamente cognitiva, simbólica, histórica e coletiva. (Finatto, 2001, p. 349)

Em consequência, para dar conta da natureza e do comportamento das definições, Finatto postula a necessidade de considerar as relações do enunciado-texto da definição com seu entorno de significação e com suas instâncias enunciativas[6]. Agrega-se a isso um deslocamento do princípio fixo de conceito e de imutabilidade, como componentes básicos expressos por qualquer definição terminológica, para o plano do significado, que se caracteriza por ser linguístico e variável.

Entre os estudos que se voltam para a dimensão conceitual dos fenômenos terminológicos, encontram-se os de Ciapuscio (1998) sobre variação conceitual. Como adiante será melhor explicitado, os aspectos envolvidos na variação da informação científica identificam e explicam, em muito, a constituição das comunicações altamente especializadas e as que divulgam as descobertas das ciências e das tecnologias para um público leigo. Diante disso, a pesquisadora afirma que a variação de termos seja formal, seja conceitual, está condicionada por fatores de natureza textual. Tal reconhecimento tem importante repercussão, por exemplo, sobre a seleção das fontes documentais que constituem o *corpus* de trabalho dos diferentes produtos terminográficos.

Estudos dessa natureza ilustram a produtividade do enfoque textual para vários fenômenos que antes a Terminologia não estava aparelhada para explicar. Com a mudança de foco que leva em consideração os fatos da linguagem em toda a sua abrangência, esse campo de estudos passa a adquirir mais condições de operacionalidade, pois se aparelha metodologicamente para as diferentes aplicações terminológicas.

Com efeito, investigações baseadas nesses princípios diferenciam-se das tradicionais por valorizarem o componente linguístico da constituição das terminologias e, mais ainda, por reconhecerem o papel dos mecanismos da linguagem em funcionamento. Evidenciam, dessa forma, a importância da dimensão linguístico-comunicativa da Terminologia para a compreensão da natureza, do estatuto e do funcionamento de seus objetos.

O TEXTO ESPECIALIZADO

A tentativa de identificar o estatuto e o funcionamento das unidades lexicais especializadas, observando seu real comportamento em seus contextos de ocorrência, é também determinante de um viés particular que se soma aos estudos terminológicos. Vale dizer, alguns estudiosos passaram a privilegiar o texto especializado como seu objeto de investigação, entendendo a necessidade de aprofundar o conhecimento sobre a chamada comunicação especializada e precisar sua conceituação.

O incremento desses estudos ocorre mais ao final do século xx, entretanto há estudiosos na Alemanha, na Europa do leste e na Rússia que, há mais tempo, buscaram critérios identificadores dos textos especializados. Em grande parte, foram motivados pelo princípio de que a análise desse tipo de comunicação não pode ser limitada ao componente temático que cada área do conhecimento toma a si.

Nesse quadro de precursores, destaca-se o nome de Lothar Hoffmann, professor da Universidade de Leipzig, para quem:

> O texto especializado é o instrumento ou o resultado de uma atividade comunicativa socioprodutiva especializada. Compõe uma unidade estrutural e funcional (um todo) e está formado por um conjunto ordenado e finito de orações coerentes pragmática, sintática e semanticamente ou de unidades com valor de oração, que, como signos linguísticos complexos de enunciados complexos do conhecimento humano e das circunstâncias complexas, correspondem à realidade objetiva. (Hoffmann, 1998, p. 77)

Esse conjunto de elementos é determinante de sua compreensão de que a linguagem de especialidade não se resume à presença de termos técnicos, mas constitui-se do conjunto de todos os recursos linguísticos que se utilizam em um âmbito de comunicação.

> Fazem parte desses recursos todos os elementos de todos os níveis linguísticos – desde os sons, (as letras) até a frase – como as manifestações suprassegmentais, os princípios estilísticos, os mecanismos de organização do texto etc. (Hoffmann, 1998, p. 52)

Outro aspecto significativo da problemática do texto especializado está vinculado à complexa conceituação de especializado, noção de caráter gradual que "permite quantificadores do tipo mais/menos/algo/pouco/muito. Como determinar, de maneira analítica, que um texto é mais (ou menos) especializado que outro?" (Ciapuscio, 1998, p. 46)

A esse respeito, Hoffmann (1998) estabelece dois eixos básicos de classificação: um horizontal, relacionado a um critério temático, e outro vertical, concernente ao grau de abstração da linguagem. O eixo horizontal leva em conta a diversidade de temas próprios das mais diferentes disciplinas, atividades e profissões existentes, enquanto o vertical comporta cinco níveis de abstração. Esses níveis o levam a reconhecer graus de especialidade nas comunicações profissionais, conforme o uso mais ou menos frequente, tanto de determinadas estruturas sintáticas quanto de termos técnicos. Por exemplo, as comunicações científicas entre especialistas pertencem ao nível mais elevado de abstração e caracterizam-se pela utilização de determinadas formas de expressão linguísticas, além de símbolos artificiais. Para uma tal classificação, é levado também em conta o âmbito em que esses estratos linguísticos são utilizados e os parceiros da comunicação. Neste caso, identifica, respectivamente, o contexto teórico das ciências como âmbito de interlocução e os cientistas como protagonistas da relação dialógica estabelecida.

Com critérios dessa natureza, Hoffmann (1998) categoriza as linguagens especializadas em uma ordenação que se inicia pela linguagem das ciências básicas, das ciências experimentais, das ciências aplicadas e das técnicas, seguindo-se a linguagem da produção material e, por último, a de consumo.

Diante disso, a linguagem especializada não é mais concebida como um todo monolítico e homogêneo, mas uma instância que comporta tipologias distintas. Ainda que os critérios propostos não sejam totalmente satisfatórios, como o próprio Hoffmann faz referência, suas proposições constituem fundamentos para a observação detalhada dos componentes e propriedades das linguagens especializadas, determinando um avanço em conceitos básicos do âmbito que denomina de linguística das linguagens de especialidade[7]. Por tudo isso, seu nome tornou-se marco referencial na investigação dos elementos constitutivos de um texto especializado e fonte de inspiração para novas pesquisas teóricas e aplicadas.

Entre os estudos clássicos dessa matéria, incluem-se os de Beaugrande e Dressler (1981), para quem a comunicação científica e técnica manifesta-se como um texto que comporta um conjunto mínimo de condições relacionadas à estrutura textual, qualidades do conteúdo e atitude dos interlocutores. Isso pressupõe o concurso de mecanismos determinantes de coesão e coerência, bem como de condições de informatividade, situacionalidade e intertextualidade.

A importância dessa proposição reside na compreensão de que a comunicação da ciência, a despeito de parecer um segmento produzido por iniciados e somente a eles destinado, não difere estruturalmente de um texto não especializado. Além disso, Beaugrande chama, posteriormente, atenção para a existência de uma série de estratégias discursivas no interior das comunicações especializadas, as quais podem dificultar a divulgação do conhecimento, em vez de favorecê-la. Por essa razão, considera que "[...] é preciso explicar detalhadamente como seriam essas estratégias, explicar como torná-las abertas e disponíveis por intermédio de uma ciência interdisciplinar do texto e do discurso." (Beaugrande, 1996).

Em continuidade, Beaugrande lembra que o acesso ao conhecimento só pode ser apropriadamente alcançado pela exploração de todo o domínio do discurso e não apenas pela exploração de alguns de seus "mais bem-comportados traços" e "estruturas", quer lexicais, morfológicos, quer sintáticos ou semânticos. Conforme também menciona, esta é uma das tarefas que compete aos estudos de Terminologia e também aos de língua de especialidade. Neste último caso, a referência é feita ao tipo de comunicação que passou a ser internacionalmente conhecida como *Language for Specific Purposes* – LSP, o que levou à tradução em muitos idiomas de língua para fins específicos, associada à língua de especialidade, denominação ainda utilizada.

Em relação à LSP, muitos estudos foram realizados. É preciso, no entanto, observar que não se confundem com os da Terminologia, posto que a origem de seu desenvolvimento está relacionada a um enfoque didático,voltado à instrumentalização da aprendizagem em línguas estrangeiras. Por outro lado, a área desenvolve-se fundamentada na concepção da existência de uma língua particular com autonomia própria, com particularidades e traços distintos do sistema linguístico por meio do qual a informação profissional é veiculada. Em razão dessa configuração, só poderia ser empregada por iniciados de uma matéria, únicos a entender os jargões nela utilizados. Tal particularidade explica as preocupações de Beaugrande antes assinaladas.

Em realidade, há muitas controvérsias relativas à ideia da existência de uma língua de especialidade como um subsistema linguístico particular e distinto do sistema geral das diferentes línguas naturais. Comumente, os autores que adotam uma visão linguística sobre as terminologias recusam essa noção, propondo a de linguagem especializada, como é o caso de Hoffmann.

Diferentemente, Cabré advoga em favor de comunicação especializada e não de linguagem, considerando esta apenas um registro funcional. Em suas palavras:

> Deste ponto de vista, as denominadas linguagens de especialidade são registros funcionais caracterizados por uma temática específica, determinados por características pragmáticas precisas, determinadas pelos interlocutores (basicamente o emissor), o tipo de situação em que são produzidos e os propósitos ou intenções a que se propõe a comunicação especializada. (Cabré, 1999c, p. 152)

Independentemente de algumas controvérsias, os pesquisadores que se voltam para a problemática da comunicação especializada compartilham do ponto de vista de que o texto representa a materialização desse tipo de comunicação que, a despeito de algumas propriedades particulares, não se distingue de outros textos informativos, considerando propriedades textuais genéricas. De modo particular, são reiterados como fatores determinantes da feição que assume um texto especializado, a temática e os participantes do ato comunicativo, conjugando-se, portanto, um critério temático e outro pragmático. Como esses dois elementos são variáveis, o texto especializado obrigatoriamente comporta tipologias.

Por outro lado, as tipologias podem ainda ser estabelecidas sob o prisma do grau maior ou menor de especialização que as comunicações especializadas refletem. Assim, mais do que o tema, o grau de densidade informativa junto à forma de comunicar, com maior ou menor utilização da terminologia da área em questão, funcionam como mecanismos determinantes dos graus de especialização de um texto.

A variação tipológica no âmbito da comunicação especializada reflete-se, por exemplo, na distinção entre uma tese ou um artigo de periódico altamente especializado em determinada área do conhecimento e um texto de jornal ou de revista informativa redigido com a finalidade de divulgar ao grande público uma descoberta científica. Os propósitos diferenciados de cada tipo de comunicação e os diferentes destinatários previstos explicam não apenas a variação da densidade informativa, como o uso maior ou menor de terminologias.

É nessa mesma perspectiva que Pearson (1999) intenta caracterizar a noção de cenário ou situação de comunicação com caráter especializado como um quadro contextual, espécie de parâmetro para examinar a presença das terminologias. Os tipos de parceiros envolvidos na comunicação constituem o critério básico de classificação, cobrindo as seguintes situações: especialistas/especialista; especialista/iniciados; especialista mediano/leigo e professor/aluno.

Assim, de acordo com a relação comunicativa e o tipo de conhecimento enfocado em cada situação particular, Pearson considera que variam os graus de uso das terminologias, destacando a primeira das situações como a mais confiável de uso terminológico, ou seja, a que apresenta maior probabilidade de presença de unidades lexicais candidatas a termo. Sua compreensão é mais uma forma de marcar as relações termo/texto sob o prisma quer da ocorrência das terminologias, quer do postulado de que as comunicações especializadas não formam um bloco monolítico.

Na mesma linha de preocupações com os graus de especificidade de um texto, Guiomar Ciapuscio (1998) introduz a interessante noção de variação conceitual, já antes referida. A autora demonstra que os termos sofrem, além da variação formal, também a conceitual numa íntima relação com os distintos graus de especialização, peculiares a determinadas classes textuais, como: resumos, artigos, entrevistas e notícias jornalísticas.

Ao evidenciar com análises concretas que a dimensão conceitual das comunicações especializadas é variável conforme a tipologia textual, Ciapuscio (1998) afirma que:

> [...] os fatores de índole funcional e situacional (interlocutores, classe textual, âmbito discursivo) condicionam a seleção, o tratamento e os limites da variação formal e conceptual da terminologia. Por outro

lado, pode afirmar-se que o ângulo terminológico oferece argumentos de peso para a tipificação das classes de textos (*abstract*, notícia de divulgação científica) no nível de formulação (cfr. Classes textuais) e para determinação de seu grau de especialidade, a partir de fundamentos linguísticos. (Ciapuscio, 1998, p. 63)

Tais afirmações sustentam-se na constatação de que, mesmo abordando um mesmo tema científico, geralmente as terminologias utilizadas não coincidem. Há muitas variações denominativas, conforme se trate de texto altamente especializado ou de divulgação geral. Do mesmo modo, varia o grau da densidade informativa veiculada, conforme o texto tenha especialistas ou público leigo como destinatários. Neste caso de variação, é comum a tendência a formulações linguísticas que, ao modo de conectores como *ou seja, isto* é, visam a explicar aspectos conceituais mais complexos.

Proposições dessa natureza mostram a necessidade de realizar estudos linguísticos e estruturais dos textos, bem como comprovam o quanto avançaram os estudos sobre o texto especializado, que em suas origens, restringiam-se ao pressuposto de que a presença de terminologias nas comunicações especializadas era o componente essencial para definir as propriedades maiores das linguagens da ciência e da técnica.

Entretanto, o incremento da investigação sobre o texto especializado está levando a um alargamento de horizontes, fazendo com que sejam observados, além de fatores temáticos e pragmáticos, um conjunto de elementos que são tanto de natureza estrutural quanto linguística. Mas, como diz Lérat, a observação de fatos sintáticos, por exemplo, mostrará sua funcionalidade se forem compreendidos como formas de expressão regulares e dominantes em um tipo de texto, marcando um estilo.

> Essa propensão refere-se não apenas à gramática das partes do discurso e aos fenômenos como as nominalizações e as transformações passivas, mas também aos conectores de frase e sua lógica, assim como sua gramática da enunciação. (Lérat, 1995, p. 75)

De fato, ao modo de um estilo próprio, há características tradicionalmente conformadoras de textos especializados, marcadamente os de natureza científica. A comunicação tradicional da ciência tende ao emprego dos verbos em terceira pessoa; produzindo com isso uma imagem de impessoalidade. Esse mecanismo contribui para o efeito de que o conhecimento relatado está isento de condicionamentos e de pontos de vista particulares, como se fosse a ciência a falar por ela mesma. Trata-se, no entanto, de um recurso linguístico que, junto com o uso de nominalizações e de estruturas passivas, favorece os efeitos de indeterminação e apagamento da subjetividade, compreendida esta no sentido de Benveniste. Explica-se assim por que o traço de impessoalidade está associado ao estilo do texto científico.

118 Introdução à terminologia

Há também outras peculiaridades sintáticas que, aliadas ao uso de estruturas linguísticas de valor monossêmico e referencial, explicam qualificações prototípicas dos textos especializados, como a objetividade e a concisão. A esse quadro de efeitos estilísticos agregam-se determinados mecanismos de natureza textual, como a clareza, a coesão e a coerência. Tais qualidades, por sua vez, funcionam a favor da lógica e da pertinência da comunicação especializada e, nessa medida, de um determinado formato padrão da comunicação da ciência.

Entre os elementos relacionados às proposições de caracterização dos textos especializados encontra-se sua predominante conformação à forma escrita que, entre outros aspectos, favorece a perenidade do conhecimento produzido. Ao mesmo tempo, o formato redacional contribui para fixar os padrões de divulgação e de validação do conhecimento especializado.

O estudo do texto especializado não se esgota nesses elementos. Dar conta de sua complexidade requer examiná-lo à luz de vários outros ângulos, sobretudo porque seus componentes não aparecem de forma linear, estão dispersos, embora entrelaçados de modo a constituir uma rede que conforma sua tessitura geral. É nessa perspectiva que se inter-relacionam o conteúdo semântico, o léxico empregado, a formulação discursiva, a estruturação textual e fatores pragmáticos.

Por tudo isso, é importante considerar os propósitos diferenciados das comunicações especializadas, por vezes, mais informativas, por vezes, mais prescritivas, dependendo de temáticas e objetivos específicos. Nesse âmbito, elementos das teorias do texto e do discurso, tais como a linguística textual propriamente dita, a pragmática, a análise do discurso e a semiótica narrativa greimasiana têm oferecido aportes importantes para identificar a feição e o funcionamento das comunicações especializadas, antes compreendidas como uma língua à parte.

O quadro geral, aqui traçado, sobre a problemática envolvida na caracterização dos textos especializados permite observar que as pesquisas realizadas superaram a concepção de que somente a presença de terminologias confere o caráter especializado às comunicações profissionais. Diferentemente, a compreensão de que a comunicação especializada materializa-se no texto, valendo-se de diversos mecanismos linguísticos, textuais e pragmáticos, abre novas perspectivas de investigação para descrever o texto especializado. Este, a despeito de suas propriedades estruturais específicas, tal como os outros textos, comporta e reflete os mecanismos da linguagem em funcionamento.

Por um paradigma linguístico-textual

O panorama atual dos estudos terminológicos, agora impulsionados pelo enfoque das ciências da linguagem, em que a perspectiva do texto é o vetor privilegiado, expressa uma nova perspectiva analítica e teórica para a Terminologia.

Para além de uma visão linguística, a produtiva renovação da Terminologia está, portanto, relacionada à integração de componentes de textualidade e discursividade no aparato teórico-metodológico que a sustenta.

O avanço da área está muito diretamente relacionado à compreensão de que a investigação sobre os termos não pode desconsiderar seus contextos de ocorrência, nem tampouco ficar restrita à análise formal de componentes morfossintáticos. Agregar o sistêmico e o textual, configurando um paradigma linguístico-textual, é uma complementaridade que vem se revelando necessária para o aprofundamento do conhecimento terminológico.

Nesse contexto, dois aspectos destacam-se na nova trajetória da Terminologia: um referente ao reconhecimento do papel dos cenários comunicativos e, por decorrência, dos textos especializados em toda sua complexidade para a descrição e explicação dos objetos da Terminologia; e outro relacionado ao próprio estudo do texto especializado. A crescente preocupação em identificar as propriedades do texto especializado em toda sua complexidade supera a ideia de que a presença de terminologias é fator suficiente para conferir especificidade à comunicação profissional.

De grande produtividade para as pesquisas terminológicas, a perspectiva textual pode ser situada como uma significativa ruptura epistemológica, um contraponto à concepção de domínio de conhecimento como contexto que confere especificidade terminológica a uma unidade lexical. A visão puramente cognitiva desvincula as projeções do conhecimento de sua materialidade e de seu funcionamento discursivos ao modo de uma dicotomia entre pensamento e linguagem.

Ao acolher o dinamismo e a complexidade dos fatos da linguagem na compreensão de seus objetos, a Terminologia tem evidenciado não apenas um amadurecimento em sua trajetória, como uma definição mais clara de sua identidade como campo de conhecimento que integra as ciências da linguagem. Com efeito, a passagem do domínio, ou seja, do privilégio aos esquemas conceituais das ciências e das técnicas, para o texto e o discurso consiste em um dos mais importantes pontos de reversão dos estudos terminológicos. Agrega-se a isso a constatação de que o percurso teórico que configura a abordagem linguístico-textual oferece condições para que os objetos terminológicos – termo, fraseologia, definição – possam ser apreendidos em toda sua complexidade e não restritos a uma visão lexical.

LEITURAS RECOMENDADAS

BEVILACQUA, C. R. Unidades fraseológicas especializadas: novas perspectivas para sua identificação e tratamento. *Organon*. Porto Alegre: v. 12, nº 26, 1998, p. 119-132.

BORGES, M. F. *Identificação de sintagmas terminológicos em Geociências*. Porto Alegre: UFRGS, 1998. Dissertação de Mestrado (inclui volume de anexos).

CIAPUSCIO, G. E. La terminología desde el punto de vista textual: selección, tratamiento y variación. *Organon*. Porto Alegre: v. 12, n° 26, 1998, p. 43-65.

FINATTO, M. J. B. (2001a) *Definição terminológica: fundamentos teórico-metodológicos para sua descrição e explicação*. Porto Alegre: Instituto de Letras, Universidade Federal do Rio Grande do Sul, 2001. Tese de Doutorado.

KUGUEL, I. Variación terminológica y correferencialidad textual. *Organon*. Porto Alegre: v. 12, n° 26, 1998, p. 91-108.

MACIEL, A. M. B. *Para o reconhecimento da especificidade do termo jurídico*. Porto Alegre: UFRGS, 2001. Tese de Doutorado.

SLODZIAN, M. (2000) L'émergence d'une terminologie textualle et le retour du sens. In: BÉJOINT, H., THOIRON, P. (orgs.). *Le sens en Terminologie*. Lyon: Presses Universitaires de Lyon, 2000.

NOTAS

[1] A respeito dessas duas teorias, ver capítulo "Histórico: realizações e teorias".

[2] Limitamo-nos aqui a referir algumas pesquisas desenvolvidas no âmbito do Projeto TERMISUL (UFRGS, Brasil) e do grupo TERMTEXT (Universidade de Buenos Aires, Argentina).

[3] Outros detalhes na seção "Tratamento de bases textuais em formato digital: alguns tópicos de observação", no capítulo "Linguagem especializada: estudo de texto com apoio informatizado".

[4] Sobre aspectos textuais, ver a seção "Aspectos textuais: uma nova contribuição" do capítulo "Termos técnico-científicos" e a seção "O texto como fonte primeira: macro e microestrutura" do capítulo "Metodologias descritivas: macro e microestrutura do texto".

[5] Mais detalhes a respeito na seção "Fraseologia", do capítulo "Objetos".

[6] Mais detalhes dessa proposição encontra-se na seção "Definição", do capítulo "Objetos".

[7] Outros detalhes sobre a constituição de texto especializado constam do capítulo "Metodologias descritivas".

PARTE 2
TERMINOLOGIA EM APLICAÇÃO

Das aplicações terminológicas

O conjunto dos seis textos desta segunda parte é dedicado ao tema das aplicações da Terminologia. Isso imprime, em alguns momentos, além da apresentação de novos tópicos, uma feição de retomada "mais prática" de assuntos já tratados.

Nessas condições, o primeiro capítulo desta parte enfoca as relações entre Terminologia e Terminografia, privilegiando alguns elementos sobre metodologias para a geração de glossários e dicionários. O segundo diz respeito aos bancos de dados terminológicos, e o terceiro é dedicado à definição terminológica. O quarto capítulo procura integrar recursos terminológicos, agilização da tradução técnico-científica, redação técnica e gestão de informações. Por sua vez, o quinto capítulo traz a descrição de linguagens técnico-científicas, enquanto o último é dedicado às perspectivas para o processamento de textos científicos e técnicos.

Assim organizada, esta segunda parte coloca em relevo o tema das aplicações terminológicas, uma das facetas da Terminologia. Essas aplicações podem ser compreendidas como transposições da teoria em benefício de uma prática ou necessidade, quer sob a forma de uma metodologia de análise, quer sob a forma da criação de um produto como, por exemplo, um glossário ou uma base de dados. E, já que aqui também se parte da teoria para chegar à prática, cabe uma pequena contextualização geral com vistas a situar cada um dos temas que serão abordados.

Em primeiro lugar, a Terminologia aplicada à compilação de termos e à confecção de dicionários tornou-se uma atividade de grande utilidade social, visto que contribui para solucionar problemas de informação e comunicação. Em meio a isso, a elaboração de glossários e dicionários é a aplicação mais evidente e reconhecida da Terminologia, mas não é a única. E, tendo em vista essa condição especial e o papel das obras de referência, a disciplina tem construído suas teorias em grande medida ocupando-se da descrição de terminologias, usualmente compreendidas como repertórios de designações de uma dada área de conhecimento. Assim, à medida que, em Terminologia, um fazer dicionarístico técnico-científico assume valor ímpar, ao mesmo tempo fornece importante material para a reflexão teórica da disciplina.

Em um outro tipo de aplicação, como sabemos, cada vez mais adquire relevância o processamento de informações técnico-científicas, entre as quais estão em destaque, novamente, as terminologias. Em estudos e reconhecimentos dessas terminologias, conta-se hoje com vasto apoio informatizado, o que possibilita não só a confecção de bases de dados com grandes listagens de termos "técnicos", mas também verdadeiras bases de conhecimento sobre uma matéria ou ciência. Nesse contexto, muitos dos instrumentos já disponíveis para o processamento da linguagem natural e para o tratamento informatizado do texto técnico-científico, em suas diferentes modalidades e circunstâncias, mostram-se úteis para quem pesquisa na área da Linguística de *Corpus*, Linguística Textual e também para quem repertoria e organiza terminologias.

No amplo e variado universo da Terminologia em aplicação, é importante conhecer tanto fundamentos teóricos quanto processos de evolução e transformação dos dizeres técnico-científicos. E, para a devida utilização e compreensão de seus produtos e instrumentos, é preciso estar a par das necessidades do trabalho e das suas exigências metodológicas. Isto é, teoria e prática são interdependentes em diferentes sentidos e é impossível desvinculá-las quando se pretende atingir um padrão de qualidade mínimo, seja na produção de glossários, seja na pesquisa sobre uma linguagem especializada determinada.

Em meio à inter-relação necessária, é importante compreender a direção da teoria e a direção da prática. Quando passamos à dimensão das aplicações terminológicas, reiteramos, as linguagens das técnicas e das ciências mostram-se muito além de meras listas de palavras ou conjuntos de rótulos denominativos. A linguagem técnico-científica, naturalmente, não se reduz a um vocabulário mais ou menos marcado, visto que estão envolvidos, em primeiro plano, comunicação, interlocutores, práticas textuais específicas e conjuntos de conhecimento sócio-historicamente construídos.

De outro lado, é importante não perder de vista que apenas uma das várias nuances de aplicação da Terminologia reside na produção de dicionários e glossários, mono ou multilíngues, ou na produção de bases de dados, ainda que as obras de referência sejam os catalisadores de uma relação mais evidente entre a Terminologia teórica, seus usuários, a mediação da comunicação e a tradução científico-técnica.

No quadro das aplicações terminológicas, pelo que se pode observar, é o tradutor o profissional que aparece como um beneficiário mais direto ou evidente. E, neste ponto, é igualmente importante destacar, de antemão, que *Terminologia em aplicação* não é sinônimo de Tradução. Das teorias terminológicas, frisamos, não se pretende, de modo algum, erigir algo semelhante a uma "tradutologia terminológica". Entretanto, é inegável que o tradutor brasileiro, ao ter a oportunidade de formação acadêmica em Terminologia na área de Linguística e Letras, adquire mais e melhores condições de se situar no mercado de trabalho da chamada *tradução técnica* ou *científica*.

Isso acontece porque, além de sua formação usual em línguas, teoria e técnicas de tradução, com o acréscimo das disciplinas que envolvem Terminologia, o profissional de tradução pode perceber a comunicação técnico-científica como um objeto mais amplo, complexo e dotado de uma organização específica. Poderá, assim, compreender tanto termos quanto textos técnico-científicos como objetos diretamente vinculados a apropriações linguísticas particulares e culturalmente diferenciadas.

Uma formação terminológica também permite que o tradutor, bem como o profissional de Letras, reconheçam outras perspectivas de trabalho no terreno da comunicação especializada. Entre várias possibilidades, destacam-se aquelas vinculadas ao reconhecimento e à adequação de processos de terminologização em materiais didáticos, as que envolvem redação técnica e a revisão de textos técnicos e científicos, o ensino de línguas estrangeiras para instrumentalização de leitura de textos científico-técnicos, participação em equipes de elaboração de material instrucional, além da atuação na elaboração de glossários e dicionários especializados. Salienta-se, num plano geral, o seu potencial de atuação como pesquisador dos processos, fenômenos e perfis da comunicação técnica e científica em suas diferentes instâncias e modalidades.

O trabalho interdisciplinar caracteriza a Terminologia em aplicação e os estudos das terminologias. Assim, estudar a linguagem e os textos de uma determinada área de conhecimento, seja uma ciência seja uma tecnologia, sempre envolverá a colaboração de seus especialistas, dos conhecedores de áreas específicas, propiciando contato do linguista com os seus princípios básicos. Nessa via, o trabalho e a pesquisa em Terminologia potencializam uma relação de dupla troca entre especialistas sobre a linguagem e os especialistas das áreas cuja linguagem esteja em foco. Isso pode contribuir para ampliar a competência textual do linguista-terminólogo, do linguista em geral e do tradutor. Noutra via, pode também contribuir para que o especialista de uma dada área de conhecimento possa refletir um pouco mais detidamente sobre a feição e a importância da sua própria linguagem.

Paralelamente, proceder a análises e descrições linguisticamente adequadas das linguagens especializadas, em prazos viáveis, principalmente quando o objetivo é a geração de um glossário, naturalmente exige o auxílio de ferramentas informatizadas, usadas tanto para processamento de textos especializados quanto para a linguagem natural em geral. Nessa área, seja na Linguística Computacional (dedicada aos programas que geram ou interpretam informação linguística) ou na Linguística de *Corpus*[1], o profissional de Letras com formação em Terminologia, sem dúvida, tem, além da sua contribuição, novos espaços de trabalho a explorar.

Com base nessa dinâmica de multidisciplinaridade inerente, podemos dizer que já contamos, no Brasil, com exemplos de aplicações de reconhecimento terminológico na área da Economia[2], da pesquisa agronômica, do Direito Ambiental[3], entre outras tantas. Essas iniciativas, que nos proporcionaram glossários especializados produzidos de acordo com princípios teóricos e metodológicos definidos, também mostram o quanto é importante contar com o diálogo e com a cooperação dos especialistas de uma área de conhecimento para que possamos, como profissionais da língua, nos movimentar razoavelmente por seus textos e por sua linguagem, quer para a tradução, quer para a descrição das peculiaridades de um tipo textual específico ou mesmo para a produção de um pequeno glossário para uso em um escritório doméstico. Assim, ainda que possa ficar restrito à produção de obras de referência, o processo de sua com-

126 Introdução à terminologia

posição já pode ensejar importantes reflexões e até mesmo descrições indiretas da linguagem especializada com que se lida.

Entretanto, no plano das análises linguísticas, considerar apenas a caracterização morfossintática das terminologias seria algo bem limitado. Numa via de análise que seja mais abrangente, a aplicação terminológica que se volta para as metodologias de descrição das linguagens técnico-científicas terá que considerar o maior número de fatores que perpassam a comunicação *in vivo*: aspectos textuais, gramaticais, lexicais extratextuais etc. E, embora haja um forte vínculo entre Terminologia e glossários especializados e dicionários, ressaltamos que num reconhecimento linguístico-terminológico tende-se a ir muito além disso. Afinal, como já dissemos, o texto técnico-científico não se restringe apenas a um vocabulário peculiar.

Numa outra faceta da disciplina Terminologia, vemos que a versão e a tradução "técnicas", cada uma à sua maneira, têm renovado e impulsionado a necessidade de reflexão sobre as diferentes produções textuais das diferentes áreas do saber humano. Os textos técnicos e, sobretudo, os científicos revelam-se como frutos de uma prática societária de linguagem, que identificará um grupo profissional que se expressa de um modo convencionado culturalmente estabelecido. Com base nesses textos e em seus tipos e variantes, ambiente natural das terminologias, são percebidos segmentos profissionais que se escrevem e inscrevem como grupos sociais com o apoio de uma linguagem que os marca. Isso naturalmente tanto interessa à redação e tradução especializadas quanto à Terminologia teórica e aplicada.

Assim, as aplicações terminológicas têm voltado sua atenção aos objetos textuais, acompanhando a evolução natural das teorias de Terminologia que tendem a ultrapassar apenas o estudo de unidades lexicais em isolado. Daí outra justificativa para o binômio teoria-prática em Terminologia: a prática da composição de glossários tem se alimentado da prática e da realidade de usos linguísticos colocadas no texto técnico-científico, ao mesmo tempo em que os usos linguísticos dos textos especializados balizam tanto metodologias quanto rumos da teorização sobre a linguagem especializada e sobre seus fenômenos.

Notas

[1] Estudos linguísticos que tomam por base o reconhecimento de *corpora* textuais e que realizam análises com apoio de ferramentas informatizadas.

[2] Veja Alves (1998), obra produzida no âmbito de pesquisa sobre neologismos terminológicos.

[3] Para mais detalhes, veja Krieger et al. 1998 e a página do Projeto TERMISUL: www.ufrgs.br/termisul

GERAÇÃO DE GLOSSÁRIOS E DICIONÁRIOS ESPECIALIZADOS

O processo de elaboração de um dicionário terminológico, como poucos têm consciência, é longo, geralmente lento e demanda um grande volume de pesquisa textual prévia. Infelizmente, a maioria dos usuários não chega a perceber a gama de fatores e de responsabilidades envolvidos nesse tipo de trabalho. Há, inclusive, quem pense que a composição de um dicionário "técnico" poderia dispensar qualquer reflexão de cunho linguístico. Ao longo do seu processo de composição, será necessária uma contínua revisão da nomenclatura que irá, por fim, constituir o conteúdo principal do produto pretendido. A *nomenclatura* é a lista de verbetes ou de entradas que perfaz o todo do dicionário.

Feita uma caracterização e identificação prévias ou piloto de uma terminologia que se queira enfocar num repertório, questões cruciais se colocam: que critérios seguir para definir o conteúdo de um verbete? Como fixar o conjunto de termos, isto é, o conjunto de unidades lexicais especializadas que encabeça cada um desses verbetes? Como formular os verbetes? As mesmas perguntas podem valer para a composição de uma base de dados terminológicos e também para a composição de dicionários comuns, monolíngues ou bilíngues.

Em meio a essas questões, e mesmo antes de respondê-las, importa saber que a colaboração de especialistas das áreas de conhecimento em foco é indispensável, além de considerar que trabalhos modernos não comportam mais simples atualizações críticas de uma obra antecedente similar. Para produzir uma obra de qualidade, que seja realmente útil ao usuário, é preciso adotar metodologias de pesquisa e de trabalho que sejam coerentes. É preciso, enfim, refletir sobre a natureza do trabalho e buscar apoio e embasamento para as decisões que se tomem. Como já mencionamos, será necessário saber distinguir, primeiro, as peculiaridades de um dicionário terminológico diante das especificidades e objetivos dos dicionários gerais ou comuns de língua. Do mesmo modo, é fundamental ter consciência de que se está em meio a uma situação comunicativa particularizada.

PLANEJAMENTO DO TRABALHO

No que se refere ao planejamento do reconhecimento terminológico com base num conjunto de textos com vistas à produção, por exemplo, de um glossário[1],

128 INTRODUÇÃO À TERMINOLOGIA

é importante observar com antecedência, à semelhança do que indica Castillo (1997), os seguintes pontos:

• as condições e composição da equipe de trabalho que será envolvida;

• a estrutura que terá a obra: macroestrutura; microestrutura; prever se haverá partes introdutórias e anexos;

• o ordenamento das diferentes tarefas de pesquisa, registro e revisão e sua distribuição;

• os modos de armazenagem da informação coletada dos textos-fonte em fichas especiais para esse fim, incluindo-se aqui:

a) concepção e desenho de uma ficha terminológica em formato digital ou em papel;

b) estudo de modelos e tipos de fichas em função de tipos de termos;

c) fixação das características das fichas em função do tipo de trabalho pretendido;

d) métodos de acompanhamento do trabalho de coletas de informações com fichas;

e) definição do sistema de remissões que será usado no glossário ou dicionário.

Além disso, Castillo (op. cit.) recomenda que se pondere previamente sobre:

• características da definição que será apresentada nos verbetes;

• modos de delimitações de termos, prevendo-se a predominância de sintagmas nas terminologias;

• modos de apresentação das equivalências em língua estrangeira;

• necessidade de um espaço para a indicação e qualificação de neologismos ou estrangeirismos;

• campos para registros de polissemia e variação terminológica;

• disponibilidade de ferramentas informatizadas para automação e agilização de tarefas;

• padrões de apresentação de obras semelhantes ou conexas à temática da qual se pretende produzir.

Quanto às etapas de planejamento citadas, a composição de um glossário ou dicionário tende a ter mais sucesso quando não há apenas uma pessoa envolvida, visto que esse tipo de trabalho implica necessariamente em planejamento prévio. A confecção de um "projeto piloto" ou de um "ensaio de glossário" é algo aconselhável, pois permite vivenciar as rotinas de trabalho numa escala menor, além de tornar possível a percepção antecipada de ajustes de tarefas e das funções de cada um. Ademais, sublinhamos, a composição terminográfica é uma atividade que, por natureza e em função das modernas necessidades de comunicação, demanda o envolvimento de um grupo de trabalho, de uma equipe que divida tarefas, responsabilidades e contribuições de um modo organizado.

Reconhecimento terminológico

O reconhecimento terminológico é o primeiro passo concreto na produção de uma obra de referência. Para tanto, é importante perceber que as unidades linguísticas estudadas e registradas num acervo mantêm relações tanto sintagmáticas quanto paradigmáticas com outras unidades, e que, de algum modo, essas relações precisam ser preservadas quando se transpõe um termo de um texto-fonte para um outro ambiente de texto como é o dicionário. Por isso, não só "itens" como também relações de sentido e pertinências devem ser levados em conta no momento do reconhecimento que tem por objetivo a composição de um glossário. Além disso, é fundamental que se pondere se as unidades que se registram como termos são realmente representativas do conhecimento de uma área do saber e se "dizem" algo para o usuário da obra ou para o usuário da base de dados que se organiza.

Do ponto de vista linguístico, como sabemos, uma terminologia aparece, em primeiro lugar, como um conjunto de expressões que se vinculam a conceitos de uma área temática ou de uma especialidade. Essas expressões são identificadas e coletadas em *corpora* terminológicos, isto é, são extraídas de uma base textual representativa, fixada por critérios previamente determinados (Picht, 2001). Portanto, o reconhecimento terminológico, frisamos, está intrinsecamente relacionado ao reconhecimento de textos técnicos ou científicos e à identificação de tipos textuais, sejam eles mais ou menos "especializados" ou mais ou menos terminologicamente densos. Vistas em textos, as expressões de valor terminológico podem ser puramente verbais (palavras ou grupos de palavras), não verbais (símbolos) ou, ainda, de natureza mista (símbolos e palavras).

O foco dos glossários e dicionários tende a incidir mais sobre as expressões nominais, reconhecidas como "termos técnico-científicos". Embora sua função mais comum seja a denominação, isto é, chamar por um nome o objeto de uma realidade (Lérat, 1995, p. 20), é preciso compreender que não só de substantivos é feito o todo de uma terminologia. Entretanto, além de nomes, substantivos em especial, outros elementos são também importantes quando reconhecemos e registramos uma terminologia num sentido amplo: adjetivos, verbos, sintagmas terminológicos e fraseologias. Afinal, são também elementos integrantes de uma linguagem técnico-científica. E, apenas pelo todo do conjunto que formam, é possível perceber tanto recortes temáticos quanto um *modus dicendi* próprio de cada especialidade. Esse "modo de dizer" também faz parte de uma linguagem especializada e, de alguma maneira, deve aparecer tanto como parte de um registro numa base de dados terminológicos quanto em um glossário ou dicionário.

Após um reconhecimento inicial, a publicação de um glossário ou dicionário será a fase final de um processo, geralmente longo, integrado por uma sequência de etapas de pesquisa e de trabalho. A identificação de uma terminologia é um

130 Introdução à terminologia

procedimento complexo e que não se reduz a um conhecimento simplificado de uma lista de unidades lexicais. Vai muito além disso e encaminha-se em direção ao reconhecimento de toda uma linguagem que "acontece" sob um figurino diferenciado, tal como Borges (1998) já havia assinalado.

Preparação inicial

A Terminografia diz respeito à investigação das propriedades linguísticas, conceituais e pragmáticas das unidades terminológicas com vistas à produção de dicionários técnicos e científicos (Bessé et alii, 1998). Passamos, a seguir, à apresentação de alguns fundamentos de Terminografia. De modo geral, se reconhece que seus princípios de base são os seguintes:

a) o produto deve atender às necessidades de um público-alvo, e de preferência deve preencher uma lacuna de informação;

b) todos os dados registrados ou utilizados para a futura geração do produto devem ser plenamente confiáveis[2];

c) a utilização e a ordem dos dados registrados, os signos para sua representação, bem como os símbolos utilizados para identificar dados coletados devem ser convencionais e sistemáticos, preferencialmente, oriundos de padrões de normas nacionais ou internacionais;

d) a ordenação dos dados de informação sobre o termo no interior de uma ficha de registro ou de uma base de dados e também o modo de organização das entradas no dicionário devem ser adaptadas aos objetivos do trabalho e ao uso que será feito das informações.

Além de confiabilidade e organização, a adoção de métodos terminográficos homogêneos é uma necessidade para o bom andamento do trabalho de composição de um dicionário técnico-científico. Isso porque a comunicação moderna, especialmente nos âmbitos especializados, para além da fronteira de um trabalho pontual, cada vez mais exige o intercâmbio de conhecimentos e um fluxo dinâmico de informação. A falta de homogeneidade e sistematicidade na organização e no modo de registrar a informação sobre uma dada terminologia pode impedir a comunicação entre sistemas de diferentes organizações, tanto nacional como internacionalmente.

Quer dizer, quando cada um faz o trabalho de um jeito, sem critérios de organização para a informação coletada, a ausência de um padrão para organização tanto no formato de apresentação quanto no armazenamento de dados em um repertório ou acervo terminológico pode dificultar a transferência de dados entre acervos que tenham sido produzidos por equipes diferentes. Vale o destaque para isso, porque, afinal, além de ser hoje raro um dicionário produzido por uma só pessoa, as trocas de dados são uma necessidade constante quando assistimos a um grande trânsito de informações por via digital.

A partir de acervos de dados terminológicos, que são bases de informações coleta das em textos, são gerados glossários e dicionários. Assim, de um "recorte" de uma mesma base de dados é possível produzir mais de uma obra impressa em papel ou editada em CD-ROM, por exemplo. Essa amplitude de rendimentos implica que a base tenha que ser bem organizada para que possa ser produtiva, bem explorada e permita a geração de diferentes produtos.

LISTAGEM DE TERMOS: DICIONÁRIOS COMUNS E TÉCNICO-CIENTÍFICOS

Baseado num *corpus* especializado, previamente identificado como representativo de uma área investigada, constitui-se a nomenclatura de um dicionário terminológico, também chamado de dicionário "técnico" ou de dicionário técnico-científico. Seus verbetes podem ser organizados por ordem temática e subtemática, refletindo a estruturação conceitual de um domínio concebida pelo especialista da área, ou, então, podem ser apresentados em ordem alfabética o que é mais comum. Outras especificidades do dicionário terminológico são: os termos constituídos por sintagmas são muito mais numerosos que os formados por uma só palavra; a categoria gramatical que predomina no conjunto de entradas é o substantivo; termos antigos em desuso ou obsoletos tendem a ser omitidos. Isto é, privilegia-se a atualidade da linguagem especializada sob exame.

Como é fácil notar, a lista de verbetes de um dicionário comum, diferente do terminológico (dicionário de língua geral – doravante DLG) tende a abarcar a totalidade das palavras que compõem o vocabulário de uma língua, concentrando-se, de maneira especial, nas formas lexicais correntes e usuais na época de sua elaboração. Normalmente organizada em ordem alfabética, a nomenclatura de um DLG compreende desde formas do linguajar popular até palavras eruditas de uso acadêmico. Enfoca-se, assim, tanto o léxico passivo quanto o léxico ativo de uma comunidade linguística, tal que se pretende alcançar o registro de um léxico global. O quadro 4, na página seguinte, ilustra os perfis diferenciados de dicionários terminológicos e DLGs, destacando suas características mais prototípicas.

Quanto ao aspecto formal, como se vê na prática, os verbetes de um DLG, na sua grande maioria, são encabeçados pelo registro de uma única palavra. Além disso, o DLG tende a incluir apenas aquelas expressões compostas por mais de uma palavra que já estejam consolidadas pelo uso, apresentando-as como subverbetes de um verbete principal (Finatto, 1993). Quanto às classes gramaticais das palavras incluídas, todas, sem exceção, estão presentes: artigos, preposições, substantivos, advérbios, adjetivos etc. Temos aqui uma diferença significativa em relação ao dicionário terminológico.

Em tese, somente o vocabulário "técnico" de base de grandes áreas especializadas é incluído em um DLG. Isto é, somente aparecem os termos

Quadro 4
Padrões prototípicos do dicionário de língua geral e do dicionário terminológico

	Dicionário de língua geral	Dicionário terminológico
Usuário	Difuso	Específico
Fontes de coleta	Textos em geral	Textos de especialidade/conhecimento especializado
Método	Semasiológico	Onomasiológico
Seleção de entradas	Pelo critério de frequência	Pelo critério de pertinência do termo para a área de conhecimento/frequência em menor
Verbete	- palavra-entrada: registro da forma canônica - informação de categoria gramatical - informação etimológica - informação morfológica - informações semânticas - informações sociolinguísticas - informações sintagmáticas e para-digmáticas (exemplos, abonações, sinonímia, antonímia) - comentários (linguísticos ou enci-clopédicos) - locuções/informação terminológica - remissivas	- palavra-entrada: registro na forma utilizada - equivalentes em língua estrangeira - informação de categoria gramatical - informação conceitual - fontes contextuais - fontes bibliográficas - gradação sinonímica - remissivas - notas explicativas (linguísticas, técnicas, enciclopédias)
Recursos auxiliares	Código tipográfico, ilustrações	Códigos tipográficos, ilustrações, esquemas, fórmulas, símbolos

especializados mais representativos da área, os mais importantes e os mais divulgados (Walczac, 1991, p. 127; apud Cabré, 1994, p. 593). Na prática, quando examinamos um grande dicionário, vemos que isso não acontece exatamente assim, pois a fronteira entre a língua comum e uma "língua de especialidade" é tênue. De fato, muitos termos de áreas específicas figuram em DLGS. Landau (1993, p. 21), por exemplo, calcula que mais de 40% das entradas do *Webster's New International Dictionary*, segunda edição, são registros de termos científicos e técnicos. Embora não seja possível estimar com precisão a proporção entre o volume de registro do léxico comum e do léxico especializado que figura nos dicionários comuns, pode-se afirmar que tende a 50% (Boulanger; L'Homme, 1991, p. 25).

Em contrapartida, a inclusão de palavras, aparentemente não "técnicas", no repertório de uma área especializada é algo muito discutido por especialistas, lexicólogos e terminólogos. Frequentemente também integra essa discussão a presença ou não, em um dicionário especializado, de unidades cuja especificidade num domínio inventariado não é facilmente percebida. Um exemplo disso seria o registro de um termo como *ácido sulfúrico* em um dicionário de Direito Ambiental, visto que essa substância tem relação com o fenômeno da *chuva ácida*, além de ser um poluente.

Numa discussão sobre o que deve ou não figurar em um dicionário especializado, também pode ser cogitada a exclusão de palavras já definidas em um DLG em função de uma "delimitação" *a priori* entre Lexicografia e Terminologia. Isto é, palavras "comuns" seriam descartadas, considerando-se que um DLG só tenha esse tipo de registro. Essa controvérsia, bastante comum no momento da validação da nomenclatura de um glossário técnico-científico, reflete a dimensão das dificuldades envolvidas no reconhecimento do estatuto terminológico de uma unidade lexical.

Assim, decidir sobre a admissão de um determinado termo em um dicionário especializado, seja ele um substantivo ou sintagma, implica identificar e atestar sua importância terminológica. Esse é um outro ponto fundamental para todo aquele que se ocupa de Terminologia, de Terminografia e das terminologias. Os princípios adotados para sustentar uma decisão de inclusão, ainda que difiram de um campo para outro, não podem ser arbitrários ou variáveis a todo momento. Por essa razão, é produtivo aliar sistematicidade, embasamento teórico-linguístico, familiaridade com a especialidade em foco e prática terminológica.

Em síntese, as características da especialidade ou da ciência que terá sua terminologia repertoriada, as circunstâncias que determinam um recorte de uma realidade e de um vocabulário, o tipo de destinatário da obra e as condições de comunicação são os principais fatores a considerar quando se estabelece a nomenclatura de um dicionário terminológico.

Normas internacionais da produção dicionarística especializada

A Terminografia é atividade eminentemente de aplicação, que tem princípios e métodos próprios. Além de um "fazer", entretanto, há todo um corpo de estudos teóricos subjacentes que buscam a concepção de instrumentos para ordenação e representação de sistemas de informação.

A ISO (*International Standardization Organization*), prestigiada instituição internacional dedicada às normalizações técnicas em geral, no seu Comitê Técnico 37, estabelece algumas diretrizes úteis para a elaboração de glossários e dicionários terminológicos de modo a assegurar padrões mínimos de qualidade. As normas ISO 860 (*Terminology work, harmonization of concepts and terms*), ISO 704 (*Principles and methods of terminology*) e ISO 10241 (*International terminology stands preparation and layout*) funcionam, assim, como orientações para a

134 Introdução à terminologia

implementação de bases de dados terminológicos. Essas normas iso descrevem etapas basilares do trabalho, entre as quais aparece a elaboração de uma *árvore de domínio* como um procedimento prévio recomendado para quem está envolvido com o reconhecimento de uma terminologia.

Sem dúvida, o apoio das recomendações iso tende a tornar o trabalho de reconhecimento de uma terminologia mais organizado. Todavia, é preciso sempre cotejar suas diretrizes com as especificidades da comunicação e da linguagem envolvidas e com os objetivos que se tenha. Obedecer a normas, por si só, não garante o sucesso de um dicionário. De outro lado, bem sabemos, normas fixas tendem a não abarcar algumas especificidades, tais como variação conceitual e denominativa de algumas áreas de conhecimento, principalmente no território de ciências sociais e de ciências humanas, nas quais linguagem cotidiana e especializada parecem se interpenetrar com mais intensidade.

ÁRVORE DE DOMÍNIO

Uma árvore de domínio é um diagrama hierárquico composto por termos-chave de uma especialidade, semelhante a um organograma. Em geral, vemos nas normas iso sobre trabalho terminográfico a recomendação de sua utilização para que se tenha uma aproximação inicial a uma área de conhecimento. É, assim, algo que deve ser feito antes de propriamente começar a composição de um dicionário.

Apresentamos a seguir, a título de ilustração, uma possibilidade de árvore de domínio para Odontologia. Não se trata de uma representação completa ou exata, mas de uma ilustração, entre outras tantas possíveis, sobre como se poderia iniciar uma aproximação a essa área de conhecimento quando se planejasse organizar, por exemplo, um glossário da terminologia do subdomínio "Prótese". Esse tipo de esquema pretende apenas servir como uma organização possível para uma especialidade ou uma ciência, de modo que o pesquisador possa, baseado nele, compreender algumas de suas hierarquias básicas e também situar um recorte do reconhecimento terminológico para seu dicionário. Tomando por base a figura que segue, poderíamos localizar, por exemplo, um dicionário de Implantodontia, percebendo que seus registros estarão relacionados com a terminologia de outras macroáreas e subáreas, além das especificidades e desdobramentos de um determinado ramo, no caso, o de Prótese.

Um diagrama como o da figura em questão é útil na medida em que mostra inter-relações conceituais de uma especialidade, no caso, da Odontologia, e também de outras especialidades conexas. Além disso, contribui para que se tenha uma ideia de "onde" se situaria um trabalho específico de reconhecimento de termos para um glossário ou dicionário. Vemos, nesse caso, que Odontologia

Geral engloba Prótese, que por sua vez contém Implantodontia, que contém Ósseo-integração. Uma hierarquia conceitual, de algum modo, condiciona o reconhecimento dos termos e também a seleção das informações para o glossário.

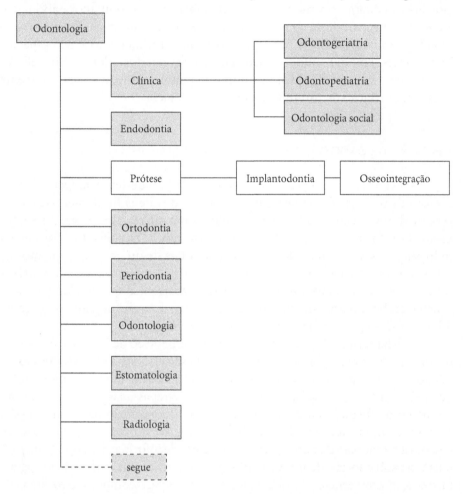

Exemplo de árvore de domínio de Odontologia. Com fundo branco, as subáreas especificamente implicadas em um dicionário de Prótese/Implantodontia.

Além de orientações sobre árvores de domínio, as normas ISO 1087 e ISO 5127 trazem diretrizes gerais ou relativas à composição de glossários e à organização do trabalho de pesquisa terminológica. A norma ISO *May 1995/Draft Practical Guide for Terminology Work*, por exemplo, traz a perspectiva da constituição da conceitualização, descreve metodologias para a elaboração de definições, trata de termos e de seus tipos, além de caracterizar as diferentes fases de um projeto terminológico.

Entre as fases de trabalho citadas nessas normas estão: a) a constituição da equipe de trabalho; b) a delimitação de área ou assunto que se enfoca;

136 Introdução à terminologia

c) a seleção de fontes documentais; d) a metodologia para coleta de dados; e) a identificação de sistemas conceituais; e, f) orientações terminográficas gerais. Essas orientações incluem a fixação da forma e do número de verbetes de um glossário ou dicionário, modos de aproveitamento do computador e abrangem até mesmo um vocabulário básico de termos de Terminologia. Essas são, sem dúvida, elementos básicos para quem organiza um dicionário. São aspectos importantes, embora muitos outros possam ser citados. Além disso, vale salientar que o recurso da árvore de domínio é importante, mas não suficiente para a organização de um repertório terminológico.

Registro de dados: a ficha terminológica

A ficha terminológica é um elemento de grande importância na organização de repertórios de terminologias e um dos itens fundamentais para a geração de um dicionário. Pode ser definida como um registro completo e organizado de informações referentes a um dado termo. Nela, constam informações indispensáveis, tais como a fonte textual de coleta de um termo, segmentos de texto onde esse termo ocorre, seus contextos de uso, informações sobre variantes denominativas, sinônimos, construções recorrentes que o acompanham. A ficha também reúne informações operacionais ao trabalho, tais como nome do responsável pela coleta, datas de registro e revisão etc.

A ficha terminológica constitui, enfim, um núcleo de informações acerca de um termo ou expressão sob estudo. Com base nessa ficha são extraídas todas as informações para a composição de um verbete, mas nem todas as informações que nela constam precisam, necessariamente, ser repassadas para o usuário no momento da formulação do verbete e geração do glossário para a impressão. Temos, assim, um registro de trabalho que deve ser o mais completo possível. Quanto à publicação da obra, gera-se um recorte de informações dessa ficha para o usuário sob a forma de um verbete. Isto é, das fichas extraem-se dados para a formulação dos verbetes do dicionário e também para compor outros itens de informação como subdivisões temáticas, índices, listas, bibliografias etc.

Cada trabalho, em suas especificidades, pode exigir um tipo distinto de ficha terminológica que, em linhas gerais, alimentará tipos diferentes de verbetes e de dicionários. Desse modo, não se pode imaginar que haja um modelo único de ficha que pudesse atender a todas as especificidades dos diferentes trabalhos. O fundamental é que esse documento, a ficha, seja um registro bem planejado com todas as informações coletadas e que essas informações sejam tanto facilmente recuperáveis quanto perfeitamente entendidas por todos os membros da equipe. Por isso, a ficha é tão importante para o andamento do trabalho.

Seja em papel ou sob a forma de um registro informatizado em uma base de dados, a ficha deve permitir que todas as informações que nela aparecem possam ser imediatamente resgatadas ou localizáveis. Apresentamos, a seguir, um exemplo de ficha terminológica informatizada que integra uma base de dados piloto em um teste para um glossário sobre a terminologia de Gestão Ambiental em português e em alemão[3].

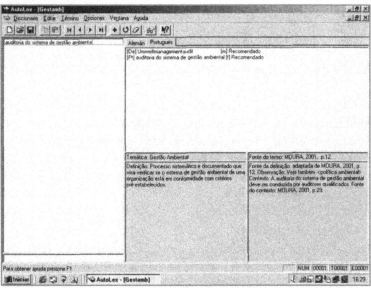

Ficha terminológica em uma base de dados informatizada.

Conforme pode ser visto na imagem, são campos de informação nesta ficha terminológica: *definição, termo* (*auditoria do sistema de gestão ambiental*), *fonte do termo* (Moura, 2001, p. 12), *fonte da definição* (adaptada de Moura, 2001, p. 12), *contexto, temática* (gestão ambiental), *categoria do termo* (recomendado, obsoleto, normalizado, tolerado, neologismo, empréstimo, gíria, siglas, outros), *marcas gramaticais* (masculino, feminino, neutro) e *equivalentes em língua estrangeira* (alemão: De; português: Pt).

A seguir, vemos um exemplo de verbete que poderia ser gerado com as informações dessa mesma ficha.

Quadro 5
Teste de verbete para glossário português-alemão da
terminologia de gestão ambiental

12 auditoria do sistema de gestão ambiental *f* **De** Umweltmanagementaudit *m*
Fonte do termo: Moura, 2001, p. 12.
Definição: Processo sistemático e documentado que visa verificar se o sistema de gestão ambiental de uma organização está em conformidade com critérios preestabelecidos.
Fonte de definição: Adaptada de Moura, 2001, p. 12.
Contexto: A auditoria do sistema de gestão ambiental deve ser conduzida por auditores qualificados
Fonte do Contexto: Moura, 2001, p. 29.
Observação: veja também POLÍTICA AMBIENTAL.

138 Introdução à terminologia

Passamos, então, à apresentação de alguns exemplos práticos de composição de glossários no âmbito das terminologias do Direito. A ideia é ilustrar algumas etapas de um trabalho específico e discutir parâmetros de fixação da sua macroestrutura que é sua estrutura global composta por partes introdutórias, lista de termos e outras listas.

Critérios auxiliares para a composição da nomenclatura

O fato de ser incluído na nomenclatura de um dicionário especializado não significa necessariamente que uma unidade lexical constitua, *stricto sensu*, um item da terminologia repertoriada. Muitos dos termos incluídos apenas se relacionam com o domínio *lato sensu*. Os termos, sejam unidades sígnicas ou lexicais, são vinculados à área temática pelo significado ou pela funcionalidade. No primeiro caso, conforme bem explica Maciel (1996), trata-se de pertinência temática propriamente dita e, no segundo, de pertinência pragmática.

a) Pertinência temática

Em toda a área especializada há um núcleo estável que, indiscutivelmente, carrega os traços distintivos que representam a especificidade da área. São traços nítidos e constantes, que, examinados semanticamente, revelam-se exclusivos em seu conjunto. Esses traços caracterizam a individualidade do domínio, constituindo a pertinência temática, vinculada à carga semântica do domínio.

O reconhecimento da pertinência temática de um termo depende do nível de compreensão alcançado pelo terminólogo ou pesquisador a respeito da estruturação da área de conhecimento em foco. Nesse processo, o papel do especialista é muito importante pois, como explica Sager (1990, p. 14), os sistemas conceituais são entidades fluidas, sofrendo contínuas mudanças em função dos progressos na pesquisa e do desenvolvimento científico e tecnológico.

Pertinência temática, aqui, significa a propriedade de um termo pertencer a uma terminologia *stricto sensu* pelo fato de vincular-se a um conceito que faz parte do campo cognitivo do domínio inventariado. *Crime ambiental* e *dano por poluição ambiental*, por exemplo, são termos cuja pertinência temática à área jurídico-ambiental parece natural. Cobrem conceitos cuja dimensão conceitual é delineada pelos traços característicos da especialidade.

b) Pertinência pragmática

Em um dicionário especializado, ao lado dos termos cuja presença na lista de termos parece ser indiscutível, aparecem outros termos originados de áreas conexas ou, ainda, de áreas que, de alguma maneira, contribuem para a melhor compreensão dos conceitos cobertos pela terminologia especificamente inventariada. Trata-se de termos cuja definição se faz necessária tendo em vista o contexto em que se realiza a comunicação. É nesses casos que se manifesta a pertinência pragmática, conforme explica Maciel (op. cit.).

A pertinência pragmática se expressa na função informativa que tais termos desempenham no dinamismo da comunicação. Consiste no equacionamento de duas categorias de informação: a informação nova, presente na definição do termo, e a informação dada, aquela que corresponde a conceitos alheios à área temática, mas de cuja compreensão pressupõe-se que o usuário necessite.

A pertinência pragmática é, portanto, uma conjugação de diferentes fatores: o objetivo a que se propõe a obra, as circunstâncias em que se efetua a transmissão de conhecimentos, as condições dos interlocutores: autores do dicionário e consulente. Assim, essa pertinência independe da área de especialização, mas deriva basicamente do papel desempenhado pelo próprio dicionário como obra de referência.

De um modo geral, um dicionário terminológico tende a não ser utilizado pelo especialista que domina uma área de conhecimento. Há mais usuários entre um público nela interessado por necessidade profissional, estudantes da especialidade. Esse consulente semiespecialista, ainda que de instrução média ou mesmo superior, não tem condições, por exemplo, de apreender alguns termos de áreas afins que ocorrem nas definições de alguns termos do seu domínio. Ilustrando essa situação, vemos, por exemplo, a presença de uma definição exemplarmente geológica do termo *amianto* em um dicionário jurídico-ambiental. Isso foi feito porque o advogado ambientalista ou o estudante de Direito Ambiental não dominam a terminologia de Geologia que aparece em leis sobre uso do solo. Daí a inclusão.

A pertinência pragmática se manifesta, então, numa espécie de multidisciplinaridade. A definição de conceitos de campos que se entrelaçam e que se associam ou rodeiam uma área temática em foco proporciona ao usuário uma compreensão mais ampla e mais profunda. Em resumo, a pertinência pragmática é a qualidade que permite que um termo "aparentemente alheio" a uma certa subárea faça parte de uma terminologia *lato sensu*.

Nessa situação a natureza constitutiva da área explica a pertinência de um termo como *pasta mecânica* a um dicionário de terminologia de Direito Ambiental (Krieger et alii, 1998).

Quadro 6
Verbete *pasta mecânica* em um Dicionário de Direito Ambiental

PASTA MECÂNICA
LgBR PRN IBDF 302 de 03/07/94, Anexo 1.
Inglês: wood pulp
Espanhol: pasta mecánica
Material obtido por separação das fibras da madeira, mediante tratamento químico e mecânico.
Fonte: LgBR
Sin.: polpa mecânica
Ver também: MADEIRA LAMINADA; PARTÍCULA; CHAPA DE FIBRA; CHAPA DE MADEIRA AGLOMERADA; ESTÉREO.

No quadro 6 vemos que o verbete busca reduzir a implicação do termo na legislação sobre florestas plantadas para processamento de madeira (Portaria IBDF 302 de 1994). Isso justifica a presença do termo num dicionário que não é sobre tecnologias madeireiras, mas sim sobre a terminologia de Direito Ambiental.

Metodologias informatizadas para a produção de dicionários especializados

O uso de *corpora* textuais, isto é, de coleções de textos digitalizados na pesquisa linguística não é mais novidade. Hoje, graças à proliferação dos recursos informatizados, essa prática já alcançou um grau de sofisticação demonstrado na aplicabilidade das ferramentas e na confiabilidade dos resultados. Tanto que temos uma nova ramificação dos estudos linguísticos: a *Linguística de Corpus* (Habert et alii, 1997), da qual já deriva uma outra especialização, a Terminologia Computacional (Bourigault et alii, 1999).

O processamento automático ou semiautomático de uma terminologia e do texto técnico-científico é um ideal desse novo campo de estudos. Para concretizá-lo, a Terminologia Computacional combina os atuais avanços da Terminologia como disciplina, com os progressos alcançados na teoria e na prática do processamento da linguagem natural e as mais recentes realizações da Inteligência Artificial.

De fato, a contribuição da Terminologia Computacional tem tornado viável a investigação das linguagens especializadas em uma grande extensão de documentos, além de agilizar a coleta e seleção de termos em grandes volumes de texto. Nessa direção, temos também a criação de bases de dados que podem ser continuamente gerenciadas e atualizadas, com as quais se facilita a editoração de dicionários e de outros produtos impressos, visto que as bases que os geram costumam estar acopladas a bases de textos.

A Terminografia Computacional proporciona à Terminografia e, no nosso exemplo antes citado, à Terminografia Jurídica, a grande vantagem de permitir a busca das unidades lexicais que podem ter estatuto de termo, ou melhor dito, a busca de *candidatos a termo*, no próprio contexto da comunicação, isto é, nos documentos autênticos. Essa circunstância, favorecida pelo fato de que muitos dos documentos atinentes ao tema jurídico-ambiental já se encontram disponíveis na internet, possibilita a operacionalização dos procedimentos de pesquisa textual e discursiva preliminares à coleta de termos.

Baseando-se num conjunto de textos de origem confiável e que tenham funcionalidade em relação à área jurídica, é possível hoje, com o uso de alguns softwares, gerar uma lista de palavras mais frequentes nesses textos[4]. Descontando-se as palavras gramaticais e observando-se, por exemplo, inicialmente apenas substantivos e sintagmas nominais, já seria possível chegar a uma lista ou a um conjunto prévio de itens candidatos a integrar a nomenclatura de um futuro

GERAÇÃO DE GLOSSÁRIOS E DICIONÁRIOS ESPECIALIZADOS   141

glossário. Salientamos, entretanto, que isso não esgota, sequer remotamente, o trabalho de elaboração de um dicionário, mas já representa um ganho de tempo considerável para um reconhecimento terminológico prévio.

TEXTO ESPECIALIZADO E GLOSSÁRIO DE TERMOS

Feitas essas poucas contextualizações sobre um dicionário da terminologia jurídico-ambiental, imaginemos o seguinte exercício-desafio, qual seja, o de propor um dicionário monolíngue básico de termos de Direito Alfandegário no Mercosul partindo-se de um *corpus* legal. Utilizaremos como primeira referência não percepções subjetivas sobre quais unidades lexicais seriam necessárias ou relevantes dicionarizar, mas seguiríamos apenas, como critério para a coleta de candidatos a entradas, a observação, em um conjunto textual pré-selecionado, de todos os substantivos e de todos os substantivos imediatamente acompanhados de um adjetivo.

Nesse caso, se tivéssemos um texto em formato Word com cerca de quarenta mil palavras e tivéssemos que fazer uma identificação dessas unidades em um tempo bastante exíguo, certamente logo perceberíamos a necessidade de encontrar, pelo computador, um modo ágil de classificação. Nesse ponto da atividade, pode ser útil um software do tipo que marca classes de palavras e que, teoricamente, poderá assinalar, em poucos minutos e de maneira automática, todas as unidades que obedeçam ao critério de coleta inicialmente proposto, isto é, localizar substantivos isolados e substantivos associados a adjetivos. Essa correlação é importante porque o adjetivo tende a funcionar como um especificador e diferenciador de termos de uma área de conhecimento.

Daí à elaboração da lista de entradas do glossário seria apenas um passo, pensaria um aprendiz mais afoito, visto que se pode imaginar a tarefa da listagem acabada. Mas, como já mencionamos, a análise estrutural de um *corpus* textual envolve diferentes estágios e refinamentos de processamento. O trabalho com o texto, desse modo e nessas condições de observação, vincula a pesquisa terminológica, a teoria linguística e a concepção desses instrumentos informatizados que fazem buscas de determinados tipos de palavra em um texto. Como será fácil perceber, mesmo a concepção dessas ferramentas necessariamente já exige conhecimentos gramaticais e linguísticos dos especialistas em computação.

Para que um linguista empreenda uma "varredura" de uma base textual jurídica em boas condições, principalmente quando estão em foco textos de temas complexos, pouco familiares à equipe de trabalho, pode ser útil fazer um levantamento prévio mais abrangente das especificidades morfológicas dos substantivos, adjetivos e verbos utilizados. Por exemplo, no caso do texto legal no âmbito do Mercosul, valeria um reconhecimento prévio das características morfossintáticas de substantivos e adjetivos, principalmente quando se enfocam o espanhol

142 Introdução à terminologia

latino-americano e o português em um trabalho bilíngue. Isso sem contarmos que será preciso descortinar especificidades conceituais de sistemas jurídicos diferentes de país para país, para o que o auxílio do jurista será muito importante.

No sentido de aperfeiçoar o reconhecimento terminológico, para o caso, por exemplo, de termos da Legislação Comercial, seria interessante: a) aproveitar também informações de dicionários terminológicos específicos, capazes de fornecer não só informações conceituais, mas também linguísticas, com segmentos dos textos de ocorrência dos termos[5]; b) utilizar dicionários comuns de língua para a caracterização de especificidades idiomáticas. Isso, sem dúvida, acabaria qualificando o trabalho que sustenta o processamento e a identificação de uma terminologia baseado em um acervo de textos-fonte.

Um exemplo prático

A terminologia jurídica, no caso do Mercosul, por exemplo, nasce nos textos dos tratados, acordos, protocolos, convenções, regulamentos, disposições e normas que regem um mercado comum, sendo idiomas oficiais o português e o espanhol.

Numa visão já ultrapassada, essa terminologia, ao ser compilada, não admitiria a inclusão de sinônimos ou a indicação de variantes, fossem morfológicas, semânticas ou sociológicas, que seriam consideradas "deturpações da linguagem oficial" e obstáculos para um fluxo ideal das informações. A Terminografia, sob esse prisma normativo, seria atividade de cunho documentário que teria por finalidade apenas arranjar catálogos de conceitos fixos para serem acessados com base em rótulos, de preferência organizados em ordem temática e não alfabética, de forma similar a tesauros.

A visão de uma Terminografia mais cognitiva do que linguística, mais preocupada com a recuperação da informação "padronizada" do que com o processo de comunicação *in vivo*, não mais se ajusta hoje ao dinamismo do quadro linguístico-jurídico da conjuntura sociopolítico-cultural do Mercosul. Realmente, um tal enfoque não daria conta da natureza e do propósito comunicacional da linguagem jurídica, pois privilegiaria a feição ontológica e ignoraria o aspecto pragmático-comunicativo de uma linguagem em uso.

Nas novas perspectivas teóricas da Terminologia, os termos identificados da terminologia jurídica no Mercosul devem ser compreendidos como unidades lexicais que partilham de todas as características dos sistemas linguísticos das línguas portuguesa e castelhana envolvidas. As terminologias compõem a competência do falante especialista e é dessa competência linguística que deve alimentar-se a composição de um dicionário terminológico.

Assim, interessará registrar usos que conferem valor terminológico a uma determinada palavra ou expressão, que ativam as virtualidades específicas da sua função no ato comunicacional. O processo de comunicação é o catalisador das marcas de especialização que atribuem valor terminológico, que podem conferir estatuto de termo jurídico a uma palavra da língua comum e que, por isso, passaria a integrar um dicionário encabeçando um verbete.

Enfim, quando se produz um glossário terminológico, vinculando-se o trabalho a uma reflexão sobre uma determinada linguagem especializada, é preciso observar seus usos, especificidades de sentido e especificidades textuais num sentido amplo. Nesta direção, uma análise abrangente de termos, textos e da linguagem especializada deve ir além de uma observação de palavras isoladas. Como já dissemos, os recursos informatizados hoje já podem nos permitir a obtenção de grandes listas de palavras extraídas de textos, mas é preciso buscar o reconhecimento de um todo: é preciso seguir em direção à comunicação que se estabelece por meio do texto especializado para se chegar aos *candidatos a termo* para um dicionário. Esse ponto de vista e esse encaminhamento sustentam o que denominamos de Terminologia Linguístico-textual[6] e tendem a produzir obras que relacionem termos, textos e contextos.

Leituras recomendadas

BERBER SARDINHA, T. *Linguística de corpus*: histórico e problemática. Revista Delta. São Paulo: 2000, v. 16, n. 2, p. 22-39.

CASTILLO, R. A. *¿Cómo hacer un diccionario científico técnico?* Buenos Aires: Memphis, 1997.

FEDOR DE DIEGO, A. *Terminologia teoria e practica*. Universidad Simon Bolivar. Venezuela: Equinoccio, 1995.

HABERT, B., NAZARENKO, A., SALEM, A. *Les linguistiques de corpus*. Paris: Armand Colin,1997.

KRIEGER, M. G. O termo: questionamentos e configurações. In: *TradTerm*, São Paulo: Humanitas, 2001, vol. 7, p. 111-140.

PAVEL, S., NOLET, D. *Manual de terminologia*. Quebéc: Bureau de la traduction, 2002.

RONDEAU, G. *Introduction à la terminologie*. Québec: Gaëtan Morin, 1984.

Notas

[1] Usamos aqui, sem distinção, os termos *glossário* e *dicionário*. Em geral glossários são repertórios de termos que não têm uma pretensão de exaustividade. Dicionários, ao contrário, tendem a abarcar a totalidade de itens que perfazem uma dada terminologia.

[2] É importante tomar muito cuidado com informações colhidas na internet, sugerimos dar preferência à informação de sites institucionais e/ou acadêmicos. O registro cuidadoso da procedência de todas as informações é fundamental

[3] Está sendo mostrado, na imagem, o software Autolex, que cria listagem de termos e acomoda alguns campos de informações sobre esses termos. O Autolex é de autoria

144 Introdução à terminologia

de Francisco Planas Guiral, coordenador da seção de Terminologia do Centro de Traduções e Terminologia Especializada (CTTE) do governo de Cuba. Maiores informações sobre comercialização pelo e-mail: ctct@ceniai.cu. Há outros softwares mais sofisticados com maiores possibilidades de organização da informação; entre eles, o Trados Multiterm.

[4] Outros exemplos na seção "Tratamento de bases textuais em formato digital: alguns tópicos de observação", do capítulo "Linguagem especializada: estudo de texto com apoio informatizado".

[5] Um ótimo exemplo desse tipo de dicionário, em português, que registra contextos de ocorrência de termos na área da Economia, é o *Glossário de Termos Neológicos da Economia*, vide Alves (1998).

[6] Mais detalhes a respeito de um enfoque textual no capítulo "Terminologia e texto".

Geração de bancos de dados

A Terminografia diz respeito ao estudo dos termos de uma dada linguagem com vistas à elaboração de dicionários, glossários e outros repertórios. Assim, essa atitude, além de um objeto concreto que é produzido, envolve uma reflexão que lhe é própria, a reflexão sobre um fazer dicionarístico, que também é compartilhada com a Terminologia como disciplina teórica.

Nos dias atuais, de crescente refinamento e especialização das atividades humanas, aparecem os bancos de dados informatizados como substitutivos dos acervos de informações coletadas para a geração de glossários e dicionários especializados. E, desse modo, um banco de dados terminológico apresenta-se como um sistema de informações interconectadas. Armazenado em computador, visa a atender necessidades de consulta de um grupo definido de usuários. Esse sistema é composto por uma base principal, que contém uma lista de termos, e por um número variável de bases secundárias, de caráter suplementar, associadas à base principal.

Base principal e base secundária estão conectadas por meio de informações comuns que contenham. A conexão entre bases só é possível porque cada uma das bases secundárias tem um tipo de informação que complementa algum aspecto da base principal, aquela que usualmente contém uma lista de termos. De um modo didático, podemos imaginar que cada uma das bases de um sistema corresponderia a um tipo de "fichário" interconectado a um outro. A vinculação é feita, assim, por meio de algum item de informação que "atravessa" todas as fichas de todos os fichários.

Por exemplo, se na base *Lista de termos* tivermos, em cada ficha, a menção de uma fonte bibliográfica que serviu para a coleta de um termo X, essa fonte citada seria o elo entre a base *Lista de termos* e a base *Lista de fontes bibliográficas*. A propriedade de conectividade é o que ilustramos pelo esquema a seguir.

A base secundária é, nesse esquema, a parte do sistema de informação em que ficam armazenados todos os dados sobre fontes bibliográficas de consulta. Podemos ver, ainda, a base terciária, que é formada por uma "coleção" de textos-fonte. O esquema ilustra, assim, apenas a arquitetura mais elementar de um banco de dados como um conjunto maior ou menor de sub-bases inter-relacionadas por itens ou campos de informação. Há bancos com múltiplas bases e múltiplos sistemas de conexão.

Um banco de dados elementar como o do nosso esquema exige poucos recursos informatizados. Pode-se utilizar apenas editores de texto e programas do tipo Access. No caso do uso de softwares específicos para gestão de bancos de dados, será importante contar com o auxílio de um técnico em informática.

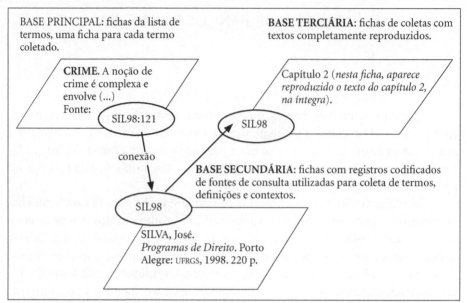

Conexão de bases em um banco de dados por meio de um vínculo de informação. Neste caso, o código bibliográfico SIL98 é vinculador entre três bases do sistema.

Bancos de dados e dicionários eletrônicos

Em que pese uma esquematização didática, a diferença estrutural entre um banco de dados terminológico e um dicionário eletrônico, muitas vezes, parece ser pouco nítida. Conforme Maciel (1996), um dicionário eletrônico pode abarcar um pequeno banco de dados terminológicos, incluir uma enciclopédia e outras ferramentas menores, tais como corretores ortográficos, tesauros e glossários a ele acoplados, tal como aqueles que já vêm embutidos em processadores de texto do tipo Word, por exemplo.

Entretanto, seguindo Tebé (1996, p. 65) apontamos três características principais que particularizam a arquitetura de um banco de dados terminológicos: a) a integração; b) a estruturação; e c) o grande volume de informação. Esses três aspectos, detalhados a seguir, diferenciam um banco de dados terminológicos, doravante (BDT), de dicionários eletrônicos e de outras aplicações similares de informática utilizadas para repertoriar terminologias e conter dados coletados de textos técnico-científicos.

Em primeiro lugar, a integração consiste na incorporação, em um suporte único, de informações terminológicas variadas, procedentes de diversas fontes, de modo que possam ser acessadas por uma mesma linguagem de consulta. Essas fontes ou bases são geralmente vocabulários, glossários, dicionários e, ainda, podem ser registros escritos de consultas feitas a especialistas, ou resultados de pesquisa bibliográfica. A integração se concretiza por uma conexão tal como a exemplificada no esquema anterior.

Em segundo lugar, a estruturação da base realiza-se primordialmente pelos itens que perfazem a ficha terminológica[1]. Essa ficha, ao registrar um termo X, contém seus respectivos dados colocados sistematicamente em campos definidos. Exemplos de campo de ficha seriam *termo*, *definição* ou *contexto* etc. Cada campo de informação pode ser interrogado de vários pontos da base, tal que seria possível visualizar apenas uma lista de definições, uma lista de termos ou uma lista de fontes bibliográficas utilizadas para a elaboração de definições. Forma-se, assim, uma verdadeira rede de informações constituída por meio de links.

Por último, o volume de termos registrados é também algo importante quando se caracteriza um BDT. Embora já se admita falar em "minibancos" individuais ou temáticos, rigorosamente falando, um BDT é um repertório considerável de informações sobre termos e textos de várias áreas de conhecimento, sem concentrar-se em apenas uma. Assim, por exemplo, seria possível encontrar informações, em um mesmo banco, sobre Medicina Legal, Segurança do Trabalho e Química Inorgânica.

De modo distinto, dicionários eletrônicos e "minibancos" ou bases de dados concentram-se em temas ou áreas determinadas e podem até ser considerados derivações de bancos de dados. Mas, em um dicionário eletrônico, a abrangência é muito mais reduzida e os respectivos procedimentos de acesso e busca disponibilizados são bem mais modestos ou limitados. Assim, diferenciam-se os dicionários eletrônicos dos bancos também pelo fato de não serem tão dinâmicos: enquanto um BDT deve sempre ser atualizado, com inserções e acréscimos, de acordo com o processo evolutivo das línguas e das ciências, em um dicionário eletrônico o processo de atualização é mais lento, exigindo normalmente uma nova edição completa da obra.

Portanto, dicionários eletrônicos, ainda que sejam periodicamente revistos e/ou aumentados, geralmente são obras de referência mais estáticas. Vale registrar, a propósito, que alguns editores, para atender a uma demanda de mercado, infelizmente apenas digitalizam dicionários impressos antigos sem um trabalho real de revisão. Idênticos em conteúdo a uma versão em papel, oferecem apenas novas opções de busca e consulta de um mesmo texto. Isto é, muda-se o formato, mas o conteúdo antigo permanece intacto.

Feitas essas rápidas diferenciações sobre bancos de dados e dicionários eletrônicos, passamos ao tema das bases de dados, tal como enfocado pelos estudiosos da Terminologia. Vale já explicar que, com frequência, o termo "base de dados" é empregado como um equivalente de banco de dados de pequeno porte.

Dicionários on-line na internet

Em 1970, Wüster, pioneiro da Terminologia como disciplina e área de estudos, já estava convencido de que, em breve, surgiriam computadores que exibiriam catálogos com todos os termos técnico-científicos conhecidos. Esses

148 Introdução à terminologia

novos computadores, como imaginava na época, tornariam a informação terminológica globalmente acessível em "dicionários instantâneos", enquanto o usuário poderia acessá-los estando em qualquer parte do mundo (Nuopponen, 1996, p. 26. apud Maciel, 1996).

A antevisão futurista daquela época é hoje plena realidade no âmbito da internet. Os computadores que Wüster imaginava são os grandes bancos de dados terminológicos e as centenas de dicionários on-line que se multiplicam, oferecendo ao tradutor, aos pesquisadores e também aos leigos curiosos sobre temas específicos, toda uma gama de recursos que, pouco tempo atrás, eram privilégio ou sonho de poucos.

O desenvolvimento vertiginoso das ciências e das tecnologias tem condicionado o desenvolvimento igualmente espantoso da linguagem científica e das técnicas que veiculam novas informações. Nesse ritmo, apenas o apoio das fontes de consulta tradicionais, impressas em papel, não atende mais, isoladamente, às necessidades linguísticas e culturais do tradutor ou de outros profissionais que lidam com a linguagem como mediadores de comunicação científico-técnica. Como bem sabemos, no mesmo ritmo e velocidade que as terminologias se enriquecem, os glossários e dicionários tradicionais se empobrecem. Um exemplo típico de desatualização contínua, em função de uma peculiar velocidade de transformação de conhecimentos, são os dicionários de Ciência da Computação. Isso, sem dúvida, demanda um novo tipo de apoio para esses profissionais.

Nesse contexto, a implementação de bases de dados terminológicos torna-se uma nova faceta da Terminologia aplicada, salientando-se que o perfil do usuário das informações estendeu-se para outros segmentos profissionais, além de tradutores ou documentalistas. Essas bases, como veremos, acabam constituindo verdadeiros bancos de dados multifacetados, motivo pelo qual sua constituição demanda a atuação tanto de estudiosos de Linguística quanto de Informática. Há aqui, como é fácil concluir, um novo nicho de atuação, um novo mercado de trabalho para o profissional de texto, de Letras e de Terminologia que se associará aos especialistas em Informática e em Engenharia do Conhecimento. Mas, antes de delinearmos as condições desse futuro próximo, vale a pena voltar ao passado e historiar um pouco a evolução dos BDTS.

Banco de dados: histórico

Na década de 1970, surgiram os primeiros bancos de dados terminológicos. As novas tecnologias já tornavam viável não só o tratamento automatizado de termos técnico-científicos, como também seu armazenamento em quantidades nunca antes imaginadas, além de possibilitar uma difusão rápida e eficiente da informação. Com base em bancos pioneiros, surgiram iniciativas como o *Eurodicautom*, o Banco de Dados Terminológicos da União Europeia em Luxemburgo, o BTQ, *Banque de Terminologie du Québec*, o NORMATERM da *Association Française de Normalisation* (AFNOR), Paris, o banco TERMIUM, da Secretaria do Estado, Ottawa, e o TEAM, *Terminologie Erfassungs und Auswertungs-Methode*, da empresa Siemens, em Munique. Também são exemplos de pioneirismo o banco terminológico TERMDOK, do *Swedish Centre of Technical Terminology*, em Estocolmo, o LEXIS, *Lexicographical Information System Bundessprachenamt*; além do DANTERM, *Danish Terminological Data Bank*.

O primeiro BDT institucional de que se tem notícia originou-se de um projeto, iniciado em 1963 em Luxemburgo, que pretendia estruturar um grande dicionário automatizado, chamando *Dicautom*, para atender aos tradutores da comunidade europeia que lidavam com textos vinculados a temas do carvão e do aço. O projeto não chegou a ser concretizado, mas, dez anos mais tarde, foi retomado. Gerou-se, então, o *Eurodicautom*, atual banco de dados terminológicos da União Europeia (veja http://www.eurodic.ip.lv). Esse banco pôde ser concretizado com o apoio de uma nova comunidade econômica, constituída por povos de idiomas diferentes, e que carecia de condições para que profissionais especializados pudessem traduzir e verter textos e terminologias diversas usando informações disponíveis on-line.

Dessa necessidade, foi obtido um banco multidisciplinar, que reuniu os recursos da Informática, os resultados da pesquisa textual terminológica e a experiência da prática em tradução técnico-científica. O *Eurodicautom*, assim, nasceu para atender às necessidades do tradutor europeu. Isso é um fato muito significativo. Em primeiro lugar, porque mostra que todas as línguas da União Europeia estão em igualdade de condições. Em segundo lugar, porque atesta que o segmento profissional dos tradutores, na comunidade europeia, está plenamente reconhecido. Isso mostra que algumas instituições governamentais compreendem a importância de prover as necessidades mais básicas dos tradutores, tais como dicionários e glossários. No Brasil, infelizmente, ainda estamos muito longe disso.

As ilustrações a seguir mostram algumas das telas de consulta do *Eurodicautom*. Vale sublinhar, entretanto, que a atualização de seus conteúdos e *layout* de telas têm sido constantes. Além disso, destacamos que este não é apenas mais um dicionário eletrônico on-line. Na verdade, é um grande banco de dados, praticamente um hiperdicionário, pois vincula bases de termos, contextos, textos-fonte originais e traduzidos e outras bases secundárias. Oferece também estatísticas de uso de termos e de construções linguísticas por áreas de conhecimento específicas e em todas as áreas de conhecimento abarcadas pelo banco, sempre vinculadas a textos autênticos que já foram objeto de tradução ou versão.

Tela de consulta do bdt *Eurodicautom* com exemplo de busca de informações para o termo *acid* em inglês e em português, incluem-se informações morfológicas.

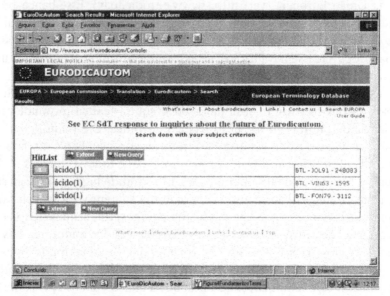

Eurodicautom: incidência do termo *ácido* em documento-fonte e de seus equivalentes em dinamarquês, espanhol, francês, alemão, italiano, português e finlandês.

BANCOS DE DADOS: EVOLUÇÃO

Depois do *Eurodicautom*, um dos grandes marcos da história dos BDTs, foram criados outros bancos de grande porte. Alguns surgiram para atender a tradutores como bancos informativos; outros visavam a normalização e outros a descrição de terminologias. Assim, no Canadá, na Universidade de Montreal, foi iniciado o BTUM, Banco Terminológico da Universidade de Montreal – e, em Québec, no *Office de la langue française*, constituído o BTQ, Banco Terminológico do Québec.

O primeiro, de cunho nitidamente acadêmico desde sua origem, foi depois adquirido pela Secretaria de Estado do governo canadense. Levado para Ottawa, transformou-se em um banco terminológico oficial recomendado, o banco TERMIUM, alimentado pela Secretaria de Tradução e Direção Geral de Terminologia e Serviços Linguísticos do Canadá. Como tal, desempenha uma função importante na política linguística do país, pois suas informações servem à mediação e manutenção do bilinguismo. Visando à normalização das terminologias oficiais, seu papel é garantir a autonomia e igualdade de expressão das duas línguas, francês e inglês. Do mesmo modo, no planejamento linguístico da Província do Québec, o BTQ representa um organismo para defesa e conservação da autonomia da língua francesa do Canadá frente ao uso do inglês. O BTQ tem um caráter que é simultaneamente normativo e descritivo, além de servir como um repertório de diversas terminologias nas duas línguas oficiais do país. Quer dizer, além de um padrão oficial recomendado registram-se também variações de uso e denominação de termos.

Na Europa também surgiram bancos de dados terminológicos, mantidos por governos e organismos que reconheceram sua instrumentalidade para o desenvolvimento de políticas linguísticas. Na Alemanha foi criado, em 1966, o LEXIS, sustentado pelo grupo de tradutores oficiais especializados do Estado, o *Bundessprachenamt*. Na França, foi implantado o NORMATERM, banco de termos normalizados, criado pela AFNOR – *Association Française de Normalisation*. É um banco bilíngue, francês-inglês, como uma orientação fortemente prescritiva.

O primeiro BDT privado de grande porte, e talvez o maior até hoje, é o TEAM, da empresa Siemens, em Munique, surgido no final da década de 1960. TEAM é a abreviatura de *Terminologie Erfassungs und Auswertungs Methode*; esse banco é especialmente dedicado à terminologia associada a produtos comercializados e serviços prestados pela empresa Siemens. Mais recentemente, mesmo que em menor escala, em 1979, temos o *Nokia Termbank*, da empresa finlandesa de comunicações Nokia. Além de atender às necessidades de informação do seu pessoal interno, também se volta para o uso do consumidor que acessa o website da empresa. Isso imprime um caráter diferenciado, por exemplo, às informações oferecidas sob a forma de um glossário, visto que há um fator de marketing empresarial envolvido. Na interface de consulta on-line, o usuário não especialista tem acesso a informações sobre a terminologia vinculada à telefonia e a todos os serviços prestados pela empresa.

Em geral, os primeiros bancos terminológicos institucionais foram criados em função de necessidades de tradução em áreas administrativas de países bilíngues, no convívio internacional de comunidades multilíngues, especialmente na área das transações financeiras e jurídicas dos grandes empreendimentos de trocas comerciais e tecnológicas. Outros bancos, surgidos mais tarde, especialmente os privados, são fruto da tecnologia da Informática que tornou mais econômica sua implementação. Na década de 1980, nessa esteira, surgiram iniciativas com vistas a criar condições para obtenção de bancos terminológicos de idiomas

152   Introdução à terminologia

minoritários, vinculados a estudos linguísticos específicos e a políticas de valorização de línguas. É o caso do banco de terminologia da Catalunha, *Termcat*,
plenamente constituído e em contínua expansão atual. Trata-se de um banco que
tem grande produtividade em termos de glossários, dicionários e outros repertórios nas mais variadas áreas do conhecimento. De outro lado, o banco basco,
Euskalterm, ainda se encontra em uma fase inicial.

Como a Informática cada vez mais se populariza e seus produtos tendem a ser simplificados, já não se concebe mais a criação de enormes bancos
autossuficientes ou isolados. A tecnologia de redes, a realidade da internet e a
familiaridade com que se trilham caminhos antes reservados a poucos especialistas indicam a maior conveniência de se constituir apenas redes de pequenos
acervos interligados em vez de grandes bancos. É o caso do BDT-RITERM, banco
de dados terminológicos da Rede Ibero-americana de Terminologia, que será
constituído por um sistema de módulos.

Bancos de dados e geração de dicionários especializados

Conforme já explicou Fedor de Diego (1995), a composição terminográfica
com apoio computadorizado também tem seus princípios básicos. O fundamental
é que o resultado do trabalho terminológico possa ser intercambiável com o de
outros centros de processamento terminológico, de modo que:

a) os formatos e registros sobre os signos terminológicos devem ser com-
patíveis entre si;

b) somente devem ser registrados dados com um alto grau de confiabilidade.

Segundo a autora (op. cit.), embora muitos sejam de forma mista, destacam-
se essencialmente dois grandes tipos de bancos de dados terminológicos:

• BDTs de orientação linguística; e

• BDTs sistemáticos.

Os BDTs de orientação linguística são aqueles que enfatizam os aspectos
linguísticos (fraseologias, construções recentes, morfologia e derivação de unidades, formas verbais etc.), já que seus usuários potenciais são tradutores e pessoas
envolvidas com políticas linguísticas ou normatizações. Nesses acervos, os textos
têm um papel muito importante.

Os sistemáticos, por sua vez, conforme a autora, registram os componentes
de sistemas conceituais de acordo com uma hierarquia. Nesses bancos, a ênfase
maior não é para a linguagem, mas se privilegia a descrição do conhecimento; a
linguagem tem menor destaque. Aqui são representadas, fundamentalmente, as
ontologias das diferentes áreas de conhecimento.

O intercâmbio de dados rápido e eficiente entre os diferentes bancos ou
bases de dados de terminologia é uma necessidade atual. A norma alemã DIN 2341

(1980), por exemplo, já trazia diretrizes sobre o "Formato para o intercâmbio de dados terminológicos e lexicográficos". E, desde 1987, existe também a norma ISO 6156 com o mesmo conteúdo. Isto é, formatos de armazenagem e de processamento da informação não são temas recentes, havendo a necessidade dos sistemas terem condições de se intercomunicar. Os organismos e instituições nacionais de normas técnicas já se preocupam com esse assunto há um bom tempo, mesmo antes que ouvíssemos falar em globalização.

Rondeau (1984), de outro lado, já classificava os BDTs em função de seis elementos: a) objetivos; b) clientela; c) atitude linguística[2] do banco; d) natureza dos dados; e) organização dos dados; f) modo de difusão. Ainda que a tecnologia da Informática tenha avançado muito e ofereça novos recursos, essa classificação, reproduzida no quadro a seguir, continua válida quando se quer estudar os diferentes tipos de BDTs em operação. É também muito útil como um modo de referência para o caso de se projetar um banco de porte pequeno ou grande.

Quadro 7
Classificação de bancos de dados terminológicos segundo Rondeau (1984)

Objetivos Produção de textos: tradução e redação, divulgação das terminologias, normalização ou harmonização das terminologias.
Clientela Terminólogos, terminógrafos, lexicógrafos; redatores técnicos; especialistas, cientistas e técnicos; professores de línguas instrumentais; grande público.
Atitude linguística a) normativa (só traz dados normalizados) b) informativa (contém dados não normalizados com julgamento de valor) c) descritiva (os dados incluídos são normalizados ou não; não há julgamento de valor sobre usos).
Natureza dos dados Terminológicos; documentários; relativos à tradução; gramaticais; enciclopédicos; lexicais de língua comum; visuais (esquemas, diagramas; imagens).
Organização dos dados Baseada em documentos; baseada em termos quanto às línguas: ligação entre pares de línguas ou entre várias línguas.
Acesso Terminal direto; on-line; a) por linha telefônica; b) fax; c) disco compacto (CD)

As formas de acesso aos BDTs também evoluíram. Os primeiros bancos só podiam ser interrogados com a conexão de terminais diretos, mediante senhas e por intermédio de profissionais que sabiam lidar com uma complicada linguagem de máquina. Hoje qualquer pessoa pode consultar, por exemplo, o *Eurodicautom* diretamente de um site na internet, no conforto do computador de sua casa.

Arquitetura de um banco de dados terminológicos

A fixação da estrutura básica de um BDT dependerá de fatores de várias ordens: técnicos, econômicos, humanos, entre outros. Os primeiros bancos de dados foram estruturados de acordo com recursos disponíveis na época e conforme o estado de desenvolvimento dos estudos de Terminologia num estágio determinado. Além disso, visavam a um usuário cujas necessidades parecem hoje um pouco distintas das do usuário atual. Por isso, hoje em dia as equipes responsáveis por grandes bancos de dados mais antigos estão procurando reformar suas estruturas gerais, buscando harmonizar tanto avanços tecnológicos quanto atender às novas exigências de um público cada vez mais especializado e multifacetado, com demanda por informações generalizadas em todas as áreas de conhecimento.

Atualmente, quando se pensa em projetar um novo BDT, tendo-se em vista o progresso constante da Informática, apresentam-se ao menos duas possibilidades. A primeira é adotar uma estrutura de suporte já pré-fabricada, oferecida comercialmente por empresas ou por instituições acadêmicas. A segunda seria estruturar um BDT "sob medida", desenvolvendo também o software respectivo para seu suporte. Ambas opções trazem v÷antagens e desvantagens, de modo que não há "fórmulas mágicas" nessa área.

Seja qual for a escolha, é preciso conhecer um pouco dos softwares gerenciadores e dos BDTs já existentes, pequenos ou grandes, para se poder decidir. De outro lado, vale considerar que cada BDT tem um objetivo específico em função da sua clientela e também de acordo com o potencial humano, técnico e financeiro disponível. Salientamos, assim, que nenhum "pacote" pronto é 100% funcional, pois adaptações e mudanças sempre são necessárias. De outro lado, começar do zero, nessa área, é arriscado sob todos os pontos de vista. Portanto, antes de mais nada, para bem estruturar um BDT, é preciso ter em mente o que se pode concretamente realizar. Pequeno ou grande, banco ou base de dados, há a dependência de um elemento fundamental: a boa organização da ficha terminológica, sobre o que tratamos a seguir.

Ficha terminológica: peça essencial

A ficha terminológica, numa base ou banco de dados informatizados, é um registro organizado e multidimensional de um conjunto de informações sobre um dado termo. Esse termo tem ocorrência em um *corpus* textual, de onde é coletado. Faz-se assim, nessa ficha, um verdadeiro dossiê sobre o termo, registrando-se todas as informações que sejam úteis, quer para a equipe de trabalho, quer para o futuro usuário dessas informações.

Apesar da diversidade decorrente das exigências de cada situação, há um consenso sobre quais seriam as informações essenciais que cada registro de termo, isto é, que cada ficha deverá conter. Uma vez determinados a natureza, o objetivo do banco ou base e a sua estrutura, isto é, se o banco será basicamente informativo, descritivo ou prescritivo[3], é preciso tomar decisões fundamentais em relação a outras características e ao tipo de informações que serão registradas nessa ficha.

Como já dissemos, a unidade básica de um banco de dados é o registro. Em um BDT, o registro corresponde à ficha terminológica. Essa ficha se compõe de campos, interligados ou não, contendo informações relevantes para a identificação de um termo, seus usos e valores de significação. O desenho da ficha terminológica pode variar, mas são indispensáveis os campos descritos a seguir:

• **Entrada:** o termo propriamente dito (composto de uma ou mais palavras; sigla; abreviatura; símbolo): denominação que identifica o conceito focalizado em cada registro.

• **Informações pertinentes ao conceito:** área ou subárea temática, definição; remissivas (conceitos relacionados hiperônimos, hipônimos); notas relativas ao conceito.

• **Informações relativas à denominação:** categoria gramatical, sinônimos, abreviaturas, formas truncadas, fraseologia, informações morfológicas.

• **Informações relativas a aspectos pragmáticos ou de uso:** grau de confiabilidade[4] do termo, vigência, registro, variantes.

• **Equivalentes em outras línguas:** No caso de BDT bi ou multilíngue, todos os campos deverão ser repetidos compondo um outro registro que será ligado a este.

• **Fontes:** todas as informações dadas devem ser abonadas pelas referências bibliográficas ou pessoais das fontes consultadas; todas as fontes textuais devem ser registradas e devidamente codificadas em fichas específicas.

• **Dados de gestão da ficha:** data de entrada, datas de revisão e rubrica do revisor, rubrica do redator.

Essas informações precisam estar organizadas na base de dados de forma que se possa recuperá-las de modo rápido e coerente. Seja um grande BDT, uma base ou um "minibanco do tradutor", a ficha aparece como um elemento que associa termos selecionados a uma coleção de textos técnico-científicos, que inclusive podem estar digitalizados e arquivados na própria base. A ficha terminológica, assim, ao vincular termos e textos, deve trazer todas as informações necessárias para o uso, tradução e compreensão de um determinado termo ou expressão.

Minibancos domésticos para tradutores

A ideia de "minibancos" de dados terminológicos, funcionando em microcomputadores pessoais, na casa ou escritório do tradutor, é do início dos anos 80. Nos anos 90, com máquinas aperfeiçoadas e capacidade de armazenamento ampliada e a limitação de espaço de armazenamento contornada (Claus, Baudot, 1985, p. 377), a ideia tornou-se, enfim, realidade. A proliferação de aplicativos e utilitários no mercado mundial também conferiu aos computadores pessoais capacidades anteriormente inimagináveis.

Hoje, a presença do computador na escrivaninha da casa do tradutor, conectado à internet, é a condição normal de trabalho do profissional. Dicionários informatizados, programas de processamento de texto, com os mais variados e potentes recursos, permitem a organização de verdadeiras bases de dados que o profissional consultará e alimentará na sua rotina de trabalho. A interligação do equipamento individual com outros minibancos, a comunicação com grandes bancos de dados internacionais, redes de terminologia e de documentação via internet fazem com que o tradutor já não seja um profissional tão solitário.

A tecnologia desenvolve ferramentas que estão ao alcance de todos sem exigir conhecimentos profundos ou estudos avançados de computação. Assim, uma mera familiarização com o uso do computador abre ao tradutor as portas de um mundo novo. O equipamento mínimo do seu escritório de trabalho compreende hoje, além do microcomputador, periféricos, como impressora, *scanner* e *modem*, e os aplicativos, que são os softwares ou programas de tratamento de texto e de gerenciamento de bases de dados terminológicos, que possibilitam organizar verdadeiros "arquivos-dicionários" e até memórias de tradução.

Hoje com o auxílio de um programa gerenciador de banco de dados tal como o software Autolex[5] ou o Trados Multiterm[6] é possível montar, organizar e gerenciar um minibanco terminológico personalizado sem muitas dificuldades. Existem programas especiais para montagem de bancos de dados terminológicos que oferecem grande maleabilidade de operacionalização, mas que são ou mais caros ou mais difíceis de manejar. Os dicionários em CD-ROM também já são de fácil aquisição e, uma vez instalados no computador, podem ser acessados de uma janela de texto.

De qualquer modo, mesmo em escala doméstica, a organização da informação, sua seleção, confiabilidade e acesso rápido são itens indispensáveis. De nada adianta dispor de recursos, simples ou sofisticados, e não saber utilizá-los adequadamente.

Novas perspectivas

Computadores tornaram-se novos eletrodomésticos. As diferentes ferramentas especializadas, a eles acopladas, permitem a criação e gerenciamento de um pequeno BDT facilmente acessado pelo usuário. De outro lado, como é evidente, um BDT de grande porte aparece como um empreendimento muito oneroso e a sua manutenção não pode ser obra de projetos locais sem infraestrutura. Em meio aos extremos da pequena base ao grande banco, pequenas bases de dados aparecem como alternativas mais viáveis, principalmente se forem vinculadas entre si.

Nessa direção, cada vez mais há adeptos da ideia de uma rede de BDTs, formada por diversos pequenos módulos que podem inclusive estar em países diferentes. Essas redes dispensam estruturas como as dos bancos de grande porte. Cada módulo de rede tomaria a seu cargo uma ou mais subáreas temáticas. Dessa maneira, torna-se possível um acervo considerável de termos. Naturalmente, é necessário haver um consenso quanto à estruturação desses módulos e principalmente quanto à natureza e ao formato dos registros a serem armazenados. Isso, por mais paradoxal que possa parecer, não é uma tarefa fácil. É sabido que há muitos anos organismos oficiais propõem e discutem um formato mínimo comum para o intercâmbio de dados entre os diferentes BDTs. Cada um tem apresentado o seu como melhor e espera que o outro se adapte ao seu padrão de organização de dados e de bases.

Outra tendência que cada vez mais se fortalece é a ideia de aprofundar e ampliar as investigações sobre a estrutura conceitual de cada área e subárea que se focalize. Desse modo, integrando os dois processos de análise, linguístico e conceitual, incorpora-se o componente cognitivo e aproximam-se bases terminológicas e bases de conhecimento. Nesse particular, já vemos, hoje em dia, pesquisas dedicadas ao reconhecimento de ontologias[7] em diferentes áreas científico-técnicas. Essas ontologias dizem respeito a tópicos de conhecimento das diferentes áreas.

Sem dúvida, o tradutor seria o grande beneficiado por esses avanços. Com efeito, uma base terminológica acoplada a uma base textual e a uma base de conhecimentos científicos e tecnológicos proporcionaria subsídios necessários para sua melhor movimentação em uma área específica de tradução.

A título de um pequeno exemplo, colocado em meio a tantas possibilidades, a figura a seguir ilustra uma base de dados de termos de Direito Ambiental Internacional confeccionada com o apoio do software Trados Multiterm.

Base de dados de termos de Direito Ambiental Internacional, desenvolvido com a ferramenta Trados Multiterm.

158 INTRODUÇÃO À TERMINOLOGIA

Como se vê, a armazenagem de informações de um modo sistemático e organizado é fundamental. Note-se que o software em questão permite que haja um sistema de *links* internos de modo que com o uso de um código para Fonte do documento tem-se acesso à referência bibliográfica completa. Assim, seja qual for a envergadura do banco ou da base de dados, organização, representatividade e confiabilidade das informações, oferecidas ao usuário/consulente, repetimos, figuram como elementos-chave. Só a reflexão sobre o que as tecnologias nos oferecem e sobre a natureza do trabalho terminológico pode gerar produtos ou acervos terminológicos realmente úteis. Não obstante, independentemente de tecnologias, é o respeito às condições textual e dialógica um aspecto muito importante a ser considerado nesses acervos em formato digital: a finalidade de comunicação com o usuário é um ponto central.

LEITURAS RECOMENDADAS

ALMEIDA, G. M. B., ALUÍSIO, S. M., TELINE, M. F. Extração manual e automática de terminologia: comparando abordagens e critérios. In: *1° Workshop em Tecnologia da Informação e da Linguagem Humana*, 2003, São Carlos. Anais do TIL 2003.

CLAS, A., BAUDOT, J. BATEM. Une banque terminologue sur micro-ordinateur. INFOTERM SYMPOSYUM, 2, 1985. Viena. Proceedings: Networking in Terminology. München: K.G. Saur, 1986. (Infoterm Series 8), p. 376-389.

GODENJELM, N. Quality of a termbank from the service viewpoint – a case study on the Nokia termbank. IITF *Journal*, 1999, vol. 10, n. 1, p. 31-37.

MACIEL, A. M. B. (1998c) Bancos de dados teminológicos – BTDs. VII Encontro Nacional de tradutores/Encontro Internacional de Tradutores. Associação Brasileira de Pesquisadores em Tradução e Centro Interdepartamental de Tradução e Terminologia, Universidade de São Paulo, SP, 07-11/09/1998.

NUOPPONEN, A. Terminologies on-line: from term banks to the world wide web. *Terminology Science and Research*. 1996, v. 7, n. 1, p. 21-27.

TEBÉ, C. Bancos de dados terminológicos. *Terminometro*. La Terminologia en España. Numero Especial, 1996, p. 65-68.

NOTAS

[1] Mais detalhes sobre fichas terminológicas estão no capítulo "Geração de glossários e dicionários especializados".

[2] A atitude linguística aqui diz respeito ao registro apenas de termos que já constem de normas técnicas institucionais (atitude normativa) ou de termos "informais" ou de jargões profissionais, que são assinalados como tal (atitude descritiva).

[3] Conforme o quadro 7 apresentado.

[4] O código de confiabilidade é um código de informação geralmente de uso interno à equipe de trabalho. Indica, em uma escala, em que medida as informações dos campos

GERAÇÃO DE BANCOS DE DADOS   159

já foram verificadas em relação aos textos-fonte. Serve também para indicar em que estágio o trabalho de pesquisa sobre um determinado termo está.

[5] Para obter mais informações, consultar Autolex Versión 2.0, *copyright* 1996 por CTTE, Cuba. Veja também www.uhb.fr/langues/balneo/htm/inv9405.htm.

[6] Outras informações estão disponíveis em www.multiterm.com/multiterm_online. Trados Multiterm é uma marca registrada e de longa tradição no mercado.

[7] Ontologias são, em computação, especificações formais de conceitualizações compartilhadas. Em terminologia relacionam-se às árvores de *domínio*.

Termos técnico-científicos e suas definições

A definição terminológica desempenha papéis fundamentais no interior da comunicação especializada. Tal importância, entretanto, é diretamente proporcional ao número de dificuldades envolvidas em seu estudo, pois diferentes fatores e condições perpassam sua formulação, constituindo um tema de elevada complexidade. Desse modo, ainda que se discuta sobre sua natureza, funções e especificidades, não há clareza suficiente, entre os pesquisadores, sobre muitos de seus aspectos.

Definir, dito de modo muito simples, no âmbito das terminologias, é estabelecer um vínculo entre um termo, um conceito e um significado. E, toda vez que isso ocorre, verificamos a ativação do conjunto das propriedades inerentes à linguagem humana. Com a formulação de uma definição, são mobilizados, constituídos e atualizados, em distintos níveis, diferentes valores e potencialidades de conhecimento e significação, descritos com relativa dificuldade por aqueles aparatos analíticos que a tradição dos estudos linguísticos qualifica como estritamente linguísticos. No contexto dos dicionários, especializados ou lexicográficos, a definição pode ser vista, de modo restrito, apenas como o segmento que compreende a menção de um *gênero* próximo e de uma diferença específica, mas também como a totalidade de um conjunto de informações que inclui comentários, instruções e descrições relativas ao termo ou palavra-entrada.

Alain Rey (1995, p. 42 ss.) aponta uma característica da definição que integra terminologias técnico-científicas: a propriedade de estabelecer em si mesma um entrelaçamento ou compromisso entre a definição lexicográfica e a descrição enciclopédica. Conforme explica o autor, a descrição enciclopédica é aquela definição que, via de regra, sendo ampla e diversificada no teor de informações, carrega traços relevantes e irrelevantes na caracterização de uma "palavra".

Partindo de algumas de nossas experiências com a definição, adquiridas durante participação na elaboração de um dicionário de terminologia jurídico-ambiental (Krieger et alii, 1998), apresentamos um ponto de partida para a verificação dessa afirmativa de Rey no que se refere à formulação da DT. Queremos, portanto, verificar em que medida essa definição pode constituir ponto de confluência ou intersecção entre a definição lexicográfica e a enciclopédica e em que situações tal confluência seria desejável ou importante.

Nessa direção, compararemos mais adiante definições-amostra de alguns termos em diferentes dicionários: uma obra lexicográfica, duas obras enciclopédicas e duas terminográficas. Serão apreciados, em cada um dos casos, os comportamentos das categorias gênero próximo e diferença específica e também o perfil geral das informações relativas ao termo ou palavra-entrada, de modo que tomamos as diferentes definições como o amplo conjunto das informações referidas ao tema.

Adotando o ponto de vista de quem organiza e atua como mediador da comunicação especializada, queremos apenas localizar e discutir possíveis elementos juntivos e disjuntivos entre dois "estilos" de definir, presumidamente incorporados à DT. De tal sorte, trazemos alguns subsídios iniciais para quem pretenda investigar, mais a fundo, o que a DT tenha de particular e o que provavelmente poderia "herdar" da definição enciclopédica e lexicográfica, que, conforme se costuma referir, enfocam respectivamente coisas e palavras.

Contextualizamos, desse modo, a DT como um possível ponto de confluência entre coisas, palavras e conhecimentos e comentamos o papel ou relevância dessa junção. Essa mesma confluência, cabe dizer, pode ser vista, ainda, sob diferentes ângulos. Para Wiegand (1979, p. 163), por exemplo, uma entrada de dicionário constitui uma afirmação sobre *res* e *nomina*, mas também uma afirmação sobre suas mútuas relações. Assim, a definição, se for tomada como a entrada do dicionário, mais uma vez é reconhecida como ponto de encontro entre coisas e palavras e como um objeto que contém a complexa relação entre denominar e conhecer.

Mesmo que se prefira ver a DT apenas como algo feito de "palavras", maior ou igual que a soma do gênero e da diferença, ela não se esgotará no limite da sua literariedade, de sua sintaxe ou de sua morfologia, pois é um objeto que, simultaneamente, envolve e transcende "palavras", concretizando uma relação particular entre veiculação e constituição de conhecimento e, mais além, entre o conhecimento e a linguagem. As considerações aqui apresentadas podem ser aproveitadas para algum estágio prévio do planejamento do formato de definições e verbetes, sobretudo naquelas áreas do conhecimento em que se acentuem características de multidisciplinaridade. Nessas áreas, em função de diferentes condições, muitas vezes parece ser especialmente mais difícil decidir sobre o grau de relevância, modo de organização e abrangência das informações contidas em definições e entradas de dicionários ou naquelas que aparecem como registros de bases de dados.

Definição em terminologia

A definição, ao lado dos termos, como já mencionamos no capítulo "Objetos", torna-se um dos principais tópicos de estudo em Terminologia. Na primeira parte deste livro, exploramos esse tema pelo viés de suas implicações teóricas. Agora, o objetivo é privilegiar uma perspectiva mais prática do assunto.

O gênero próximo e a diferença específica têm sido tomados como parâmetros de qualidade para observação do enunciado definitório desde os estudos clássicos de Filosofia, Retórica e Lógica. Essas categorias aparecem, ao longo do tempo, como principais pontos de reflexão sobre a formulação da definição dos mais diferentes tipos e vêm sendo utilizadas de distintas maneiras em função de variados objetivos e enfoques.

Os estudos clássicos, especialmente os de Lógica e Gramática, como sabemos, influenciaram o desenvolvimento dos estudos da linguagem, ajudando a imprimir-lhes feições que hoje identificam correntes de pensamento. Em Terminologia, essa mesma influência também desencadeou uma tradição do estudo da definição, procedido geralmente em função de verificar sua "correção" lógica pela via da análise do gênero e da diferença.

No desenvolvimento da Terminologia de viés linguístico, o enfoque da definição pela análise das formulações das categorias lógicas do gênero próximo e da diferença específica evidencia, por si só, a manutenção de uma tradição de estudos lógico-filosófica. Trata-se, assim, de usar um "olhar lógico". Como veremos mais adiante, a definição terminológica (DT) não se reduz apenas a categorias lógicas, ainda que gênero e diferença permaneçam como um parâmetro crítico útil.

Definições de dicionários

A definição dicionarística constitui uma classe ampla de textos na medida em que há dicionários dos mais diferentes tipos. Entretanto, sob uma ótica geral a definição formulada em um dicionário pode ser vista como um protótipo ideal de definição técnico-científica, constituindo um caso "modelar" para o seu estudo, especialmente para a DT. Quer dizer, o fenômeno DT não se esgota na sua realização em dicionários; seria preciso observar enunciados definitórios também em outras situações de texto. Em função de sua condição de modelo, é comum encontrarmos considerações sobre a constituição da definição, seja ou não terminológica, que partem da crítica sobre sua apresentação em dicionários de tipos distintos[1].

Examinando-se diferentes definições dicionarísticas, é possível perceber um ponto comum fundamental: o enunciado definitório, na sua dimensão mais geral, caracteriza-se por realizar uma delimitação. Entretanto, o modo como isso acontece sofrerá variações em função das especificidades das diferentes áreas de conhecimento e também em função de outros fatores. Observamos a seguir, como exemplos, um dicionário de Ciência Política e outro de Economia definindo o termo *oligarquia*. Depois, temos também como exemplo de variabilidade um dicionário de Física e um dicionário de Química que formulam distintas definições para *eflorescência*:

Termos técnico-científicos e suas definições   163

Dicionário de Economia
oligarquia
Regime político ou forma de dominação, de qualquer tipo, no qual o poder está nas mãos de um grupo pequeno de pessoas que dele se apossaram, sendo exercido apenas por elementos desse grupo. Do ponto de vista político puramente formal, distingue-se da democracia e da monarquia.

Dicionário de Análise Política
oligarquia
Sistema de governo baseado no poder de um pequeno grupo de elite, não representativo e voltado para interesses próprios. Devido a seu sentido, normativo, o termo é em geral evitado na análise política em favor de outras classificações de conceitos usados na análise da elite. **Aristocracia; elite; lei férrea de oligarquia.**

Dicionário de Física Ilustrado
eflorescência
Fís.Quím. Formação de sal anidro a partir de um hidratado, ou de um hidrato com menor número de moléculas de água a partir de outro mais hidratado, quando a pressão parcial de vapor de água na atmosfera em que está o sal hidratado é menor que a pressão de vapor deste sal. Os cristais do sal recobrem-se com cristalitos do outro sal menos hidratado, assumindo um aspecto pulverulento. O fenômeno é aparentado com a deliquescência.

Dicionário Breve de Química
eflorescência
Um processo pelo qual um composto hidratado cristalino perde água formando um depósito em pó de cristais.

Nesses dois casos, com definições diferentes para *oligarquia* e *eflorescência*, vemos apresentações definitórias que variam por diferentes razões. Há um contraste de concepção significativo, por exemplo, sobre como se define e compreende *oligarquia* em Economia ou em Ciência Política. Há, igualmente, distinções na definição formulada para *eflorescência* entre Química e Física. Nesse contraste, chama a atenção o modo de construção do texto no Dicionário de Física, mais detalhado, bem diferente da brevidade da definição do de Química. De outro lado, vemos que o acréscimo de comentários, além de uma definição propriamente dita, é um elo comum entre as duas diferentes definições de *oligarquia*. Isto é, parece haver uma tendência, na formulação definitória de todos os casos, de ir além de uma menção do gênero próximo e da diferença específica.

Considerando esses exemplos, uma distinção entre as ciências e entre seus textos definitórios parece algo natural. Mas, algumas vezes, com o objetivo de buscar padrões de correção ou padrões lógicos estritos e uma homogeneidade estanque para a apresentação da definição, "cobramos" da definição um padrão de construção fixo, esquecendo que as diferenças e as heterogeneidades são constitutivas da linguagem e do discurso. As diferenças, enfim, não são defeitos, mas especificidades. Isso, consequentemente, condicionaria padrões lógicos peculiares para as diferentes áreas do conhecimento e faz com que tenhamos diferentes "estilos" de definir em História ou em Química, por exemplo.

Todavia, como a definição é um texto importante, é natural que a formulemos sob a forma de um enunciado claro e objetivo. Mas, nessa direção, adotar ou requerer um padrão de formulação uniforme, absoluto ou invariável, que possa valer para qualquer situação, é uma medida pouco inteligente à

164   Introdução à terminologia

medida que nos distancia da realidade da linguagem cotidiana e também de uma linguagem técnico-científica em foco. Reiteramos, assim, que a variação e as heterogeneidades são traços constitutivos da linguagem *in vivo*, seja ela especializada ou não. Portanto, enunciados definitórios terminológicos, ao constituírem linguagem e textos, também são espaços de heterogeneidade e variação. Ainda assim, a capacidade de fornecer uma delimitação é indispensável para que haja a compreensão do texto-definição.

Outras fontes de definição

A definição dicionarística é um objeto importante, ao mesmo tempo que é algo realmente cristalizado. Isso ocorre porque, afinal, representa uma tradição de texto. Nessa condição, é preciso também considerar a realização desse tipo de enunciado em outros textos, além de dicionários ou repertórios em geral.

Fora dos dicionários, em textos científicos e técnicos, em artigos de periódicos especializados ou em livros, a definição para um termo aparece formulada de um modo "original" e costuma ter uma apresentação diferente da dicionarística. Essa definição, mais "real", é geralmente um enunciado entrecortado por comentários, explicações, retomadas e exemplificações. E, quando se discute sobre o papel da definição e de sua apresentação no âmbito dos estudos linguísticos de Terminologia, principalmente quando o foco principal de interesse passa a ser o texto especializado, tais particularidades e vicissitudes precisariam poder ser incorporadas aos debates e reflexões. Por isso, cada vez mais são estudados enunciados definitórios com base em *corpora* textuais.

Nessa direção, à medida que a Terminologia, na perspectiva dos enfoques linguísticos, aproxima-se do texto e do objeto eminentemente textual que se tornou a definição de termos técnico-científicos, condição que vale mesmo quando a DT é colhida de um dicionário, vemos um movimento de independência e relativização da tradição lógico-gramatical. Assim, a trajetória atual dos enfoques da definição pode tender também para a identificação e consideração de elementos cultural-comunicativos, textuais e discursivos presentes nos enunciados, o que, sem dúvida, é um passo muito importante rumo a uma visão mais integrada da comunicação, tanto entre especialistas e seus pares quanto entre especialistas e leigos. Nessa via, a definição técnico-científica, seja de que tipo for, é antes de tudo um texto, e como tal deve ser considerado.

Normas iso para a elaboração de definições

Embora seja contestável a imposição de padrões absolutamente rígidos para a formulação do enunciado definitório, as normatizações a respeito da DT permanecem como diretrizes úteis para a organização do texto que deve definir algo de modo que possa ser compreendido por um leitor usuário.

A norma ISO 704, de 1987, por exemplo, já trazia algumas orientações básicas para a elaboração de definições que figuram em dicionários ou repertórios técnico-científicos. Em linhas gerais, as recomendações ISO dizem respeito à objetividade de formulação do enunciado e procuram garantir um bom fluxo de informação. São admitidas e comentadas, nessas normas ISO, definições por intensão e definições por extensão. Intensão e extensão também são categorias oriundas da Lógica, de onde provém forte influência sobre o assunto. A definição intensional é a definição clássica com indicação do gênero próximo e da diferença específica. Um exemplo de definição intensional é *faca*, instrumento para cortar. A definição por extensão, por sua vez, consiste da enumeração dos entes a que se aplica uma designação. É um exemplo desse tipo a definição:

> **Planetas do sistema solar**
> Mercúrio, Vênus, Terra, Marte, Júpiter, Saturno, Urano, Netuno, Plutão.

Outra recomendação ISO estabelece que o redator da definição que figurará em um dicionário especializado se atenha à apresentação das características mais essenciais do objeto que define. A indicação é a de seguir-se um padrão direto. Comentários, intercalações e explicações acessórias devem vir em segundo plano, uma vez que o enunciado deverá informar em primeiro lugar o que é o termo ou expressão em foco. Em segundo lugar, então, podem vir indicações de composição, causa, origem etc.

Ao desrespeitar essas orientações, um enunciado como o seguinte, formulado para definir *água*, seria considerado pouco satisfatório se fosse utilizado em um glossário de termos de Física:

> **Água**
> Desde os tempos antigos a água é um valor essencial para o homem, além de ser um líquido cujo ponto de congelamento é 0ºC e que tem ponto de ebulição em 100ºC.

São aspectos fundamentais para a qualidade do enunciado, nessa perspectiva de um padrão ISO de qualidade definitória, a adequação da definição, a sua natureza sistemática e a sua coerência como texto, o que pode ser mensurado pela adequação das categorias do gênero próximo e diferença específica. Segundo recomendações, definições incompletas, tautológicas ou circulares devem ser evitadas. Do mesmo modo, não são indicadas as definições que iniciem por uma negação ou por palavra gramatical diferente do termo que se define. Um outro equívoco seria, por exemplo, formular uma definição no plural para um termo no singular.

166 Introdução à terminologia

Uma nova lógica para a definição

Fora do âmbito da normatização iso, como o viés lógico implicado na apreciação da definição é algo frequente, acreditamos que vale a pena trazer aqui a amostra de uma concepção exemplarmente lógica do assunto. Entretanto, é necessária uma visão mais moderna de Lógica.

Os estudos atuais, vale mencionar, continuam reconhecendo as categorias do gênero e da diferença como as condições mínimas e absolutamente necessárias para a formulação de uma definição "logicamente correta" e "minimamente inteligível". Um bom exemplo dessa conservação pode ser visto na apresentação de problemas da definição feita no trabalho intitulado *Introdução à Lógica* (Copi, 1978).

Copi (op. cit., p. 105-119) também reconhece o gênero e a diferença como os *melhores* (grifo nosso) métodos de definir, afirmando que, de seu ponto de vista, a definição em geral é um enunciado que tem cinco propósitos: 1) aumentar o vocabulário; 2) eliminar ambiguidades; 3) aclarar significados; 4) explicar teoricamente; e 5) influenciar atitudes. Com base nessas diferentes finalidades da definição, pelo que vemos do seu trabalho, a DT, que não é tratada em particular, poderia ser vista de dois modos.

Primeiro, pode ser vista como uma definição de tipo estipulativo, vinculando-se à criação de termos novos que denominam novas realidades ou "inventos". Essa definição não segue parâmetros fixos, pois o autor/criador terá plena liberdade de estabelecê-la como melhor decidir. O redator da definição, neste caso, é o cientista que "inventa coisas" e as novas palavras para denominá-las.

Em segundo lugar, a DT, por suas características, pode ser vista como um tipo de definição que o autor qualifica como definição teórica. Essa definição, segundo uma perspectiva lógica, serve para "explicar teoricamente", e, para Copi (op. cit.), é aquela que tenta formular uma caracterização "teoricamente adequada" dos objetos a que se aplica. Como assinala, propor uma definição desse tipo equivale a propor a aceitação de uma teoria. Um exemplo ilustrativo trazido por Copi envolve a definição de termos de Química:

> Outro exemplo de enunciado que tem a finalidade de servir a esse propósito é a definição de 'ácido', uma substância que contém hidrogênio como um radical positivo. Tudo o que é corretamente chamado ácido, no uso fluente, é denotado pelo termo tal como o químico o define, mas não se pretende que o princípio usado pelo químico para distinguir os ácidos das outras substâncias seja aplicado pelas donas de casa ou pelos que trabalham na laminação de metais quando empregam o mesmo termo. *A definição do químico tem o intuito de incluir na significação da palavra aquela propriedade que é mais útil, no contexto de sua teoria* (grifo nosso), para compreender e prever o comportamento daquelas substâncias que a palavra denota. Quando o cientista elabora tais definições, seu propósito é teórico. (Copi, op. cit., p. 109)

Nessa citação, vemos que a corrente lógica a que se filia o autor consegue ir um pouco à frente da ideia basilar e simples de um "padrão lógico de correção", colocando a definição teórica, que se aproxima muito da nossa DT, como algo que é naturalmente marcado pela interferência de um sujeito enunciador. Assim, ao considerarmos uma definição de *átomo*, por exemplo, será importante observar que essa definição poderá espelhar uma determinada escolha teórica e um determinado percurso de ciência. O enunciado é também condicionado pelo que chamamos de "entorno de significação" ou ambiente teórico em que é produzido, elementos que poderiam ser adicionados ao "significado de base" da "palavra" (Finatto, 2001a). Portanto, a observação da DT, sobretudo se feita apenas pela depreensão das categorias do gênero próximo e da diferença específica, deve ser procedida tendo-se em vista também suas vinculações epistemológicas.

Dicionários diferentes exigem definições diferentes?

Usual e idealisticamente, os diferentes dicionários podem ser categorizados como dicionários comuns de língua, dicionários enciclopédicos e dicionários especializados, também chamados técnico-científicos, temáticos ou terminológicos. Essa classificação, tendo em conta seus muitos limites, possibilita uma consequente categorização de suas definições em lexicográficas, enciclopédicas e terminológicas. Tal tipologia, como qualquer outra, naturalmente é redutora, pois sempre ocorrem situações em que não há marcas precisas entre um e outro tipo.

Desse modo, atribuímos um certo grau de tipicalidade à classificação de dicionários e definições, aceitando que:

a) definições lexicográficas caracterizam-se pela predominância de informações linguísticas, tratando mais de "palavras";

b) definições enciclopédicas se ocupam mais de referências e de descrição de "coisas";

c) definições terminológicas trazem predominantemente conhecimentos formais sobre "coisas" ou fenômenos.

Lançando mão dessa simplificação necessária, veremos o comportamento dessas definições nos verbetes *maçã* e *inseticida*, em três tipos de dicionários, respectivamente identificados como DLEXIC (dicionário lexicográfico), DENCL (dicionário enciclopédico ou enciclopédia) e DTERM (dicionário terminológico). A pequena dimensão da amostragem, reiteramos, vale como um indicador de prováveis tópicos de reflexão e perspectivas para um estudo mais amplo e aprofundado sobre as condições da DT. Serão observadas as definições propriamente ditas, circunscritas ao gênero e à diferença, e a apresentação geral do verbete, tomada aqui como definição expandida.

168　Introdução à terminologia

Análise de definições

Com o objetivo de observar os padrões lexicográficos e enciclopédicos incidentes sobre a DT, comparam-se algumas definições. Para tanto, vejamos as definições reproduzidas nos quadros a seguir.

Quadro 8
Definição lexicográfica, enciclopédica e terminológica de *maçã*

Dicionários	Definições de maçã
DLEXIC *Dicionário Aurélio* (1986)	[Do lat. Matiana, i.e., mala matiana, "maçãs de Mácio"] S.f. 1. O fruto da macieira. [Dim. Irreg.:maçanilha] 2. Parte arredondada do cabo da espada que protege o punho. 3. Maçaneta (2). 4. Bras. Variedade de cana-de-açúcar. 5. Bras. Bola de pelos feltrados que se encontra no estômago dos bovinos e do jacaré. Maçã do peito (...) Maçã do rosto (...) (Alberto Braga, Novos Contos, p. 64)
DENCL 1 *Enciclopédia Larousse Cultural*	s.f (Do lat. Matiana) 1. Fruto da macieira; pomo. 2. Maçã do rosto, parte mais saliente da bochecha, abaixo do olho. **Folcl.** Carnosidade pilosa que se acredita existir no bucho dos animais e que atrairia a sorte, especialmente em caçadas. **Encicl.** Entre as principais pragas encontram-se o ácaro, a mosca-da-fruta e a mariposa oriental. A sarna e a podridão amarga são as doenças mais prejudiciais. A colheita dos frutos é realizada, em geral, com o auxílio de uma sacola pendurada ao pescoço do colheiteiro. Os frutos são colocados em caixas, que podem ser recolhidas por tratores munidos de garfos.
DENCL 2 *Dicionário e Enciclopédia* *Koogan/Houaiss*	s.f. Fruto da macieira; pomo.// Maçã do rosto, região malar [acompanha desenho do fruto inteiro, em corte, e de um ramo florido da macieira]
DTERM *Dicionário do Agrônomo*	Fruto fechado do algodão

É possível notar que a definição de *maçã*, nas suas três modalidades, tratando da palavra, coisa ou do conhecimento que se possua sobre um objeto, assume um perfil distinto em cada umas das obras, ainda que haja homogeneidades, tal como a indicação "fruto da macieira", uma constante no dicionário lexicográfico, enciclopédia e dicionário enciclopédico, mas que não aparece no dicionário terminológico.

A distinção de perfis pode ser observada em determinados pontos. Por exemplo, além da definição propriamente dita, o dicionário lexicográfico traz informações gramaticais, etimológicas, informa o diminutivo da palavra, apresenta uma variante topoletal e a composição sintagmática da unidade, acompanhada de uma abonação de texto literário. De outro modo, a enciclopédia apresenta informações sobre pragas que atacam essas frutas e sobre o folclore que envolve a palavra *maçã*.

O dicionário enciclopédico, por sua vez, diferencia-se dos demais por trazer uma ilustração da constituição anatômica do fruto da macieira. Além disso, é

Termos técnico-científicos e suas definições   169

importante notar como o dicionário terminológico se distingue do conjunto, tratando de um outro fruto que, embora seja designado *maçã*, não é *fruto da macieira*.

De modo homogêneo, verificamos, nos três tipos de dicionários, nos limites da indicação do gênero próximo e diferença específica ou da definição propriamente dita, que *maçã* é, em primeiro lugar, um fruto. A característica do gênero "ser fruto" é, assim, o vínculo aparente entre as definições lexicográfica, enciclopédica e terminológica. E, se observamos a DT no Dicionário do Agrônomo e perguntarmos sobre o ponto de compromisso ou entrelaçamento entre a DLEXIC e a DENCL nela manifestado, pensaremos que ele seja apenas esse gênero próximo. Entretanto, isso não pode ser validado, pois no DTERM, como citamos anteriormente, uma maçã não é um fruto da macieira, mas um estágio do fruto do algodoeiro. Assim, essa DT parece não manifestar um ponto de contato claro com as suas correspondentes lexicográfica e enciclopédica.

O quadro da próxima página, ao ilustrar diferentes definições para *inseticida*, mostra a situação da formulação da DT agronômica e jurídico-ambiental.

Em um plano geral, como pode ser observado, a obra enciclopédica supera a lexicográfica e as duas terminológicas no detalhamento das informações oferecidas, pois traz informações pormenorizadas tanto sobre palavras quanto sobre conhecimentos de coisas. Um elemento que surpreende, em primeiro lugar, é o fato de a enciclopédia ser a única obra do conjunto a chamar atenção para as características de toxicidade dos inseticidas.

No que se refere ao gênero próximo que fixa as definições, observamos, respectivamente, a diferenciação entre *ingrediente, aquele, composto químico e saneante domissanitário*. De outro lado, a diferença específica para matar/destruir insetos é o elemento que vincula as definições lexicográfica e enciclopédica e também a DT do Dicionário do Agrônomo, que se diferencia das demais apenas pela menção ou possibilidade de um sujeito que o aplicará sobre os insetos.

No dicionário de terminologia jurídico-ambiental, de um modo particular, observamos a substituição de *matar/destruir* por *controlar/combater/prevenir*. Há uma especificidade de sentido condicionada pela natureza e objetivos da lei em que se insere a definição. Assim, ao procurarmos pelo entrelaçamento lexicográfico e enciclopédico manifestado especificamente nas duas DTs, a definição agronômica e a definição jurídico-ambiental, veremos que ele se resumirá, na perspectiva do gênero e da diferença, apenas à sequência *matar/controlar* insetos.

Aspectos textuais: uma nova contribuição

O estudo, por exemplo, de definições formuladas em textos da legislação ambiental brasileira permite identificar novas possibilidades para o enfoque da DT, em geral com base em fenômenos observados principalmente em definições que integram terminologias de ciências sociais e afins. A análise da definição

Quadro 9
Definição lexicográfica, enciclopédica e terminológica de *inseticida*

Dicionários	Definições de inseticida
DLEXIC *Dicionário Aurélio* (1986)	[De inseto+i+cida]. Adj. 2g 1. Que mata insetos; que pratica inseticídio S.m. 2. Ingrediente próprio para matar insetos.
DENCL 1 *Enciclopédia Larousse Cultural*	Inseticida adj e s.m. (do lato Insectum + caedere, matar, pelo fr. Inseticide) Que ou o que destrói insetos: *um líquido inseticida, um inseticida perigoso.* **Encicl.** Os inseticidas podem ser classificados segundo a sua origem: vegetal (nicotina), mineral (arseniato de chumbo), orgânicos de síntese (DDT). Podem também ser classificados em função do modo de ação: os inseticidas de ingestão destroem os insetos que comem a planta tratada (ex.: os produtos arsenicais); os de contato atravessam o tegumento dos animais que morrem por paralisia ou asfixia (ex.: os compostos nitrados, óleo de antraceno, carbaril) sendo que aqueles de ação indiscriminada destroem também os predadores naturais dos insetos visados; os de inalação penetram nas vias respiratórias dos insetos, que morrem por asfixia (ex.: o sulfuretode carbono); os sistêmicos, veiculados pela seiva, acabam por atingir os insetos sugadores e servem para eliminação de pulgões (ex.: dimetoato); finalmente, há os inseticidas mistos, que agem (...) Certos inseticidas são altamente tóxicos e deixam resíduos no ambiente por vários anos. Por esse motivo, os inseticidas organoclorados tiveram seu uso restringido; só podem ser utilizados em situações de emergência ou por órgãos de saúde pública na eliminação de insetos transmissores de doenças, como no caso do barbeiro (...) No entanto, na falta de produtos alternativos, ainda são utilizados em larga escala os formicidas organoclorados. Esses produtos são responsáveis por alterações no equilíbrio ecológico. (...) Os organofosforados constituem uma das principais causas de intoxicações humanas. (...) Provocam uma intoxicação sistêmica, causando a morte por meio de insuficiência respiratória. (V.tb. o verbete de cada inseticida)
DTERM 1 *Dicionário do Agrônomo*	Composto químico que, aplicado direta ou indiretamente sobre os insetos em concentrações adequadas, provoca sua morte.
DTERM 2 *Dicionário de Direito Ambiental Termisul*	Saneante domissanitário destinado ao combate, à prevenção e ao controle de insetos em habitações, recintos e lugares de uso público e suas cercanias. Lg Br DEC 79094 de 05/01/77 art. 3º, X, a. Þ Saneante domissanitário; raticida; desinfetante; detergente; fungicida.

jurídico-ambiental (veja Krieger et alii, 1995) revela que seu comportamento e configuração padrão são, via de regra, caracterizados pela tendência à omissão ou apagamento de determinados conteúdos, geralmente importantes para a delimitação do sentido do termo ou da "palavra de significação especializada".

Os elementos elididos, resgatáveis apenas em um plano que denominamos "ambiente de significação", indicam-nos que a constituição e a eficiência comunicativa da DT estão necessariamente perpassadas pelas condições de manutenção de vínculos com seus cotextos e contextos. Assim, a definição jurídico-ambiental evidencia-se como um texto que sofre a ação de ser "atravessado" por conteúdos de outros textos. Isso é o que se percebe no caso da definição legal de um termo como:

> **Princípio ativo**
> substâncias de natureza química ou biológica que dão eficácia aos preservativos de madeira.
> (fonte: Legislação Brasileira, Portaria Ministerial MF/ MS/MINTER 292 de 28/04/89, art. 9º)

Essa definição não é algo que se poderia considerar adequado para uma caracterização abrangente de *princípio ativo*, fundamentalmente porque características químico-farmacológicas importantes estão ausentes do enunciado. De outro lado, a diferença entre o singular do termo-entrada e o plural da definição mostra um movimento definitório que é de expansão, inclusão, de modo que *princípio ativo* não é apresentado como uma determinada substância, mas como um conjunto ou espécie de substâncias com uma finalidade comum.

Entretanto, por sua inserção textual, é importante registrar que a formulação da definição é plenamente compatível com um documento em que são disciplinados os registros de empresas que fabriquem substâncias conservadoras de madeira cortada junto ao Instituto Brasileiro do Meio Ambiente (IBAMA). É, de tal modo, uma definição que adquire sentido em um contexto e texto específicos e também naquela situação mais ampla dos interesses e controles da preservação ambiental. Assim, a despeito de uma inserção textual que lhe confere um determinado valor, é, ao mesmo tempo, deficitária de um ponto de vista químico-farmacológico.

Pelo que pudemos observar no repertório dessa terminologia, a definição que aparece no texto legal, na maioria das vezes, em função da sua "incompletude natural", é um objeto a ser, de algum modo, situado e relativizado pela ação do gestor ou intermediário da sua apresentação para o usuário da informação, principalmente em produtos de caráter referencial ou instrumental como dicionários especializados. Esse trabalho de mediação, é preciso lembrar, torna-se necessário já que as definições jurídico-ambientais, por força da exigência de aplicação de leis, precisam ser suficientemente difusas e, ao mesmo tempo, suficientemente precisas.

Tais evidências, que apontam para uma característica de apresentação lacunar condicionada e relativa, podem ser desenvolvidas e verificadas em outras áreas de conhecimento e em outros tipos de DT, ao longo de diferentes épocas e

172 Introdução à terminologia

estágios de seus desenvolvimentos. Em trabalho anterior[2] já percebemos que a DT, mesmo pertencente às chamadas áreas exatas do conhecimento, pode também ter o funcionamento de sua significação restrito a uma situação bem específica.

Combustão

Nas locomotivas, segundo Rankine, o peso do combustível queimado, por hora e por metro quadrado de grelha, varia entre 196 quilogramas e 600 quilogramas. A combustão depende muito da tiragem ou quantidade de ar que atravessa o combustível na unidade de tempo.

(*Fonte:* Dicionário de Estradas de Ferro, *vol. 1, 1891*)

No caso da definição de combustão, tomada de um dicionário da terminologia ferroviária publicado no século XIX, pouco também se informava sobre *combustão* propriamente dita. Preferiu o dicionarista a apresentação daquilo que, imaginamos, fosse servir às necessidades de um usuário-engenheiro, que à época deparava-se com uma tecnologia em fase de grande ampliação no Brasil. Constata-se, nesse caso, mais uma vez, que as subáreas do conhecimento, de modos particulares, efetuam determinados "recortes" de significação na apresentação da DT.

Por isso, para descrever e compreender o perfil definitório de uma área ou subárea do conhecimento, é preciso que o investigador possa percebê-lo no interior de uma moldura ou *frame* epistemológico, de uma linguagem especializada e inclusive "visão de mundo", tendo em conta sua ambiência natural e, principalmente, suas condições textuais. Esses elementos muito provavelmente condicionam padrões de "elisão" ou inserção de informações na DT.

Adotando ou não essa perspectiva, sabemos que o pesquisador, muitas vezes, no início de seu trabalho, pode apenas orientar-se pelo padrão definitório lexicográfico e enciclopédico. Padrões utilizados simplesmente como um balizamento, visto que poderão ser tomados, *a priori*, apenas como medidas de algo a ser evitado. Afinal, o dicionário especializado, como se poderia supor, não se prestaria nem ao padrão lexicográfico, nem ao enciclopédico, mas, antes disso, exigiria um terceiro tipo de definição.

Esse terceiro tipo de definição surge da complexa combinação de uma série de fatores, tais como as necessidades de veiculação de uma determinada porção de conhecimento e o perfil epistemológico e textual da área de especialidade. Exercem também influência sobre sua configuração condições dialógicas específicas e a própria tradição de apresentação do texto dicionarístico.

Tipos de enunciados definitórios

Pela observação dos dois quadros antes apresentados, definição lexicográfica, enciclopédica e terminológica de *maçã* e as definições lexicográfica, enciclopédica e terminológica de *inseticida*, a DT, vista em amplitude, não realiza necessariamente uma junção "usual". Não é um ponto claro ou inequívoco de intersecção entre a definição enciclopédica e a lexicográfica. É interessante notar que o elo comum entre as diferentes definições lexicográficas, enciclopédicas e terminológicas tende a ser maior ou menor, incidindo de diferentes modos no gênero próximo ou na diferença específica.

Mas, ao ultrapassarmos a observação do enunciado definitório terminológico pelo gênero e diferença, detectamos algo como que uma escolha diferenciada entre o que será ou não apresentado na definição. Neste sentido, é adequado e até natural pensar que um dos condicionantes da apresentação definitória certamente seja o tipo de público alvo a que se destina a obra.

No caso da DT de *maçã*, provavelmente não foi considerado relevante, pelo dicionarista, repassar ao usuário, um agrônomo, informações lexicográficas e enciclopédicas. Entretanto, decidiu o autor que mais importante seria informar algo completamente diferente: que o *fruto do algodão*, em determinada fase, seja denominado *maçã*. Isto é, o usuário, presumidamente, já saberia muita coisa sobre as *maçãs de macieira*, sendo-lhe mais útil saber sobre usos terminológicos bem específicos, modo de designação particulares ou sobre outros referentes que são denominados *maçã*.

De modo resumido, podemos dizer que influenciam a formulação da DT: a) o tipo de área de conhecimento de sua inserção; e b) as necessidades de informação do usuário que se pretende atingir. Neste último aspecto, não se pode deixar de estranhar que, num dicionário especializado, apenas generalidades conhecidas pelos leigos sobre inseticida sejam oferecidas a um usuário agrônomo. Em vez disso, poderíamos esperar informações como a classificação dos inseticidas, tal como indicada no dicionário enciclopédico, arroladas por graus de toxicidade, composição e modo de ação. A informação enciclopédica, caso fosse aproveitada, poderia interessar ao usuário do Dicionário do Agrônomo e até mesmo ao usuário do Dicionário de Direito Ambiental.

Sintetizando o que vimos até aqui, cabe dizer, para além do gênero próximo e da diferença, a descrição e os comentários enciclopédicos, tal como nos verbetes inseticida e maçã, provavelmente cumpririam um papel informativo em boas condições se integrassem, de algum modo, tanto o dicionário dirigido ao agrônomo quanto o Dicionário de Direito Ambiental. Assim, vemos que a formulação definitória ideal é aquela que melhor atende o usuário do texto-definição, especialmente no caso de dicionários especializados.

Contraponto: definições terminológicas, enciclopédicas e lexicográficas

Ao se retomar a consideração inicial de que "as definições terminológicas" se ocupam mais de conhecimentos sobre "coisas" ou "fenômenos" e contrastar as definições terminológicas e enciclopédicas antes apresentadas, conclui-se que as últimas podem vir a desempenhar esse papel de veicular informações de uma

174 Introdução à terminologia

maneira muito interessante, visto que oferecem muitos dados importantes e úteis para usuários de obras terminográficas.

A definição lexicográfica analisada repete a informação enciclopédica, e vemos que seu conteúdo aparece na DT via gênero ou diferença específica. Sua maior especificidade diante dos demais é o fornecimento de informações gramaticais e de sentido. Aliás, na apresentação da entrada *maçã* no dicionário dirigido ao agrônomo, o usuário pode ressentir-se justamente da falta de uma informação como essa. A DT, nesse caso, precisaria ultrapassar a pontualidade extrema da definição agronômica de uma *maçã* que não é de macieira, o que poderia ser a indicação de uma variante linguística ou de uma "gíria profissional". Abre-se, neste ponto, um espaço a ser preenchido pela informação lexicográfica, seja sob forma de uma nota linguística ou de uma informação linguística em sentido estrito.

Todavia, para que a ideia de uma complementação enciclopédica e lexicográfica para a DT seja produtiva, é preciso observar e questionar a apresentação da entrada e da definição agronômica de *maçã* num contexto mais amplo. Nesse plano mais geral, há, no mínimo, duas questões: a) Por que essa definição é tão distinta das demais? b) Por que o dicionarista não preferiu inscrevê-la em uma moldura mais ampla de conhecimentos que, além de estágios do fruto do algodoeiro, também poderia incluir frutos de macieira e até informações sobre o controle das pragas que as ataquem, tal como fez a enciclopédia?

A definição de *inseticida* mostra também como a DT agronômica pode sofrer, de um outro modo, o mesmo tipo de carência: é insuficiente apresentar apenas o gênero próximo e a diferença específica tal como aparecem na enciclopédia e no dicionário lexicográfico. Falta, conforme vemos, a mesma moldura que, enfim, confere o verdadeiro caráter de uma área de conhecimento, visto que envolve suas peculiaridades enquanto saber, saber-fazer e temas específicos. Nesse caso, novamente, o que oferece a enciclopédia, especialmente a classificação toxicológica dos inseticidas, poderia integrar o verbete do *Dicionário do Agrônomo* sob a forma de uma nota explicativa ou remissão, valendo a mesma sugestão para o dicionário da terminologia jurídico-ambiental.

Por isso, ao interferir na constituição da definição e de toda a microestrutura que é o verbete, é importante que, no papel de mediadores de comunicação, tenhamos em vista a necessidade de harmonizar seu "desenho" com a configuração de uma área de conhecimento que não se fecha em si mesma, mas que se propõe a ser acessada por um usuário. Geralmente possuidor de nível médio de conhecimentos, esse usuário não é um iniciante quase leigo nem uma autoridade no assunto em foco. Dicionários terminológicos tendem a ser muito mais utilizados por profissionais de especialização baixa e mediana, por tradutores e especialistas e técnicos de áreas afins.

Não há como negar uma relação muito próxima entre a formulação da DT e os textos referenciais das áreas de conhecimento, tais como compêndios e manuais didáticos, de maior ou menor especialização. Esses textos aparecem, não por mero acaso, como fontes de obras enciclopédicas.

Nesse caminho, tomando o cuidado de não pensar que o conteúdo enciclopédico simplesmente se sobreponha ao terminológico em qualquer situação, a definição enciclopédica, longe de ser um parâmetro de algo a se evitar, pelo que observamos nesses exemplos, tem muito a oferecer. Afinal, de um modo simples, o "estilo" enciclopédico pode resgatar algumas relações básicas da DT com textos de diferentes graus de especialização e até com algumas das condições histórico-sociais das áreas de conhecimento em estudo.

Retomando o que foi dito até aqui, vemos que a relação entre definição enciclopédica e a definição lexicográfica no âmbito da DT não é *pari passu*. A confluência aparece de modo que não ocorrem, em simultâneo, as práticas definitórias enciclopédicas e lexicográficas, meramente somadas, cada uma cumprindo como que a metade que lhe cabe num compromisso ou parceria. Pelos verbetes aqui examinados, podemos dizer que tal confluência, quando não ocorre, poderia ou deveria ocorrer. Isso nos leva a pensar na possibilidade de encarar a afirmativa de Alain Rey sobre o seu compromisso entre definição lexicográfica e descrição enciclopédica verificado na DT como uma situação desejada ou ideal, potencialmente positiva, mas não como algo amiúde concretizado.

Assim, a DT, para além dos limites da indicação de um gênero próximo e de uma diferença específica, não é mero cenário de partilha entre dois *modus definiendi* ou entre duas tradições dicionarísticas conjugadas. Isso porque essa definição e seu entorno são modelados por exigências do acesso à informação e condicionados por circunstâncias comunicativas e socioculturais particulares das diferentes áreas de conhecimento.

A DT é, enfim, a voz de alguém e a voz de uma área de conhecimento. Esse é um dos rumos mais importantes que seu estudo pode tomar. Nessa direção, é importante não perder de vista a situação e o papel da definição, visto que o dicionário, conforme assinala Maciel (1998), é, antes de tudo, a interface discursiva de autor e consulente com base na proposição de um texto definitório.

Pelo que vimos até aqui, na prática[3], a DT pode ser enriquecida e ter seu escopo ampliado pelo acréscimo de elementos enciclopédicos. No que se refere à contribuição lexicográfica, é importante lembrar que, sobretudo no caso de um trabalho bilíngue, a presença de informações e comentários de cunho linguístico pode significar a diferença entre uma compreensão eficiente ou defeituosa de conhecimento e terminologias. A definição, como se sabe, é a "pedra de toque" de qualquer pesquisa ou produto terminológico. Daí porque constituir um texto que exigirá sempre reflexões e revisões em função dos objetivos que se tenha. Clareza e objetividade são importantes, mas é preciso sempre respeitar as especificidades das diferentes áreas de conhecimento e de suas respectivas práticas de comunicação.

176 Introdução à terminologia

Leituras recomendadas

DESMET, I. *A análise do sentido em terminologia: teoria e prática da definição terminológica.* *Tradterm*, 8, 2002. p. 169-188.

FINATTO, M. J. B. (2001a) *Definição terminológica: fundamentos teórico-metodológicos para sua descrição e explicação.* Porto Alegre: Instituto de Letras, Universidade Federal do Rio Grande do Sul, 2001. Tese de Doutorado.

KRIEGER, M. G. (1981) *A definição lexicográfica no novo dicionário Aurélio: análise sêmica de verbetes substantivos.* Porto Alegre, UFRGS, 1980. Dissertação de Mestrado.

TEMMERMAN, R. (2000) *Towards New Ways of Terminology Description. The sociocognitive approach.* Philadelphia: John Benjamins, 2000.

Notas

[1] Interfaces entre definição enciclopédica, lexicográfica e terminológica podem ser observadas, por exemplo, em Finatto (1998).

[2] Outros aspectos em Finatto (2001e), *Terminografia brasileira no final do século XIX: contraponto entre domínios emergentes e consolidados.*

[3] Para outros aspectos sobre a elaboração da definição, vide capítulo "Geração de glossários e dicionários especializados".

Tradução técnico-científica[1], redação técnica e gestão de informação

A disciplina de Terminologia mantém uma relação estreita e de longa data com a tradução técnico-científica, por isso a troca de experiências entre ambas é algo quase natural. Parece, entretanto, que a Terminologia tem procurado muito mais a Tradução do que a Tradução tem ido ao seu encontro. Isso pode ser justificado de diferentes modos, a começar pelo fato de que a Terminologia é uma disciplina bem mais recente.

A despeito de um diálogo maior ou menor, a pesquisa terminológica, como já se reconhece na literatura (Vega, 1995; Cabré et alii, 2001), possibilita que o tradutor amplie sua competência textual e o conhecimento sobre uma área de especialização técnico-científica. A ampliação ocorre porque, à medida que o tradutor busca se familiarizar com um texto específico, mesmo sem perceber, acaba assimilando traços mais ou menos "sutis" do uso de uma linguagem especializada. Ao mesmo tempo, também acessa um determinado tipo de conhecimento. Assim, o tradutor, à medida que trabalha com um texto especializado, "aprende" não só um vocabulário mais ou menos "técnico" ou "científico", mas também adquire conhecimentos sobre como são "edificados" sintática e semanticamente os textos de uma dada especialidade.

De outro lado, documentalistas, bibliotecários, enfim, profissionais que gestionam informação técnica e científica e a colocam à disposição de usuários, sabem o quanto é importante a familiarização com determinados assuntos e terminologias. As terminologias, para esses profissionais, valem como elementos de indexação, como expressões de busca ou como palavras-chave de linguagem documentária. Na sua apreensão e relação com o texto especializado, diferente do que se passa com o tradutor, acentuam-se aspectos conceituais e temáticos.

Desse modo, a prática terminológica, principalmente pela via da produção de glossários e dicionários mono e multilíngues, tem sido bastante aproveitada pelo tradutor de textos técnicos e científicos e também pelos gestores de informação. Hoje quando os fluxos e vias de comunicação se acentuam e se multiplicam, também os redatores técnicos, que são profissionais de texto, gestores de bases de informação e os já citados tradutores têm estado em contato com outras realizações da Terminologia. Esse contato tem se concretizado pela utilização de bases de dados terminológicos vinculadas a *corpora* textuais técnico-científicos, tais como, por exemplo, bases de artigos de periódicos especializados, textos legislativos, normas de especificação de produtos manufaturados, entre

178 Introdução à terminologia

tantos outros tipos de documentos armazenados em grandes bases de dados disponíveis na internet.

Há, nesse sentido, um encontro entre diferentes profissionais e algumas das realizações da Terminologia. Voltados para esse cenário, exploramos aqui o tema dos recursos terminológicos úteis à tradução, redação técnica e gestão de informação. A ideia de base é ilustrar as diferentes contribuições da Terminologia para essas práticas.

A terminologia e os tradutores

Vega (1995, p. 67), diante da relação entre estudos de Terminologia e tradutores, afirma que, quando se trata de uma formação terminológica para o tradutor, o melhor que se pode fazer é proporcionar um treinamento para torná-lo um usuário autônomo, competente e constante da Lexicografia, Terminografia, da documentação terminológica, de bases de dados, tesauros, glossários etc. Valeria familiarizá-lo, portanto, com obras que hoje normalmente aparecem interligadas ou incorporadas a bancos de dados informatizados. De outro lado, o autor não vê muita utilidade, para o profissional de tradução, numa formação centrada em teorias de Terminologia.

Naturalmente, um treinamento "prático" com a produção gerada pela Terminologia é importante e necessário para o tradutor. Como já apontava Rey-Debove (1984, p. 65-66), muitas vezes não utilizamos adequadamente os dicionários pois, em geral, desconhecemos a maioria de seus princípios e orientações. Assim, o tradutor precisaria conhecer melhor esses recursos para que pudesse tirar o máximo proveito da prática terminológica que se concretiza, por exemplo, sob a forma de dicionários especializados.

Em uma outra via dessa relação, dicionários eletrônicos e bancos de dados terminológicos on-line tornam-se ferramentas cada vez mais indispensáveis para o tradutor[2], ainda que o profissional só se aproxime delas como um usuário, sem uma postura crítica sobre sua concepção. Como sabemos, a consulta manual a obras de referência impressa consome mais ou menos a metade do total do tempo empregado para completar uma tradução especializada. Nesse sentido, havendo um conhecimento maior e mais recursos, tempo e esforço tendem a ser substancialmente reduzidos. Mas, naturalmente, é preciso que os meios automatizados sejam devidamente empregados, valendo registrar que a precisão da escolha lexical do tradutor tende a aumentar de maneira considerável. Em um âmbito operacional amplo, o uso do computador e da internet já permite que se agilize e gerencie melhor a produção textual, tal que os recursos oferecidos pelos programas de processamento de texto permitem, por exemplo, que o tradutor e o redator possam colocar nos próprios textos em que trabalham os resultados diretos de pesquisas em dicionários on-line sobre um determinado termo, expressão ou fraseologia.

Conforme pretendemos evidenciar ao longo deste capítulo, o tradutor, assim como o redator técnico e o gestor de informação podem beneficiar-se em diferentes instâncias e de diferentes modos, tanto da prática quanto da teoria da Terminologia. Ao contrário de Vega (op. cit.), entendemos que alguma formação e conhecimento sobre as diferentes teorias de Terminologia enriquecem a relação Terminologia/Tradução tendo-se em mente a prática tradutória. Teoria e prática de Terminologia são, enfim, faces de um mesmo objeto e vale alguma familiarização básica com ambas. O mesmo se aplica para a prática de gestão documentaria, indexação e redação técnica.

TRADUÇÃO, GESTÃO DE INFORMAÇÕES E RECONHECIMENTO DE TERMINOLOGIAS

Como reconhece Araújo (2001), negligenciar as peculiaridades linguístico-terminológicas de uma determinada comunidade profissional pode trazer como efeito traduções malsucedidas, que não atendem às expectativas dos leitores dessa comunidade. Mas, infelizmente, é inegável a carência de instrumentos de referência em português brasileiro, o que obriga tradutores a atuarem como verdadeiros "pesquisadores-exploradores" das linguagens especializadas. Desse modo, produzem seus próprios materiais de apoio e "fazem" glossários. Mas, conforme a autora, não dispõem de formação, metodologias ou ferramentas adequadas para essa atuação.

A carência de recursos de consulta acaba implicando, como já mencionamos, maior tempo gasto na tradução, além de obrigar o tradutor a "montar" seu próprio material de apoio. Isso, em termos de gasto de tempo, pode até colaborar para comprometer a qualidade do produto final, sobretudo quando não há possibilidade de auxílio ou revisão de um especialista em uma determinada terminologia ou área de conhecimento. Portanto, é evidente que o tradutor necessita de formação teórica e aplicada em Terminologia.

Araújo (op. cit.) também salienta que a familiarização, durante a formação acadêmica do tradutor, com ferramentas especificamente voltadas para gestão e até caracterização de terminologias, além de suprir essas necessidades, pode abrir novas perspectivas de atuação profissional. Além dessas perspectivas, já há demanda pelo conhecimento teórico e prático sobre algumas ferramentas de apoio, principalmente por parte das indústrias de software de apoio à tradução e edição de texto, sobretudo nas empresas de desenvolvimento de *softwares* que buscam atender às necessidades de tradutores e redatores. Entretanto, a maioria das ferramentas disponíveis no mercado (sobretudo softwares) é de origem estrangeira e é acessível apenas a escritórios de tradução de grande porte, pois tendem a ser caras. Isso geralmente inviabiliza a compra e o consequente conhecimento sobre seu funcionamento por parte de profissionais autônomos brasileiros.

Em meio aos dois extremos da tradução, daquela feita apenas com uso de lápis e papel e dicionários usuais e o da tradução feita com o apoio de softwares e recursos eletrônicos, acentua-se cada vez mais a demanda do processamento de linguagens técnico-científicas. Nessas linguagens, as terminologias recebem um destaque maior, não só com vistas à composição de dicionários, mas com o objetivo de produção de bases de dados, que funcionam como verdadeiras bases de conhecimento. Em um novo cenário tecnológico, muitos dos instrumentos já disponíveis para o Processamento da Linguagem Natural mostram-se úteis tanto para quem pesquisa na área da Linguística de *Corpus* como também para quem traduz e repertoria ou organiza terminologias técnico-científicas, procurando entender ou familiarizar-se com o universo das linguagens especializadas.

Infelizmente ainda são pouco costumeiros o acesso e o contato dos estudantes de Tradução, de Ciência da Informação ou Biblioteconomia com diferentes recursos informatizados que se ocupem de algum tipo de identificação ou classificação da linguagem natural. Apesar disso, o desenvolvimento de ferramentas terminológicas para a tradução, contemplando o português brasileiro, constitui um campo com muito a ser explorado por diferentes profissionais, inclusive de Letras, ao mesmo tempo em que se desenvolvem estudos terminológicos sistemáticos, voltados para o registro e a descrição de linguagens especializadas. Essas são as alternativas a serem consideradas quando se procura encurtar a distância entre os planos da prática e o da formação profissional (Araújo, op. cit.), sobretudo na tradução.

Nesse contexto, um olhar "para a Tradução com base na Terminologia" e também pela via inversa pode contribuir para uma melhor compreensão mútua além de gerar mais opções de trabalho para o tradutor. Tendo em vista esse diálogo, valem duas questões iniciais: a) Qual o papel da Tradução na Terminologia e vice-versa? b) Que concepções de tradução podemos encontrar por trás da prática terminológica bi ou multilíngue? As respostas para essas e outras perguntas podem ser proveitosa para as duas áreas.

A Terminologia contribui bastante para a Tradução, assim como a relação da Tradução com a Terminologia a impulsionou sobremaneira. Pela via de acesso da Terminologia, seja a das práticas, seja das teorias, tanto a gestão da informação quanto a tradução podem ser beneficiadas na medida em que se acentua e investiga a natureza linguístico-textual dos fenômenos observados nos textos técnico-científicos. Isto é, tanto para quem traduz como para quem organiza informações ou busca empreender um reconhecimento de terminologias, importa reconhecer que o texto especializado é, antes de mais nada, um todo de significação dinâmico e mutável, *habitat* natural das terminologias. Esse reconhecimento também está expresso em algumas teorias de Terminologia e pode nos auxiliar a compreender melhor algumas especificidades do texto e da linguagem técnico-científica, quer se traduza, redija ou organize documentação.

REDAÇÃO TÉCNICA: TERMINOLOGIAS E TIPOS TEXTUAIS

Um exemplo de contribuição tanto da prática quanto das Teorias de Terminologia, resgatando-se aqui uma herança dos estudos de Linguística Textual, é concretizado pelo que já se produziu em termos de estudo e de descrições sobre o texto especializado. Nesse âmbito, além do reconhecimento de tipos de termos, a percepção de uma tipologia ou gêneros de textos é algo de grande utilidade para a Tradução e também para a Gestão de Informação e Redação Técnica.

A Terminologia teórica, à medida que evolui, está cada vez mais reconhecendo a necessidade de que o texto especializado integre seus objetos de estudo. Nessa via, Hoffmann (1998) salienta a condição de "signo linguístico fundamental" do texto. Isto é, esse tipo de texto deixa de ser um mero conjunto de "termos técnicos" relacionados, tornando-se um todo de estudo e análise também para a Terminologia. E, dessa interface entre estudos sobre texto e estudos de Terminologia, vemos as contribuições necessárias da Linguística Textual e das Teorias do Texto e do Discurso.

No universo dos textos especializados, o reconhecimento de tipos textuais, conforme Bevilacqua (1999), envolve perceber a finalidade do texto, o público a que se dirige, o nível de abstração envolvido (em função da área de conhecimento), o seu grau de precisão; seus traços de concisão e sistematicidade, se há uso de linguagem artificial ou de outros códigos (fórmulas, gráficos, tabelas) e também inclui a observação de graus de densidade terminológica. Envolve observar, além disso, se há inserção de linguagem não especializada (mais ou menos coloquial) ao longo do texto. Muitos tipos de textos podem ser identificados por essas características e também por particularidades ou mecanismos de coesão e coerência. Não obstante, é plenamente possível encontrar dois textos bem diferentes sobre um mesmo assunto, pertencentes a um mesmo tipo, ainda que partam de uma mesma perspectiva teórica, mas que poderão tratar um mesmo tema com graus distintos de profundidade sob perspectivas diferentes. Essa seria apenas uma possibilidade entre várias nesse universo, caracterizando a chamada variação conceitual.

Com base nisso, uma tipologia de textos técnico-científicos nunca será algo absoluto ou indiscutível, posto que variam, por exemplo, os elementos que definem os seus graus de especialização[3]. Por isso, a descrição sistemática do texto, desenvolvida no âmbito da Terminologia, poderá auxiliar a percepção de peculiaridades textuais de determinadas áreas de conhecimento. Isso pode, por exemplo, ser útil para o tradutor.

182 Introdução à terminologia

Entre diferentes características, o grau de especialização de um texto, que vai do artigo de periódico especializado até o texto de popularização de temas científicos, revela-se como elemento que pode servir de referência para a identificação e descrição de terminologias em um *corpus* textual. Isso em função de que modelos textuais distintos tendem a exibir determinados tipos de terminologias, além de outras características lexicais e gramaticais que os particularizam.

Nessa medida, observar textos em seus tipos e variedades inclui, mas também ultrapassa, uma simples observação do uso de um determinado vocabulário mais "marcado". A frequência de uso de determinados recursos linguísticos, as escolhas e as redações distintas, enfim, sinalizam instâncias textuais diferenciadas. Essas instâncias, uma vez caracterizadas, descritas e compreendidas podem também contribuir para a maior adequação da tradução ou versão de um texto na medida em que o tradutor tenha acesso a essas informações. Daí por que o desenvolvimento de uma Terminologia de perspectiva linguístico-textual tende a ter um melhor aproveitamento pelo profissional de tradução e pelo profissional que se ocupa com textos especializados em geral.

Uso de softwares para reconhecimento terminológico

Suponha o seguinte exercício-desafio: compor, com apoio informatizado, o "rascunho" de um dicionário básico de termos baseado num *corpus* textual coletado em revistas especializadas de Química. Imagine se tivéssemos, para começar, um mesmo artigo de uma revista especializada em versão bilíngue inglês-português, em formato Word, com cerca de oito mil palavras. Ao buscar uma identificação de todos os substantivos desse texto, considerando que muitos podem ser termos, logo perceberíamos a necessidade de encontrar uma ferramenta para a marcação de classes de palavras. Haveria um software capaz de assinalar todos os substantivos de um texto?

Nesse ponto dessa atividade hipotética, seria útil saber, por exemplo, que alguns estudos já indicam que cerca de 40% do volume de palavras de um texto tende a ser composto apenas por palavras gramaticais, tais como proposições e artigos. Quer dizer, cerca de 60% do volume restante de um texto é constituído por palavras lexicais, também ditas palavras de sentido "cheio". Entre essas, estão os substantivos.

Dispor de um software do tipo *parser*, uma ferramenta que faz reconhecimento morfossintático de palavras em um texto, significaria, nessa tarefa, ter melhores condições de marcar em texto, em poucos minutos e de maneira automática, as unidades que obedecessem ao critério de busca inicialmente proposto: ser substantivo. Mas, da obtenção informatizada de uma lista de substantivos coletados em um *corpus* textual à elaboração da lista de entradas de um glossário ou dicionário há muito que ser feito.

De outro lado, na obtenção dessa lista de nomes, ao considerarmos apenas a dimensão do funcionamento adequado ou até inadequado dessa ferramenta, é fácil perceber que um *parser* marca todos os substantivos de um texto com alguma margem de erro. Isto é, será preciso contar com aquelas situações em que, por exemplo, se usa um adjetivo como substantivo, entre outras dificuldades. Afinal, como se sabe, nenhuma ferramenta oferece 100% de acerto quando a tarefa é categorizar palavras de um texto. E, justamente por isso, os melhores softwares analisadores tendem a contar com linguistas entre seus designers.

A análise estrutural e morfológico-gramatical de um *corpus* textual com apoio de ferramentas informatizadas envolve diferentes estágios e refinamentos de processamento. Por isso vemos, no exemplo singelo da busca de substantivos em um texto para um futuro glossário, uma ótima e nova oportunidade para atuação do profissional da linguagem. Abre-se o espaço para nossa atuação como colaboradores na arquitetura desses softwares de marcação de palavras em textos.

Assim, em um simples reconhecimento de palavras, no qual se assinalassem apenas os substantivos em um texto especializado, temos um cenário no qual se associam a pesquisa terminológica, a teoria linguística e a concepção dos instrumentos informatizados. Dessa primeira marcação, melhor ou pior sucedida em termos de acerto, inicia-se uma das etapas da terminografia apoiada em *corpus* textuais digitalizados. Saímos assim do âmbito da pesquisa feita com lápis e papel e passamos a uma nova etapa, encontrando também novas dificuldades. Portanto, cabe dizer que a informatização, por si só, não significa 100% de melhoria absoluta para a pesquisa de reconhecimento de terminologias em textos especializados.

Problemas do reconhecimento automatizado

Os softwares de reconhecimento de palavras, como comentamos, apresentam desempenhos melhores ou piores. Daí por que demandam intervenção do usuário, isto é, de uma pessoa que, enfim, faz as correções necessárias depois de uma primeira marcação. Nas tarefas, por exemplo, de relacionar todos os substantivos de um texto, em uma ou duas línguas, e gerar uma lista preliminar de entradas de um dicionário, o índice de erros desse tipo de ferramenta pode ser considerável, mesmo que não ultrapasse uma margem de 20%. Esse percentual de erro é natural, afinal a marcação morfossintática envolve vários fatores e variáveis que precisam ser simultaneamente reconhecidos por um programa.

Com base numa experiência com a marcação informatizada de unidades em textos e da vivência com as dificuldades envolvidas na automação dessa tarefa, vemos que há muito a percorrer para relacionarmos de modo mais claro uma

184 INTRODUÇÃO À TERMINOLOGIA

eventual complexidade estrutural e gramatical do texto especializado com uma "fisionomia particular", por exemplo, dos substantivos de Química. É preciso refletir sobre, nesse nosso exercício, como esses substantivos poderiam ser diferenciados ou caracterizados em um determinado tipo de texto e em uma determinada área de conhecimento. Os sufixos nas terminologias químicas servem para indicar, entre outras coisas, a valência de substâncias e compostos. Nesse particular, a condição gramatical de "ser um sufixo" adquire uma outra valoração em relação ao universo dos substantivos listados de um texto de tipo "x".

Isso mostra, tanto para o estudante de tradução que se aproximasse dessa terminologia na situação de um exercício de aula quanto para o pesquisador que experimentasse pela primeira vez um software de marcação linguística, a necessidade de contar com algum tipo de esclarecimento prévio, por exemplo, sobre funções, valores e, fundamentalmente, sobre a "arquitetura" dos nomes em uma determinada área do conhecimento. Isso é o que também se poderia verificar, no nosso exemplo, quando nos deparamos, em Química, com alternância de termos como, por exemplo, *ácido muriático* e *ácido clorídrico*. A escolha de uma determinada forma e não de outra pode indicar a composição ou grau de pureza da substância em questão, somando-se a isso o fato de que, no primeiro caso, o valor semântico do sufixo *-ico* parece ser o mesmo que o da linguagem comum. Já que no segundo caso, em *clorídrico* temos o acréscimo e a sobreposição de um "semantismo químico" ao sufixo.

Portanto, conforme se depreende de um exercício-desafio como o antes referido, o de simplesmente localizar nomes e termos em um texto, quando se pretende uma análise abrangente da linguagem e também de tipos de textos especializados com apoio informatizado, necessariamente tem-se de ir além da mera consideração da dimensão morfológica de palavras. Será preciso, em função da feição peculiar das terminologias, considerar também que o valor constitutivo das subestruturas (morfemas) é condicionado pelas especificidades das diferentes áreas de conhecimento ou ciências. Ao mesmo tempo, as palavras mais "típicas" de um saber ou ciência convivem, sob um mesmo texto, com outras unidades que não sofrem uma mesma influência. Assim, as terminologias carregam determinadas "marcas" que ora se acentuam, ora se fazem mais raras em diferentes tipos textuais de diferentes ciências.

Mas, voltando ao reconhecimento de substantivos em um texto, destacamos que, naquelas situações em que, por exemplo, substantivos fossem erroneamente classificados como adjetivos pela ferramenta, ficaria evidente a necessidade de familiarização com um instrumento informatizado. Isto é, é preciso ter condições de entender não só como uma ferramenta x ou y funciona, mas também ter alguma noção de como ela foi gerada e o que é capaz de fazer. De outro lado, na via de atuação do linguista com a análise textual propriamente dita, será necessário também saber, por exemplo, como os substantivos de uma determinada área de conhecimento são formados, quais são seus constituintes e perfil.

No caso de textos especializados sob processamento, é interessante: a) vincular informações de dicionários terminológicos específicos; b) acrescentar ao *corpus* de textos um outro conjunto de textos especializados que serve como contraste. Esses dois elementos podem qualificar o reconhecimento de unidades candidatas a abastecer um dicionário. De outro lado, de um conjunto ou base textual podem surgir até verdadeiros bancos de conhecimento. Esses são os bancos a que Otman (1996) se refere como potenciais produtos baseados em *corpora* textuais tecnológicos e científicos sob análise e processamento lexical. Isso sem esquecer de mencionar uma derivação mais próxima: os hiperdicionários fundamentados em bases textuais digitais.

Reconhecimento de fraseologias com apoio informatizado

Um outro ponto de observação importante no universo dos textos especializados refere-se às fraseologias. Quando procuramos compreender perfis de texto e de terminologias, a fraseologia é um elemento recorrente que, entre outras coisas, pode "marcar" um estilo de texto e um estilo de linguagem[4].

As fraseologias especializadas são, algumas vezes, compreendidas como expressões sintagmáticas mais ou menos fixas e recorrentes que incluem entre seus elementos, além de uma base verbal, pelo menos uma unidade terminológica, considerada como núcleo dessa unidade. Além disso, devem possuir determinado grau de fixação e uma frequência relevante em determinado âmbito. Como exemplos, podemos mencionar, na linguagem médica não tensa, a expressão "fazer febre" como uma construção recorrente no lugar do uso cotidiano de "ter febre".

Embora seja possível identificar algum consenso em relação à definição de fraseologia, observamos que há divergências quanto ao tipo de unidades que são consideradas como tal. Basicamente é possível identificar duas tendências:

a) uma que acredita que os nomes compostos (tais como *permanent data*, *damaged data*) são unidades terminológicas e, portanto, não fazem parte do estudo da fraseologia especializada, que teria uma característica eminentemente verbal, vinculada a verbos associados a nomes;

b) outra, que acredita que os nomes compostos devem ser estudados no âmbito da fraseologia especializada.

Independentemente de questões teóricas maiores ou menores, mais ou menos complexas, a fraseologia é um fenômeno de linguagem importante que contribui para a caracterização do texto de uma área de conhecimento. Sendo frequente e recorrente, a combinatória de determinados elementos, tal como os fraseologismos, é um objeto com o qual os processadores de textos se deparam continuamente. Em geral, o estudo de fraseologias especializadas tem sido feito pela observação das associações entre determinados verbos e termos.

Introdução à terminologia

Delimitação de sintagmas terminológicos

A grande maioria das terminologias é composta por sintagmas, isto é, por termos integrados por mais de uma unidade ou palavra. Sintagmas terminológicos são também denominados termos complexos ou unidades de significação especializada polilexemáticas. A característica fundamental é, assim, a composição por mais de uma palavra, tal como em *ácido cítrico*, *relatório de impacto ambiental*, *atentado violento ao pudor*, entre outros.

A dificuldade de um reconhecimento desses termos, com ou sem apoio informatizado, é sua delimitação[5], quer dizer, é especialmente complexo perceber, quando não se é um especialista da área de conhecimento, onde começa e onde termina um termo. Nesse sentido, a detecção semiautomatizada de sintagmas pode ser auxiliada com a observação de algumas regularidades constitutivas. Em Geociências, por exemplo, conforme estudou Borges (1998), a grande maioria dos sintagmas terminológicos tem a estrutura do tipo nome + adjetivo ou nome + preposição + nome e nome + adjetivo.

Contudo, a despeito de uma regularidade de apresentação, permanece a dificuldade de delimitação precisa desses sintagmas. Quer dizer, a percepção da extensão desses termos compostos por várias palavras é ainda algo a ser aperfeiçoado pela via de estudos estatísticos e teóricos.

Não obstante, conforme vemos em pesquisas (Temmerman, 2000; Borges, 1998), a feição e a criação de sintagmas terminológicos particulares é influenciada por categorias semânticas que são próprias dos diferentes domínios do conhecimento. A pesquisa de Borges (op. cit.), por exemplo, já revelava que uma concisão sintagmática, principalmente a realizada na forma nome + adjetivo, predomina em três domínios de conhecimento: Geociências, Medicina e Direito Ambiental.

Com base nesses estudos, com vistas a facilitar o reconhecimento de termos longos, pelo menos nessas três especialidades, seria mais útil localizar, primeiro, com o auxílio de um software, sequências do tipo nome + adjetivo. Para o caso de outras áreas de conhecimento, será necessário que se empreenda um estudo piloto sobre a feição de seus sintagmas nominais, valendo incidir a busca sobre núcleos terminológicos como substantivos que têm valor de termo.

Perspectivas

Dos produtos da Terminologia e das suas descobertas, podem beneficiar-se a tradução, a redação e a gestão da informação técnico-científica. Nesse contexto de trabalho, compreender a linguagem e os discursos terminológicos para além dos limites de um vocabulário é fundamental. Termos, definições, fraseologias, assim como a preferência pelo uso de determinados recursos expressivos e de construção textual, perfazem o universo do texto especializado.

Os estudos que têm sido desenvolvidos, tanto em Terminologia teórica quanto aplicada, têm buscado caracterizar e compreender a feição das linguagens, dos textos e terminologias especializadas. Isso, sem dúvida, tanto facilita o trâmite de gestão de informações técnico-científicas quanto possibilita uma melhor condição de trabalho para os profissionais de texto e de comunicação em geral.

Em Terminologia, a partir dos diferentes estudos e pesquisas específicas sobre temas linguísticos, surgem pontos que interessam mais ou ao tradutor ou ao redator técnico. A visão global de um conjunto dos textos sob estudo, a incidência de determinados termos em *abstracts* de artigos, por exemplo, são tópicos que poderiam interessar também aos gestores de informação. Há, enfim, um produtivo diálogo a explorar e interessados não faltam. Nesse âmbito, vale salientar que, cada vez mais, tradutores, gestores da informação e bibliotecários têm reconhecido a contribuição dos estudos terminológicos[6].

LEITURAS RECOMENDADAS

ARAÚJO, L. A. *De big bangs a buracos negros no universo da tradução no Brasil: um estudo sobre o papel da terminologia na prática tradutória e na formação de tradutores.* Campinas: Universidade Estadual de Campinas. 2001. Tese de Doutorado.

BESSÉ, B. Des fichiers terminologiques aux bases de connaissances. In: CLAS, A., SAFAR, H. *L'environnement traductionnel. La station de travail du traducteur del'an 2001.* Québec: Presses Universitaires du Québec, 1996, p. 283-300.

REY-DEBOVE, J. (1984) Léxico e dicionário. *Alfa.* São Paulo, 1984, 28 (supl.): 45-69.

VAN DER LAAN, R. *Tesauro e Terminologia: uma inter-relação lógica.* Porto Alegre: UFRGS, 2002. (mimeo) Tese de Doutorado. (inclui anexos)

VEGA, M. A. *Terminologia y Traducción.* Jornada Panlatina de Terminologia, 1995. Barcelona: Universitat Pompeu Fabra. IULA, 1996, p. 65-71.

NOTAS

[1] Outros detalhes sobre Tradução, Documentação e terminologia estão no capítulo "Correlações e interfaces".

[2] Mais detalhes sobre a geração de glossários e dicionários especializados estão no capítulo "Geração de glossários e dicionários especializados".

[3] Domènech (1998) apresenta uma proposta de análise das Unidades de Conhecimento Especializado e sua relação com os níveis de especialização dos textos técnico-científicos.

[4] Mais detalhes estão na seção "Fraseologia", do capítulo "Objetos".

[5] Outros detalhes estão no capítulo "Linguagem especializada: estudo de texto com apoio informatizado".

[6] A respeito da inter-relação entre Biblioteconomia ou Documentação e Terminologia, veja a seção "Documentação".

Metodologias descritivas

Os estudos de Terminologia, cada vez mais, têm voltado sua atenção para os textos técnico-científicos, explorando-os em suas diferentes modalidades e instâncias de comunicação. Ao se enfocar fenômenos da comunicação especializada, dando conta das terminologias e dos funcionamentos da linguagem técnico-científica consubstanciados nesses textos, impõe-se uma metodologia específica quando se pretende obter uma perspectiva verdadeiramente textual. Isto é, será preciso respeitar a condição particular de cada tipo de texto.

Uma vez que a comunicação especializada se faz por meio de textos orais ou escritos, será preciso levar em consideração que um texto especializado, como qualquer outro texto, é a produção de um sujeito tendo em vista um leitor determinado. Nesse sentido, a comunicação técnico-científica, como a comunicação em geral, também envolverá a apropriação da língua pelo locutor, por meio da qual ele se constituirá como um *eu*. Isso é o que E. Benveniste já nos ensinava[1].

Nesse quadro, o texto em foco também espelha um uso de língua particularizado. É também um dos pontos de manifestação de um discurso, seja técnico, tecnológico ou científico. Como objeto linguístico, é também objeto histórico, social e cognitivo. Em consequência, no escopo de uma Terminologia textual, o texto torna-se o signo linguístico primário, condição que Hoffmann (1998, p. 78) já bem assinalou. Com base numa concepção textual, diferente de uma Terminologia centrada apenas no léxico especializado, trazemos aqui alguns subsídios básicos para os casos em que se queira empreender a descrição de uma linguagem especializada pela observação de seus textos escritos. A propósito, vale salientar a produção de glossários e dicionários especializados que cada vez mais tende a estar associada ao reconhecimento terminológico em *corpora* textuais. Isso, sem dúvida, evidencia uma relação entre Terminografia e reconhecimento textual.

Sugerimos, a seguir, um pequeno roteiro de trabalho apoiado em um conjunto de considerações teóricas. Na sequência, trazemos alguns exemplos de itens que podem integrar uma descrição terminológica tomando-se por base dois tipos de linguagem especializada.

Descrição *versus* prescrição: escolhendo um referencial teórico

Antes de iniciar qualquer descrição, é importante não perder de vista a condição linguística do nosso objeto e o ponto de vista a adotar. Qualquer objeto de análise, como é comum acontecer, torna-se um objeto de estudo ao qual se acresce o ponto de vista adotado para seu enfoque. E, nesta situação, o ponto de vista também "faz" o objeto. Nosso ponto de vista para a descrição da linguagem técnico-científica privilegiará o todo de sentido que é o texto técnico-científico, sem deixar de considerar suas condições extratextuais[2]. Isto é, trata-se de observar não só uma estrutura "interna" ou "arquitetura" textual, mas também a articulação entre suas dimensões internas e externas.

Contar com um "norte teórico" é algo que tende a facilitar qualquer trabalho descritivo propriamente dito. E, entre diferentes perspectivas teóricas da Terminologia, é possível selecionar uma e "colocá-la em prática" para orientar um estudo de textos especializados. Esse norte também servirá para guiar a fase posterior de estudos que é a análise. Todavia, para selecionar a orientação mais adequada, faz-se necessário reconhecer os diferentes perfis teóricos e seus respectivos resultados de aplicação, em função dos diferentes rendimentos práticos pretendidos e do objetivo específico que se tenha. Assim, caso o objetivo seja a produção de um glossário de termos, ou se trate de um reconhecimento de condições gramaticais, a escolha teórica deverá ser a mais adequada possível para cada diferente situação.

Tendo isso em mente, importa saber, como bem resume Bevilacqua (1998), que as tendências teóricas da Terminologia atual são enfoques surgidos basicamente da constatação da insuficiência dos pressupostos e princípios da antiga Teoria Geral da Terminologia (TGT). Tal insuficiência vincula-se especialmente à apreensão de alguns fenômenos de uma comunicação técnico-científica *in vivo*, visto que era privilegiada uma situação de comunicação *in vitro*. Com base no reconhecimento dos limites dessa Terminologia "clássica", de orientação majoritariamente prescritiva, começou-se a enfocar as terminologias e os textos técnico-científicos por outras vias: pela perspectiva da Sociolinguística na escola quebequense, com a Socioterminologia; pela perspectiva comunicativa (Cabré, 1998a, b; 1999a, b, c); pela chamada Terminologia Sociocognitiva (Temmerman, 1999), entre outras. Do conjunto dessas diferentes perspectivas, formam-se bases para novas teorias da Terminologia[3] e instauram-se novos pontos de vista possíveis.

A TGT, fundada por Wüster, como vimos no capítulo intitulado "Histórico", foi a corrente teórica inicial da Terminologia; seu enfoque foi muito mais conceitual do que linguístico. Todavia, seria enganoso pensar que seus princípios não sejam mais aproveitáveis ou importantes. O ideal de univocidade, o privilégio dos registros escritos sobre os registros orais e o foco prioritário sobre o léxico e sua sincronia ainda podem nos orientar quando se estudam determinados tipos de linguagens especializadas, especialmente as técnicas, e quando a normatização ou a padronização denominativa sejam pontos relevantes.

Nos novos âmbitos teóricos, depois da TGT, ampliaram-se, por um lado, os tipos de unidades consideradas objeto de estudo da Terminologia e, por outro, multiplicaram-se os aspectos passíveis de análise. Entre esses, abre-se espaço para além do estudo de características linguísticas em um sentido estrito, destacando-se também as dimensões pragmático-comunicativa e cognitiva das terminologias e das linguagens especializadas.

Das novas propostas teóricas apresentadas como alternativas à TGT, a Teoria Comunicativa da Terminologia (doravante TCT) revela-se como uma perspectiva cujos fundamentos permitem ampliar o panorama das unidades especializadas a serem descritas, compreendidas como Unidades de Significação Especializadas – USE. Seu foco não incide apenas sobre "termos", mas também traz elementos para uma análise detalhada e profunda dessas unidades em suas associações e alternâncias com outras unidades da língua.

Os principais fundamentos da TCT, destacados por Bevilacqua (op. cit.), são os seguintes:

a) a linguagem é compreendida como um sistema que inclui gramática, semântica e pragmática;

b) o texto é o marco natural das Unidades de Significação Especializadas (USE). Isso permite descrever não só as unidades terminológicas (os termos), mas também outras unidades de significação especializada, tais como as unidades fraseológicas, unidades sintagmáticas, verbos, adjetivos etc.;

c) as USE são tomadas como unidades poliédricas que podem ser analisadas nas perspectivas linguística, cognitiva e comunicativa. Essas perspectivas correspondem a diferentes "portas de acesso" para o estudo da linguagem técnico-científica;

d) textos ou os discursos especializados são a base da comunicação especializada. Assim, ao formarem parte da língua natural não constituirão "sublínguas" à parte da língua em geral, ainda que utilizem unidades e recursos de outros sistemas simbólico-semântico.

Essa compreensão comunicativa dos estudos de Terminologia, enfocando uma conformação interdisciplinar, prevê o tratamento multidimensional e multifuncional das unidades de significação especializada. Desse modo, ao ser escolhida como orientadora para um estudo do texto especializado, condicionará o reconhecimento de uma natural multidimensionalidade de seus elementos constitutivos. A TCT inclui também a apreciação da variação conceitual e denominativa, tendo-se em conta as dimensões comunicativa e discursivo-textuais. Sem dúvida, trata-se de vertente teórica muito desenvolvida, valendo salientar que suas aplicações e descrições ainda têm se dedicado mais à observação de aspectos morfossintáticos e sintáticos das terminologias do que propriamente do texto.

Descrição terminológica e condição linguística

Por que descrever uma linguagem especializada? Motivos não faltam. Hoje é crescente a demanda pela compreensão dos falares das ciências e das tecnologias, cada vez mais presentes na nossa sociedade. Variadas informações precisam estar mais acessíveis ao leigo, ao profissional e também ao aprendiz de uma especialidade. Necessitamos, cada vez mais e melhor, compreender a "língua dos cientistas" para ter acesso às informações e aos conhecimentos consubstanciados em textos.

Nesse sentido, quando pensamos em descrever linguagens especializadas, tomadas como um objeto de estudo, é importante compreender que os métodos de descrição, em si mesmos, são apenas uma parte de um todo. Como já mencionamos, é fundamental estar claro, de antemão, que a descrição de uma linguagem especializada jamais se esgotará na obtenção de uma simples lista de termos: eles são apenas uma parcela da totalidade.

Qualquer descrição deve servir a uma melhor compreensão. Ao buscar a perspectiva interna e externa de um objeto, ao perceber as relações que ele mantém com seus semelhantes e com seu ambiente de inserção, teremos subsídios para um melhor entendimento sobre sua natureza e funções. Isso vale também para o caso dos textos técnico-científicos, sendo fundamental considerar, primeiro, a natureza linguística do objeto texto e, depois, a incidência de um ponto de vista teórico-metodológico.

O TEXTO COMO FONTE PRIMEIRA: MACRO E MICROESTRUTURA

Consoante à orientação escolhida para o enfoque do objeto "texto especializado", a aproximação descritiva será desenvolvida de um ou de outro modo. Se, por exemplo, tomamos como referencial as ideias de Lothar Hoffmann (1998), autor que defende uma apreensão da funcionalidade do texto especializado, seguindo o rumo de uma Terminologia Textual, podemos iniciar a observação do texto especializado partindo, por exemplo, de dois níveis: o nível macroestrutural e o nível microestrutural.

Esses dois níveis da constituição de um texto foram propostos por Van Dijk (1984), no âmbito da linguística do texto[4] dos anos 80, harmonizando-se com a concepção de uma "linguística do texto especializado" definida por Hoffmann desde essa época. O trabalho de Hoffmann (op. cit.), ao adotar uma perspectiva léxico-textual, visto em relação à atualidade da Terminologia, representa uma orientação teórica compatível com a vertente comunicativa da TCT.

Num primeiro nível de compreensão, o da macroestrutura[5], deve-se procurar reconhecer a totalidade do texto em relação às suas partes constitutivas mais gerais, tais como suas subdivisões, temas, paragrafação, títulos. São observados também características e objetivos dos sujeitos enunciador e destinatário, particularizando-se o tipo de texto em questão e a situação comunicativa. No segundo nível de apreensão do texto, o da microestrutura, serão vistos cada um dos núcleos básicos do texto. Nesse segundo nível devem ser analisadas frases, palavras e suas

192 Introdução à terminologia

vinculações, escolha lexical e respectivas incidências. Ao aproveitarmos essa ideia, revela-se a organização do texto em um eixo de sucessões, que tanto pode ser um parágrafo quanto uma porção maior de texto.

Com base em macro e microestruturas, observam-se nos textos, num segundo momento, os termos característicos de uma área de conhecimento, como também são analisadas as construções gramaticais mais recorrentes e peculiares. Nessa etapa, a observação da frequência de determinadas unidades lexicais, como da frequência do emprego de determinados recursos gramaticais recorrentes em relação a outros menos recorrentes, pode ser capaz de revelar traços específicos de um tipo de texto e de uma linguagem. Obtêm-se, assim, alguns elementos que já contribuem para identificar tanto um "perfil de linguagem" quanto um "perfil de texto" e um "perfil lexical".

Independentemente da escolha teórica ser essa ou não, os estudos terminológicos de orientação linguística atualmente têm paulatinamente vivenciado o problema do enfrentamento de estruturas textuais complexas, deparando-se cada vez mais com os "problemas do texto", dificuldades de sua compreensão e dificuldades da comunicação no interior de uma área de conhecimento, mesmo entre especialistas de um determinado assunto. Nesse caminho, para que se possa alcançar uma descrição da organização e da estrutura do texto técnico ou científico e das terminologias que o integram, é fundamental percebê-lo além da mera junção de parágrafos, frases, orações, sujeitos ou regências gramaticais. Será preciso, enfim, ultrapassar os limites da sintaxe e avançar em direção à semântica do texto. O objeto textual necessita ser visto como uma totalidade de significação que se particulariza como um objeto social e culturalmente construído em diferentes dimensões e níveis. E, nessa condição, o texto especializado é tanto instrumento quanto resultado da atividade comunicativa exercida em relação a uma atividade socioprodutiva especializada. Diante de nós, coloca-se uma unidade estrutural e funcional (Hoffmann, 1998, p. 77) condicionada por um conjunto de fatores que devem ser levados em consideração em sua análise e descrição.

Outros referenciais

Com base nessa primeira ideia de uma observação macro e microestrutural, o texto especializado também se mostra como fruto da ação perceptiva e transformadora de um sujeito enunciador, individual e múltiplo, sobre um conjunto de conhecimentos e textos com os quais se relaciona. Essa ação do sujeito que produz o texto pode ser vista como redizer algo ou recontar a estruturação de um conhecimento tornando-o acessível ao leitor. Materializada e sobremodalizada, isto é, particularizada, no amplo conjunto de enunciados que estabelece o texto, sua produção também envolve relações de intertextualidade. Dito de outro modo: o texto técnico-científico, tomado como objeto de observação pelo analista, ao ser construído pelo enunciador é também uma síntese de diversos outros textos: os que o precedem e o acompanham, os quais compartilham com ele a constituição sócio-histórica de uma área de saber e do *continuum* de conhecimentos em que se insere. Assim, cada texto pode ser apreendido em relação a um conjunto de textos conexos e similares, quer pela temática, quer pela forma.

Considerando-se essa condição, do escopo das teorias de Terminologia que se aproximam dos referenciais de texto, um referencial que também pode ser aproveitado é o de Kocourek (1991). Esse autor, tal como Hoffmann, tratou da relação entre termos e textos, marcando um viés léxico-textual da Terminologia apoiado em um triplo eixo de descrição do texto especializado.

Na sua visão, o texto representa, num primeiro eixo, o emprego de recursos da língua numa sequência sintagmática. Em seguida, constitui um eixo de "fonte de dados", à medida em que permite a observação de todos os planos da língua. Finalmente, numa terceira dimensão proposta pelo autor, o texto deverá ser compreendido como um plano suprafrásico de análise linguística, no qual a coesão gramatical e a coerência semântica são fundadas sobre planos inferiores, verificando-se uma rede complexa de relações semânticas e interfrásicas. O plano-texto contrasta, assim como outros planos da língua, sobretudo com o plano lexical e gramatical. Essa, sem dúvida, é uma ideia mais complexa do que a anterior, mas pode ser satisfatoriamente aplicada a uma descrição de textos especializados.

Nessa proposta, os termos aparecem como unidades semânticas dominantes nos textos. Além disso, essas unidades lexicais e suas acepções estarão definidas no texto, integrando a totalidade da tessitura textual. Nesse tipo de enfoque aparecem em discussão dois planos de análise: o da "palavra técnico-científica", elemento que se busca isolar por meio de uma marcação sintático-semântica ou morfossintática, e o plano mais amplo do texto, no qual uma série de fatores estão envolvidos.

Nesse tipo de reconhecimento do texto especializado, o texto e o sistema da língua são elementos complementares. E, como explica Kocourek (op. cit.), os termos não valem somente como elementos do sistema da língua, mas são ocorrências no interior dos textos sob exame. A complementaridade da abordagem textual e sistêmico-gramatical, assim, na visão desse autor, é algo essencial, de modo que é preciso considerar tanto os termos em destaque quanto as estruturas textuais em que se inserem.

Seja adotando as ideias de Hoffmann ou as ideias de Kocourek, que aqui servem como exemplo de vários enfoques possíveis, ao considerarmos uma Terminologia Textual, o texto técnico-científico revela-se uma totalidade de significação que se particulariza como um objeto social e cultural construído em diferentes dimensões e níveis.

Entre diferentes dimensões ou planos de texto, reconhecidos por diferentes autores, é importante citar mais duas em especial, mencionadas no trabalho de

194 INTRODUÇÃO À TERMINOLOGIA

Selov e Mjasnikov (1993, p. 38): a esfera do *lexis* e a esfera do *logos*, ou, respectivamente, a dimensão da língua e a dimensão do conhecimento[6]. Por essa via, quando se descreve um texto especializado, também se descreve uma linguagem especializada, não se podendo desconsiderar a dimensão da descrição de um determinado conhecimento.

SIMULAÇÃO DESCRITIVA: OBSERVANDO MACRO E MICROESTRUTURA

Feito esse pequeno panorama de teorias e referenciais que podem ser utilizados para orientar uma descrição do texto especializado, iniciamos agora uma demonstração mais objetiva. Tendo por base uma dupla articulação estrutural do texto, tomaremos como inspiração as ideias de Hoffmann (1998) para um exemplo de descrição. Nesse exemplo, de caráter ilustrativo, serão considerados dois planos de observação, o macro e microestrutural tal como antes mencionados. São utilizados dois tipos distintos de texto, o manual acadêmico de Química e o texto jurídico, e, na medida do possível, são conjugadas contribuições dos outros dois referenciais teóricos citados.

a) Estudando um manual de Química Geral

Tendo-se em vista apenas o plano do *lexis*, ou da linguagem, um manual de Química pode ser compreendido como o entrecruzamento de dois grandes eixos estruturais. Cada um desses eixos situaria um nível de composição da obra. O primeiro corresponde à estrutura linguística global de um todo de texto. O segundo equivale a cada uma da suas estruturas mais nucleares, que podem ser capítulos, seções ou parágrafos. Temos aqui, portanto, macro e microestrutura do texto.

De outro lado, numa analogia com os eixos saussurianos de sintagmas e paradigmas, pode-se ainda imaginar um eixo vertical e outro horizontal para a representação da estrutura interna desse texto especializado, o manual de Química. O primeiro eixo corresponde às relações de encadeamento entre os elementos que integram seu sistema estrutural, enquanto o segundo eixo diz respeito às relações de semelhança e substituição entre esses mesmos elementos. No caso de tratar-se de um outro tipo de texto, como por exemplo, um artigo de periódico especializado, esses mesmos eixos estarão numa escala menor, de modo que teríamos um "esquema" de textos compostos por partes constitutivas, tais como título, nomes dos autores, resumo, indicação de palavras-chave, introdução, materiais e métodos, conclusão e a seção final de referências bibliográficas.

No nível da macroestrutura, o manual de Química é descrito como um signo-livro com determinada seleção e ordenação de assuntos ou temas, organizados em uma determinada sequência: sumário, capítulos, índices e anexos. O modo de organização desse manual, que também é portador de valores de significação, mostra o modo pelo qual seu autor ou autores conceberam a própria arquitetura desses conhecimentos, num arranjo que é capaz de espelhar também uma determinada opção teórica e didática dos sujeitos-autores. Nessa medida, a macroestrutura do texto pode revelar elementos do *logos*.

No nível da microestrutura, o manual pode ser observado e descrito pelo modo de apresentação e qualificação de seus núcleos temáticos, de seus tópicos. Como tópicos, podem ser tomados os núcleos ou as palavras irradiadoras que correspondam a um assunto ou tema central. O tópico é o elemento que corresponde geralmente ao sujeito principal das predicações de cada capítulo. Seria, enfim, sobre o que se fala em cada uma das unidades sequenciais do manual, constituindo um elemento de convergência semântica dos segmentos de texto. Convergência que, nas teorias de textos, se chamou de isotopia textual (mais detalhes em Greimas, 1968, Halliday e Hasan, 1976 e Charolles, 1978).

Do ponto de vista linguístico-terminológico, o tópico é a palavra, o termo ou o sintagma que integra o título do capítulo, o que, via de regra, corresponde a um dos conceitos-chave do manual de Química. Tópicos nesses manuais seriam, por exemplo, *equilíbrio iônico*, *gases*, *compostos orgânicos* etc. Em ambos os níveis, macro e microestrutural, é possível localizar tópicos que podem ser apreciados em sentido horizontal ou vertical. Assim, dito de um modo resumido[7], além de apreciar as sequências textuais, podemos ver como o autor ou autores desses textos fazem suas escolhas na composição do texto.

Feito um reconhecimento macro e microestrutural mais amplo, por exemplo, em um conjunto de manuais de Química, a descrição poderia iniciar já com a localização, no sumário das obras, do primeiro título comum ou daquele título com maior coincidência ou semelhança no que se refere à organização e à seleção lexical. Isso corresponderia, *grosso modo*, a verificar se haveria entre eles uma certa homogeneidade na escolha de palavras dos títulos.

Um primeiro elemento comum a um conjunto de manuais poderia ser, por exemplo, o tópico/termo gases/(gás). Localizado esse tópico, passaríamos, então, a observar sua apresentação, qualificação e especificação em cada manual de um conjunto, localizando seus diferentes pontos de macroestrutura, isto é, ao longo de títulos, capítulos e sínteses. A ideia, nesse plano de estudo, é descrever como um determinado tópico pode atravessar o todo de cada um dos livros e como ele se particularizaria ao longo das suas macroestruturas.

Por sua vez, no plano microestrutural, pode-se ver o modo de inserção desse mesmo tópico gases/(gás). São observadas, principalmente, as adjetivações e as possibilidades de substituição anafórica em relação ao tópico que aparece nos textos. Assim, pode ser tratada a adjetivação referida ao tópico gases (gás) e as indicações de palavra ou conjunto de palavras que podem substituí-lo. Nesse plano, podemos, numa descrição-piloto, considerar, por exemplo, inicialmente apenas a inserção do tópico no primeiro parágrafo do texto, entendendo que o primeiro parágrafo, além de ser um dos pontos de condensação da temática de um capítulo – pois, em geral, tem a função de uma apresentação inicial do texto para

196 INTRODUÇÃO À TERMINOLOGIA

o leitor – serve também como um indicador de dificuldades e de necessidades de ajuste na continuidade da descrição em outros segmentos do texto.

Para facilitar a compreensão dessa observação, indicamos a seguir a distribuição do tópico *gás* ao longo de diferentes pontos da macro e microestrutura de quatro manuais de Química[8]. Em cada um desses planos, macro e microestrutura, nos deteremos na observação de alguns itens. Podem ser considerados, por exemplo:

A apresentação de *gás/gases*:

a) ao longo de capítulos de títulos;

b) em índices analítico-remissivos;

c) em glossário de termos anexo à obra; e

d) em aspectos gerais e peculiaridades de apresentação macroestrutural.

No plano da microestrutura:

a) na inserção do tópico *gás* no primeiro parágrafo de texto;

b) na estruturação interna do capítulo referido a *gás/gases*;

c) no formato de conclusão do capítulo referido a termo-tópico.

Na descrição textual, no plano da microestrutura do texto, podemos enfocar, entre outras características, a formulação do primeiro parágrafo de texto de um capítulo. Um exemplo de parágrafo nesse tipo de texto é:

> Estamos familiarizados com muitas das propriedades dos gases porque estamos constantemente cercados por uma mistura gasosa chamada atmosfera. Vemos aqui um homem-pássaro utilizando-se de uma das propriedades dos gases: eles se expandem quando aquecidos. As correntes ascendentes de ar quente mantêm este nosso amigo nas alturas. Neste capítulo estudaremos esta e outra propriedade dos gases. (Brady, 1996)

Observando esse parágrafo, que, no caso desse tipo de texto especializado, funciona como a legenda de uma figura que "abre" o capítulo de um manual, vemos a repetição da expressão propriedade dos gases como um equivalente do tópico que há no título, o que nos dá a relação anafórica gases = propriedade dos gases. O parágrafo seguinte do texto desse mesmo manual alterará a relação anteriormente estabelecida para gases = estado gasoso.

Ainda com essa ideia de uma aproximação de parágrafos iniciais dos textos, um outro aspecto a ser considerado é a repetição direta de palavras/sintagmas comuns. A observação de repetições pode ser registrada como veremos na tabela a seguir.

Palavras comuns no primeiro parágrafo em quatro manuais de Química Geral (em número de ocorrências)

Palavra	Manual A	Manual B	Manual C	Manual D
gás/gases	5	6	6	6
estado gasoso	3	zero	1	1
molécula	2	4	zero	zero

Esses pontos são um exemplo de descrição que busca reconhecer a feição da macroestrutura ou da totalidade de um signo-livro e também a feição das células nucleares desse texto, integrantes da microestrutura. São células, por exemplo, os parágrafos e, neles, as terminologias da área. O ponto de observação pode também ser um termo-tópico, tal como *gás*, de modo que podem ser considerados seus contextos de ocorrência e também a incidência de outras palavras a ele relacionadas, como *estado gasoso*, *molécula*, *temperatura* etc.

Nesse exemplo de descrição, vemos um tipo de texto, o manual de Química, que integra uma linguagem científica em particular. Reconhecer os diferentes tipos de texto que perfazem essa linguagem contribui para que se reconheça seu conjunto. Observar o texto e a linguagem, reiteramos, não envolve só termos mais ou menos peculiares; significa levar em consideração um todo de significação, de modo que, se nos detemos naquilo que é dito, também devemos dar igual atenção aos modos de dizer. Numa descrição, macro e microestrutura são apenas dois dos planos da significação instaurada pelo objeto que é o texto técnico-científico.

b) Descrevendo textos legais: verbos

Aplicando-se esse mesmo método de observação macro e microestrutural, é possível delinear uma descrição inicial do texto jurídico. No plano microestrutural, situar-se-á a observação pontual da terminologia, que também pode ser tomada como um tópico que perpassa os dois níveis de estruturação do texto. Além da terminologia em um sentido estrito, podem ser observados elementos como, por exemplo, verbos.

No universo jurídico, diferente do que ocorre com os textos de Química, a comunicação tem matizes um pouco distintos. Uma especificidade, entre tantas, é que estão envolvidas leis e sanções a quem descumpri-las. Desse modo, vemos que as terminologias sozinhas não conseguem caracterizar o todo de uma linguagem especializada.

Ao tomar o texto legal, vemos que seus verbos, entre outros elementos, também podem assumir um papel importante, além dos termos nominais. Conforme defendeu Maciel (2001), o verbo no texto legal adquire a função de catalisador de valor terminológico e é ele que pode, inclusive, apontar um provável termo. Isso ocorre porque determinados verbos, de valor semântico específico, tendem a associar-se de modo recorrente a alguns termos. Na linguagem jurídica, que é uma linguagem de ações, o verbo adquire destaque especial na descrição.

De acordo com a proposta de Maciel (op. cit.), quando se estudar um texto legal como, por exemplo, uma Constituição, será preciso levar em conta que o texto por si só já é um ambiente e um objeto da comunicação que se estabelece entre o destinador e o destinatário dentro do universo sociocultural da área jurídico-legislativa. Nessa direção, a autora sugere descrever os mecanismos que tecem a rede modal que estrutura esse tipo de texto, considerando que a enunciação da lei configura um ato de fala jurídico. Tal ato é analisado na manifestação textual de normas de três categorias: programáticas, de atribuição de competência e de

198 Introdução à terminologia

conduta, sendo salientado o caráter formativo dos verbos que as expressam. Procedeu a autora, assim, ao reconhecimento do padrão morfossintático e semântico que caracteriza sua estrutura frasal e analisou os elementos que vinculam o verbo, seu sujeito e complementos aos propósitos da área temática.

Nesse universo textual legal, três verbos que podem manifestar as normas de atribuição de poder e de competência são *caber*, *competir* e *incumbir*. Destacam-se sobremaneira porque, além de ativar a juridicidade de seus argumentos, eles próprios assumem um caráter especializado, uma vez que realizam o ato jurídico de outorgar poder e instaurar competências. Por sua utilização no texto legislativo, comportam-se como performativos e assumem o estatuto de termos e, como tais, integram a terminologia jurídica.

Dessa forma, no interior das microestruturas textuais, o papel desempenhado pelo verbo na linguagem legislativa, atuando como catalisador da especificidade do termo, configura um aspecto característico da terminologia jurídica. Esse aspecto, entre outros, contribui para que se alcance uma boa descrição desse tipo de texto e de linguagem especializada.

Como se percebe, descrever uma linguagem especializada como é a do Direito e a das leis exigirá que sejam considerados muitos outros elementos, tais como, por exemplo, adjetivos e substantivos, cujo valor se precisará apreender em seu funcionamento textual específico. Essa é uma boa ideia para quem pretenda iniciar a descrição de uma determinada linguagem especializada, seja da área das ciências sociais ou mesmo da área das chamadas "ciências exatas": verbos tendem a ser elementos importantes também nos textos técnico-científicos. Todavia, vale destacar que cada área de conhecimento pode favorecer o enfoque de determinados tópicos.

Dos textos à linguagem e vice-versa

O enfoque de textos especializados tem servido aos estudos terminológicos principalmente para que se estabeleçam critérios para a identificação de termos. Por mais paradoxal que pareça, teoricamente, em Terminologia não há uma fronteira fixa entre léxico especializado e léxico comum, nem entre linguagem comum e linguagem especializada, pois os valores semânticos e conceituais que envolvem algumas unidades como, por exemplo, *ácido*, *acetona*, *transgênico*, *semântica*, *amálgama* ou *crime de peculato* são tanto instáveis quanto dependem de sua inserção em contextos e cotextos, além de dependerem do perfil das áreas de conhecimento em que são usados.

Entretanto, se é válida a ideia de que um termo é um valor ativado no discurso (discurso que, para nós, não é exatamente um sinônimo de texto), reconhecer uma terminologia passa a ser uma tarefa que envolve também reconhecer um texto no âmbito de uma linguagem. No caso dos nossos exemplos anteriores, identificar termos de um manual de Química ou termos da Constituição Brasileira não seria apenas o reconhecimento de um conjunto de palavras.

No cenário da pesquisa sobre a linguagem e sobre o texto técnico-científico, sabemos, destacam-se hoje os softwares especialmente desenhados ou adaptados para a localização semiautomática de terminologias, construções, verbos, sintagmas e palavras que seriam "potencialmente" termos, os chamados "candidatos a termo". Já contamos com o recurso de leituras digitalizadas desses materiais, de grau mais ou menos científico, dirigidos a públicos distintos. Em meio a avanços, o contato subjetivo com o texto, com seu ambiente e com seus contextos de significação ou a percepção da articulação entre referentes textuais e situacionais ainda permanecem sendo os elementos mais produtivos e seguros para embasar o tratamento e a caracterização das terminologias, textos e linguagens técnico-científicas.

Nesse sentido, se nos fosse pedido, por exemplo, um levantamento prévio das unidades candidatas a constituir a terminologia relativa ao tópico *gás/gases* em segmentos de texto como do exemplo anteriormente citado, poderiam ser selecionados simplesmente todos os nomes qualificados que aparecem nos subtítulos. Comporíamos, assim, a lista de "terminologia prévia" dos manuais de Química Geral que poderia ser composta por sintagmas tais como *Lei de Boyle, Lei de Dalton, cálculos combinados, análise de modelos, volume molar* etc. Do mesmo modo, na medida em que o verbo é reconhecido como elemento importante, poderíamos considerar apenas os verbos mais recorrentes nesses textos. Mas, quais, em meio a um conjunto prévio, seriam realmente significativos para constar de um glossário ou dicionário?

À parte dessas simplificações exageradas, na dimensão bem mais pontual dos nossos dois exemplos de descrição, vale destacar a importância de se contar com a colaboração de um especialista consultor da área de conhecimento, um profissional que poderá indicar um conjunto de termos previamente apontados como "chave" ou mais importantes em dado domínio, com base nos quais se pode começar uma descrição. Com essa indicação, pode-se observar a presença ou a omissão de unidades.

Como é fácil perceber, nossos exemplos de itens de descrição linguístico-terminológica poderiam ser expandidos, incorporando-se, por exemplo, inclusive a observação de modalizadores. Entre esses, podem ser considerados advérbios, adjetivos e outros elementos. Assim, quando se pretende descrever um texto especializado de um dado tipo, a condução de pequenos ensaios descritivos, de pequenos estudos-piloto, por exemplo, sobre verbos, substantivos e outros elementos serve como um sinalizador prévio das condições textuais e terminológicas.

Não há como desvincular termos e textos de linguagem, mesmo que se escolha, numa descrição, privilegiar alguns aspectos lexicais mais pontuais. Portanto, quaisquer referenciais teóricos relativos à textualidade que se ocupam do objeto-texto em diferentes dimensões são muito úteis como embasamento às descrições. Além

200 Introdução à terminologia

disso, certamente podem contribuir para os novos desenvolvimentos de uma teoria terminológica linguístico-textual que privilegia uma base comunicativa e todos de sentido concretizados pelos textos técnico-científicos. O trabalho de descrição da linguagem especializada deve, assim, aliar o todo do texto à especificidade das suas terminologias[9], além de abarcar outros aspectos, como os aspectos gramaticais e os modos de dizer peculiares de cada área de conhecimento.

Leituras recomendadas

CABRÉ, M. T. (1999a) *Principios teóricos sobre la terminología, ámbito y unidades de estudio. Sumario de principios y consecuencias metodológicas. La terminología científico-técnica: reconocimiento, análisis y extracción de información formal y semántica.* (Informe Dges Pb-96-0293). Barcelona: Universitat Pompeu Fabra, Institut Universitari de Linguística Aplicada.

CALSAMIGLIA, H., CASSANY, D. Voces y conceptos en la divulgación científica. *Revista Argentina de Lingüística*, 1999, v. 15, p. 173-208.

CIAPUSCIO, G. Variación conceptual del término y grado de especialidad de los textos. *Revista Argentina de Lingüística*, 1999, v. 15, p. 49-82.

HOFFMANN, L. (1998) *Llenguatges d'especialitat.* Selecció de textos. In: BRUMME, J. (dir.) Barcelona: IULA/UPF, 1998.

KOCOUREK, R. Textes et Termes. *Meta*, Numéro Spécial. La Terminologie dans le monde: orientations et recherches, março, 1991, v. 36, n. 1, p. 71-76.

Notas

[1] Outros detalhes sobre o potencial da contribuição da semântica enunciativa, especialmente a benvenistiana, para a Terminologia, estão em Finatto (2001a).

[2] Sobre Terminologia e texto, vide capítulo "Terminologia e Texto".

[3] Para maiores detalhes, veja o texto "Escolas e teorias de Terminologia", no capítulo "Histórico".

[4] As diferentes teorias de texto, identificadas com a chamada Linguística Textual, têm em comum uma apresentação do texto em pelo menos dois níveis. Isso é o que aponta Bernadéz, Enrique (1982). *Introducción a la lingüística del texto.* Madrid: Espasa, 1982.

[5] Sem entrarmos aqui no mérito da distribuição da macroestrutura em estrutura profunda/estrutura de superfície, tal como discutido por Beaugrande e Dressler (1981).

[6] Os conceitos de *lexis* e *logos* aparecem de modo distinto na tradição dos estudos de Filosofia, Retórica e Gramática. São, entretanto, basilares ao enfoque da linguagem relacionada com produção de conhecimento, tal como se vê, por exemplo, especialmente nas linguagens científicas.

[7] Para uma versão mais detalhada desse tipo de observação do texto, veja Finatto (2001d): *Para uma descrição do manual acadêmico de Química Geral.*

[8] Foram aqui utilizados como exemplos de manual de Química Geral, Brady (1996), Russel (1994), Masterton (1990) e Mahan (1995).

[9] Esses elementos e a relação entre Terminologia e textualidade encontram-se destacados no capítulo "Terminologia e Texto".

Estudo de textos com apoio informatizado

Como vimos no capítulo anterior, à medida que a teoria e a prática da Terminologia avançam, o texto técnico-científico firma-se como um objeto fundamental para observação e análise. Nesse caminho, em função dos progressos da Ciência da Computação, torna-se mais comum aplicar tratamentos informatizados a uma amostragem de textos coletados e armazenados, dos quais serão geradas descrições estatísticas, estudos, glossários e dicionários, sempre com o apoio do computador.

O principal objetivo dos processamentos de coleta e de estudo do texto especializado é geralmente a detecção semiautomatizada de terminologias. Entretanto, mesmo que se conte com os mais sofisticados recursos de informática, lidar com a totalidade de significação que é um texto permanece e, evidentemente, é uma tarefa complexa. Nesse âmbito, coletar terminologias em textos-fonte corresponde a apenas uma entre várias dimensões do texto e da linguagem especializados sob exame.

Para identificar termos em textos, como explica Bevilacqua (1998, p. 1), surgiram, principalmente a partir da década de 1980, propostas teórico-metodológicas da Terminologia que pretendiam precisar essas unidades, os termos, assim como critérios para seu reconhecimento. Da evolução desses estudos, geram-se princípios de Terminologia aplicada que visam, basicamente, orientar a caracterização da linguagem e das terminologias de determinados âmbitos profissionais. A Terminologia aplicada visa, assim, a auxiliar a produção e a compreensão de textos especializados, principalmente com o objetivo da produção de repertórios terminológicos. Quer dizer, da teoria da Terminologia vemos emergir uma prática para suprir as necessidades mais imediatas da mediação da comunicação técnico-científica.

Depreensão de terminologias em *corpus* textual: fundamentos

Desde o momento em que se começou a constatar a insuficiência de alguns princípios da Teoria Geral da Terminologia (TGT)[1], ampliaram-se os tipos de unidades lexicais que constituem o objeto de estudo da Terminologia, entre as quais passam a ser incluídos substantivos, adjetivos, sintagmas, verbos e fraseologias. De outro lado, os aspectos a serem descritos em relação ao uso e à frequência dessas unidades também foram expandidos. Consequência de uma reformulação teórica, isso é especialmente evidente no tratamento informatizado de textos, com o que se passou a observar uma gama bem maior e mais variada de fatores gramaticais ou lexicais.

Assim, em um reconhecimento terminológico com o apoio do computador além de, por exemplo, executar-se uma detecção de determinadas classes de palavras em um texto, muitos outros aspectos passam a estar sob consideração. As informações sobre o que "acontece" nos textos, linguagens e terminologias tornam-se maiores tanto em número quanto em abrangência.

No que se refere à exploração da linguagem especializada pela via informatizada, nos deteremos aqui apenas em alguns poucos pontos passíveis de aproveitamento sob uma ótica comunicativa de Terminologia, proposta por Cabré (1998a, b; 1999a, b, c). Esse recorte é necessário porque, em tese, uma grande amplitude de elementos constitui o todo que é o texto, um objeto que se presta a diferentes tipos de enfoques, que vão desde as pesquisas sobre aspectos gramaticais até o estudo de marcas ideológicas da linguagem científica, relações com Engenharia do Conhecimento, Inteligência Artificial etc. Afinal, nas linguagens especializadas, como em qualquer outra, vê-se o inter-relacionamento de diferentes elementos: num mesmo cenário veem-se *logos* e *lexis*, ontologias, epistemologias, fatores linguístico-formais, macroestruturas textuais etc. Um ponto importante a salientar é que a Terminologia, como bem destaca Barcellos (1998, p. 232), ao lidar com termos e conceitos de um domínio especializado, deve lidar, fundamentalmente, com suas inter-relações.

A escolha pelo enfoque comunicativo se dá em função de ser esse um viés que, conforme já mencionamos, leva em conta não apenas os aspectos linguístico-gramaticais, mas também elementos comunicativos das linguagens especializadas, além de tomar o texto como uma base de análise. A compreensão da dimensão discursivo-textual das linguagens especializadas é outro ponto importante que tem crescido nesse referencial teórico, tal que a ele agregamos aqui nossa própria concepção textual de Terminologia[2].

Apresentaremos, a seguir, alguns pressupostos básicos desse referencial teórico para destacar alguns de seus encaminhamentos metodológicos para o estudo da linguagem especializada em geral e focos de estudo no exame da linguagem especializada com o apoio informatizado.

IMPLICAÇÕES COMUNICATIVO-TEXTUAIS E ESTUDO DE TEXTO COM APOIO INFORMATIZADO

A respeito de uma perspectiva comunicativa da Terminologia, podemos destacar muito sinteticamente que ela:

a) incorpora, além de uma teoria da língua, uma teoria do conhecimento e uma teoria da comunicação;

b) concebe a língua como um sistema que inclui gramática, semântica e pragmática;

c) considera o texto especializado (algumas vezes tomado como sinônimo de discurso especializado) como base da comunicação especializada;

d) compreende que há um discurso especializado que integra a língua natural e que ele não constitui uma sublinguagem diferenciada;

e) percebe o todo do texto como um ambiente natural das unidades de significação especializada. Isso permite uma descrição mais ampla e integrada das unidades terminológicas nominais, bem como de outras unidades de significação especializada, tais como verbos, adjetivos e advérbios, unidades fraseológicas especializadas, combinações especializadas frequentes e mecanismos de estruturação textual;

f) caracteriza as unidades de significação especializada como unidades que são simultaneamente linguísticas, cognitivas e comunicativas; sendo essas unidades dotadas de sentido e função em relação ao todo do texto em que se inserem;

g) considera que as unidades de significação especializada são, em princípio, unidades que fazem parte do léxico do falante e que essas unidades adquirem valor especializado de acordo com seu uso em um determinado âmbito especializado;

h) contempla, em sua conformação interdisciplinar, o tratamento multidimensional e multifuncional das unidades de significação especializada[3];

i) admite a variação conceitual e denominativa das unidades terminológicas, levando em conta a dimensão comunicativa e discursiva dessas unidades.

Com esses princípios, vemos não somente uma teoria da linguagem especializada, mas também uma teoria comunicativa e uma teoria do conhecimento, desdobramentos que permitem analisar suas unidades de significação de qualquer uma dessas dimensões. Isso institui diferentes "portas de acesso" para um mesmo objeto: o texto técnico-científico, e, naturalmente, implica que o estudo do texto especializado possa deter-se nos mais variados pontos.

Um elemento importante nessa perspectiva, como já mencionamos, é a ampliação das unidades que podem ser consideradas como objeto de estudo. Isto é, não apenas as unidades nominais são tidas como importantes, mas também outros tipos de elementos linguísticos. Em conjunto, as unidades de significação especializada de um texto, portadoras de um significado especializado, podem ser linguísticas ou não linguísticas. As não linguísticas podem ser associadas, por exemplo, a símbolos, nomes científicos em latim e fórmulas[4]. Destacamos aqui as unidades linguísticas, mas um estudo de caráter semiótico poderia incluir outros aspectos.

Pensando sobre quais itens podem incidir nossas observações em *corpus* textuais digitalizados, as unidades terminológicas linguísticas, foco de estudo de uma visão comunicativa e textual, poderiam ser, conforme Estopà (1999)[5]:

a) lexicais

• nominais;

- adjetivais;
- verbais;
- adverbiais.

b) não lexicais
- unidades fraseológicas especializadas;
- combinações recorrentes.

Com esses itens pode ser iniciada a exploração de um *corpus* textual especializado. Todavia, vale destacar que é uma característica genérica das terminologias a apresentação polilexemática. Isto é, os termos costumam ser constituídos por mais de uma palavra. Isso quer dizer que a busca por elementos associados recorrentemente tende a ser mais produtiva.

Identificação de terminologias

Feita essa contextualização, quando se busca identificar termos em textos com o apoio do computador, depende-se de fatores tais como tamanho e o tipo de um *corpus* textual utilizado como fonte. O *corpus* deve ser definido de acordo com as especificidades e objetivos de cada trabalho e deve ser minimamente representativo. Nesse contexto, embora essa mesma frequência de uso de determinadas palavras em um texto seja um parâmetro importante na detecção de terminologias, essa mesma frequência pode ser um critério difuso, de valor estatístico. Isto é, não é porque um dado termo ou expressão ocorram apenas uma única vez em um texto que devem ser *a priori* descartados de uma "lista" ou elenco de itens importantes.

Apenas a aplicação direta de testes estatísticos de comutação, inserção e transformação sobre unidades lexicais detectadas em um texto em geral exclui outros fatores que podem condicionar a conformação de unidades terminológicas. Para uma observação em melhores condições, é preciso levar em conta, por exemplo, graus de especialização e determinadas tendências de texto. Aliás, a detecção e o tratamento das terminologias em textos de níveis de especialização variados pode servir para conhecermos a variação conceitual e denominativa presente em uma determinada especialidade. Quer dizer, pode-se perceber, justamente pela observação estatística, como diferentes termos são usados em textos diferentes, ainda que tratando de um mesmo assunto.

Em síntese, se tomarmos como base a perspectiva comunicativa, quando observamos textos, podem ser levados em conta todos os aspectos linguísticos, gramaticais, semânticos e pragmáticos das unidades lexicais e dos textos, incluindo a variação denominativa e conceitual. Isso, em tese, torna-se facilitado com observações feitas com o auxílio de ferramentas informatizadas. Entretanto, há propostas para o tratamento informatizado do texto que privilegiam recortes sintáticos, principalmente os relacionados ao reconhecimento de padrões oracionais ou ao grau de frequência de associações de elementos em sintagmas. Propostas diferentes, em uma outra ótica, relacionam critérios pragmáticos à frequência de determinadas unidades em um âmbito específico ou tipo de texto. Todavia, são ainda poucos os estudos em corpus textuais especializados que associam a observação de aspectos sintáticos e semânticos, textuais e contextuais, e raramente, conforme Heid (1998), vemos o conjunto desses aspectos utilizados para o reconhecimento e descrição de terminologias em textos.

Como sabemos, os aspectos pragmático-comunicativos, tais como objetivos e condições dos interlocutores, muito condicionam o valor especializado que adquirem as unidades terminológicas de um texto. Em outras palavras, o caráter de "unidade transmissora de conhecimento especializado" estará marcado por diferentes situações comunicativas: objetivos e destinatários de um dado texto especializado; por seu nível de especialização; pela perspectiva da qual se trate um determinado tema etc. Esses aspectos também se relacionam ao grau de fixação dessas unidades e ao seu uso maior ou menor nos textos especializados. Uma proposta abrangente e funcional para o reconhecimento e descrição das linguagens especializadas, conforme bem avalia Bevilacqua (1998), deveria incluir todos os aspectos antes mencionados e, sobretudo, deveria articular critérios sintáticos, semânticos e pragmáticos. Acrescentamos que bem poderiam ser incluídos aspectos relativos às condições de produção dos textos.

Em um âmbito comunicativo e textual, o processamento da linguagem pela via do processamento de extensos *corpora* textuais pode ser conduzido de modo a abordar unidades de significação especializada linguísticas, sejam léxicas ou não léxicas, sejam unidades não linguísticas. Contudo, para resultados concretos, faz-se necessária, ainda, descrição mais aprofundada de vários âmbitos, assim como parece ser necessária uma inter-relação com os princípios da Linguística de *Corpus* e os de Terminologia. É importante tratar as diversidades e, portanto, poder incluir nos estudos de *corpus* especializado a variação linguística e terminológica refletida nos textos. Isso, sem dúvida, não é tarefa simples mesmo que se conte com o apoio informatizado bastante sofisticado.

Apresentamos, a seguir, alguns exemplos de observação de características de textos especializados que podem ser realizados baseados em *corpora* textuais e com o apoio de softwares específicos[6]. São indicados como sugestão de itens de estudo apenas a repetição, a observação de sintagmas, adjetivos, verbos e fraseologias[7].

Tratamento de bases textuais em formato digital

Uma base textual pode ser definida como um acervo de textos técnico-científico em formato digital, de textos complexos que são utilizados para estudo e geração de produção de obras de referência como glossários e dicionários. Essa base ou *corpus* deve ser composta de acordo com critérios pré-estabelecidos como tipos de textos, áreas de conhecimento etc. Via de regra, recomenda-se tomar por base um *corpus* textual representativo e variado, sendo aconselhável contar-se também com um *corpus* de contraste, composto preferencialmente por textos de uma área de conhecimento distinta ou de textos de caráter não especializado, como, por exemplo, textos jornalísticos.

1) Observação de repetição de palavras

A repetição lexical se caracteriza por ser a retomada, a reiteração de uma palavra, constituindo um importante mecanismo para a manutenção tanto da isotopia quanto da progressão textual. Conforme Antunes (1994), textos de caráter técnico-científico tendem a apresentar frequências de repetição mais elevadas devido ao fato de possuírem uma nomenclatura própria, "cuja substituição lexical conta com alternativas restritas, ou é, por vezes, improdutiva e até comprometedora". Desse modo, pode-se supor que esse tipo de repetição, tal como em manuais de Química ou em textos de leis, seja muito mais uma contingência ou condicionamento textual e linguístico do que uma preferência.

Do ponto de vista linguístico, no que se refere, por exemplo, à incidência maior ou menor de determinadas palavras ao longo de um conjunto de textos de Química, que tratam especificamente sobre o tema "Equilíbrio Químico" poderiam ser observadas as seguintes condições:

a) uma alta frequência da palavra *equilíbrio* pode ser considerada esperada em função de que o título do texto é "Equilíbrio Químico";

b) a segunda palavra mais repetida depois de *equilíbrio* é *concentração*.

Se a repetição de *concentração* for bastante frequente em muitos textos, poderão ser associados nível de importância e nível de incidência. Valendo tal analogia como tópico de investigação, ao longo de uma observação em cinco manuais de Química, vimos que um dos textos (Mahan, 1995) distinguia-se dos demais neste aspecto em particular: nele havia a menor utilização da palavra *concentração*.

Com esse exemplo vemos que a maior ou menor presença de determinadas unidades lexicais, tidas como conceitualmente mais relevantes, pode oferecer um tópico de pesquisa com textos especializados vinculado à observação de completude maior ou menor dos textos sob estudo.

De outro lado, no caso de se verificar que seja baixa ou ausente a reiteração de uma determinada palavra conceitualmente importante, poder-se-ia explorar se o grau de coesão lexical, num texto sob consideração, seria ou não prejudicado. Em um caso do estudo da repetição em cinco manuais acadêmicos de Química Geral, descobrimos que a baixa reiteração de termos conceitualmente relevantes pode indicar o contrário, uma expectativa de retomadas ao longo do texto, especialmente porque os textos sob estudo são textos didáticos.

2) Estudos de sintagmas terminológicos

A identificação de sintagmas terminológicos é um dos temas mais complexos tanto para a Terminologia teórica quanto aplicada. Esse assunto tem motivado várias pesquisas.

208 Introdução à terminologia

Como já dissemos, a grande maioria dos termos, de diferentes áreas, tende a ser construída por mais de uma palavra, tal como, por exemplo, se vê em *relatório de impacto ambiental*. Também em Geociências, conforme estudou Borges (1998), a grande maioria dos termos é composta por sintagmas, salientando-se que apresenta a estrutura do tipo *nome + adjetivo* ou *nome + preposição + nome*. Apesar da constatação dessa regularidade de categorias, permanece a dificuldade de delimitação desses sintagmas, mesmo com o apoio de softwares tanto em Geociências quanto em outras áreas. Isto é, a identificação semiautomatizada de sintagmas terminológicos baseada em *corpora* textuais é ainda um ideal, conforme Borges (op. cit.) observou:

a) apenas a tipificação da estrutura morfossintática não é suficiente para promover uma identificação dos sintagmas terminológicos de diferentes domínios;

b) a criação de sintagmas terminológicos particulares tende a ser motivada por categorias semânticas próprias dos diferentes campos do conhecimento.

No que se refere à constituição de sintagmas, a pesquisa de Borges (op. cit.) revelou ainda que uma concisão sintagmática, sintetizada nas formas nome + adjetivo, tende a predominar de modo semelhante pelo menos em três áreas de conhecimento distintas:

Quadro 10
Distribuição de tipos de sintagma em terminologia
por área de conhecimento em Borges (1998).

Área de conhecimento	Nome + Adjetivo	Nome + preposição + Nome
Geociências	78%	16%
Medicina	73%	19,3%
Direito Ambiental	73%	20%

Para além da simples detecção dessas unidades em *corpora* textuais especializados, a autora evidenciou que a constituição de sintagmas de feição particular está relacionada a categorias semânticas próprias dos diferentes domínios do conhecimento. Essa noção de motivação, tornando-se central no seu trabalho, nos permite evidenciar a estreita relação entre sistemas conceituais e a produção léxica técnico-científica. Essa motivação, sem dúvida, pode ser incorporada aos critérios de busca de unidades lexicais em *corpus* textuais das diferentes áreas de conhecimento técnico-científico.

O trabalho de Borges (1998) oferece contribuição para o quadro de orientações voltadas à identificação de terminologias com apoio informatizado: oferece critérios e procedimentos metodológicos capazes de tornar tanto a análise textual quanto a tarefa terminográfica, simultaneamente, rigorosas e facilitadas. De um modo objetivo, a pesquisa destacou que, pelo menos nas três especializações enfocadas, seria mais produtivo marcar, com o auxílio de um software específico, sequências do tipo *nome + adjetivo*. A possibilidade de encontrar sintagmas

ESTUDO DE TEXTOS COM APOIO INFORMATIZADO   209

terminologicamente importantes se amplia ao adotarmos esse critério de busca prévio. Essa, entre outras, é uma ideia que pode ser expandida e aproveitada para o estudo de terminologias em textos de diferentes áreas de conhecimento.

3) Análise de fraseologias

A fraseologia[8] que ocorre em textos especializados é um tema relativamente novo, que vem merecendo uma maior atenção por parte dos pesquisadores de Terminologia em função de necessidades práticas muito concretas relacionadas à produção de textos, principalmente por parte de tradutores e redatores técnicos. Como exemplos de fraseologias terminológicas podemos mencionar: *instaurar um inquérito, cometer um delito, clicar o mouse, captar recursos financeiros* etc. Reconhecer e saber utilizar essas combinações de verbos e nomes assegura a produção de textos corretos do ponto de vista linguístico e adequados do ponto de vista de um uso especializado da linguagem.

Além dessas unidades relacionadas por proximidade a sintagmas verbais e nominais[9], podem ser consideradas como fraseológicas as combinações mais próximas a "fórmulas oracionais" ou a frases peculiares de determinados discursos, tais como, por exemplo, as expressões *esta lei entra em vigor na data de sua publicação, o preço é f.o.b.*

Quando se pretender o reconhecimento com apoio informatizado dessas sequências, importará observar a incidência de combinações com certo grau de fixação. Neste sentido, podem ser considerados, por exemplo, a frequência com que uma forma nominal funciona como núcleo de uma determinada fraseologia e verificar os seus índices de associações com outros elementos verbais. Se, por exemplo, tivéssemos como *corpus* um universo de textos de cartas comerciais, poderiam ser ponderadas as associações fraseológicas vinculadas a um núcleo nominal tal como *contato*. Isso seria avaliado estatisticamente conforme se vê no quadro a seguir:

Quadro 11

Combinações recorrentes de *contato* em cartas comerciais

Núcleo Nominal	Combinação recorrente	% de frequência no corpus
contato	entrou em *contato*	10
	entrou em *contato* com	5
	em *contato* com	50
	entrou em *contato* ontem com	1
	entrou em *contato* com V. Sa.	20
	em *contato* conosco	10
	entrará em *contato*	10

A fraseologia técnico-científica, assunto profundamente estudado por Bevilacqua (1996, 1998, 1999), é um tema que rende vários tipos de explorações

210 Introdução à terminologia

com base em *corpora* textuais, principalmente se considerarmos os novos paradigmas teóricos propostos para a Terminologia. De outro modo, a utilização de softwares de localização de associações de palavras, como *entrar + contato*, pode nos auxiliar a verificar determinadas frequências de uso em grandes quantidades de texto, e que antes só seriam percebidas por contagens manuais muito lentas.

4) O estudo da adjetivação

Em função do destaque especial que a classe dos adjetivos tem em algumas linguagens científicas, eles têm merecido estudos à parte. Sua localização em um *corpus* com o apoio de softwares, felizmente, parece menos problemática do que, por exemplo, a de fraseologias. Com o uso de um etiquetador morfossintático (*parser*), é possível obter com relativa rapidez uma lista de todos os adjetivos que ocorrem em um texto. As dificuldades de localização e de listagem de adjetivos são principalmente as dos softwares e se resumem aos usos substantivados e às apresentações isoladas ou combinadas a termos.

Longe de ser tarefa facílima, a observação da incidência de determinados adjetivos em diferentes *corpus* textuais especializados tende a contribuir para individualizar a formulação textual de cada área de conhecimento e, neste sentido, a tabela a seguir ilustra uma amostragem de adjetivos verificados em cinco manuais acadêmicos de Química Geral, especialmente nos capítulos sobre Equilíbrio Químico:

Incidência de adjetivos*

	Manual A	Manual B	Manual C	Manual D	Manual E
constante	4	12	34	13	38
diferente	2	7	10	24	24
dinâmico	44	25	29	05	02
direto	20	05	12	26	08
gasoso	21	27	24	30	13
inicial	37	30	29	56	16
inverso	20	02	13	28	19
iônico	01	02	32	0	0
líquido	12	30	06	11	16
livre	92	17	40	13	0
molar	107	15	10	01	05
parcial	06	35	26	09	13
pequeno	12	25	18	13	24
químico	70	68	71	20	46
sólido	16	35	60	03	10

*Frequência de ocorrência a cada dez mil palavras em um *corpus* de manuais acadêmicos de Química Geral. Estão destacados em **itálico** os três adjetivos de maior *frequência média* nesse *corpus* específico.

Nesse *corpus*, um adjetivo cuja repetição bem ilustra a variabilidade de ocorrências entre diferentes textos sobre um mesmo assunto é *molar*. Observe a diferença de frequência entre o manual A e o manual D. Em A, a cada dez mil palavras, temos 107 menções desse adjetivo; já no segundo, há apenas uma entre dez mil. A distribuição variada de adjetivos, entre outros elementos, mostra como se pode pensar em um "perfil adjetival" de um conjunto de textos de uma dada área de conhecimento.

Conforme já vimos em estudos exploratórios, a adjetivação tende a exibir frequências diferenciadas de acordo com as distintas áreas de conhecimento: textos de Medicina podem ser muito mais ricos em termos de uma variedade adjetival do que, por exemplo, textos didáticos de Química. Esse é mais um aspecto que pode ser contemplado quando se exploram *corpus* textuais científicos, de modo que quantidade e variedade de uso são capazes de revelar particularidades importantes. Descobrem-se aspectos que podem ser considerados, por exemplo, quando se pensa em reconhecimento de *corpus* textuais para a geração de dicionários.

5) Verbos

Outro item passível de estudo em *corpora* textuais, já referido anteriormente, são os verbos. Com base em de estudos de frequência, pode-se verificar, por exemplo, a reiteração de verbos de caráter modalizador como *poder* e *dever* em acervos de textos especializados. A observação desses verbos, cuja carga semântica expressa algo como possível, necessário, consequência lógica ou resultado de uma decisão (Dubois, 1973), pode contribuir para que se apreendam estilos de enunciação preferidos por autores, tipos de texto e áreas de conhecimento.

Ao examinar verbos que expressam probabilidade ou certeza, poderia ser visto, novamente em uma amostra de textos sobre Química, que *poder* e *dever* exibirão percentuais de ocorrência diferenciados, embora haja uma maior incidência média de *poder*. Essa tendência está ilustrada na próxima página, no gráfico que indica a frequência de ocorrências em conjuntos de dez mil palavras: *poder* e *dever* em manuais acadêmicos de Química Geral (em escala 1/10.000); capítulos sobre Equilíbrio Químico.

Sobre a frequência desses verbos, como vimos em um estudo exploratório (Finatto; Del Pino; Eichler, 2002), *poder* tendeu a uma incidência sempre maior do que *dever*. Isso também contribuiria para uma diferenciação da formulação textual especializada sob estudo. Além disso, a identificação dos sujeitos e objetos associados a tais verbos renderia subsídios para um estudo em paralelo sobre construção oracional.

O verbo, como já se mencionou no estudo de Maciel (2001), é um importante elemento para a caracterização tanto das terminologias quanto das linguagens especializadas. Em estudos de *corpus* textual, podem ser consideradas, além das quantificações, as diferenciadas instâncias de significação e funcionalidades gramaticais. Na exploração com apoio de softwares específicos, uma sugestão elementar é a procura de verbos tendo-se como elementos de busca seus radicais, para depois serem apreciadas as flexões. Isto é, no caso dos nossos exemplos, o

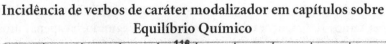

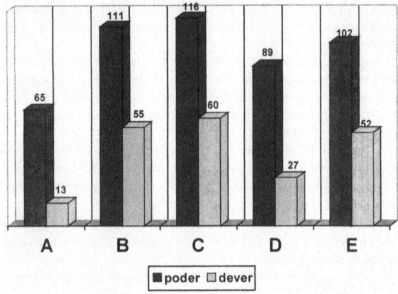

Frequência de ocorrências em conjuntos de 10 mil palavras: poder e dever em manuais acadêmicos de Química Geral (em escala 1/10.000); capítulos sobre Equilíbrio Químico.

ideal seria começar a busca pelas formas POD- e DEV-, fazendo-se em sequência uma observação por tipos de conjugações: 3ª pessoa do plural, recursos de impessoalização, entre outros aspectos que possam interessar.

Uma visão global do texto especializado

O estudo da ocorrência e distribuição de elementos linguísticos – tais como fraseologias, repetição de palavras, adjetivos e verbos – com o auxílio do computador, revela o quão produtiva pode ser a investigação das particularidades e regularidades linguísticas de um conjunto de textos especializados, seja o objetivo a descrição de um *corpus*, seja a produção de um dicionário.

As próprias metodologias para análise estatística, lexical e gramatical em textos tornam-se itens de aprendizagem importante, pois ainda é recente a pesquisa terminológica com base em *corpora* textuais técnico-científicos com o apoio de softwares. Naturalmente, para empreender estudos de maior porte, é preciso compor uma base textual significativa. A marca de cem mil palavras representa a ultrapassagem de uma microbase textual, atingindo-se o *status* de uma base pequeno-média (Berber Sardinha, 2002). Conforme alguns estudiosos da Linguística de *Corpus*, essa seria uma dimensão básica para pesquisas dedicadas a reconhecer características de textos especializados considerados como acervos digitalizados.

Da observação estatística, da distribuição de um conjunto de palavras em um tipo ou conjunto de textos, podem irradiar-se inúmeros outros pontos de estudo, tanto para quem se dedique a investigar questões de ensino/aprendizagem de ciências vinculadas a determinadas práticas textuais, quanto para o reconhecimento de terminologias. Entre tantos pontos a explorar, os aspectos qualitativos, a condição de tradução ou de versão para uma língua estrangeira, visto que muitos textos científicos disponíveis em um dado idioma podem ser fruto de tradução, podem ensejar também estudos contrastivos à parte, valendo a ideia de contraste também para modalidades verbais e da adjetivação em determinados textos.

Independente da dimensão do *corpus* textual digitalizado que se tenha à disposição e dos objetivos mais imediatos que se tenha, quando se adentra o verdadeiro universo de significações que é um texto, compreende-se o quanto é importante não desvincular nem seus constituintes, nem seus sujeitos produtores ou tipo de interlocução instaurada via texto.

No estudo informatizado de grandes bases textuais em formato digital, principalmente hoje quando tomamos a internet como um grande *corpus* textual, crescem em relevância as observações de diversos níveis de conexão, escolhas, peculiaridades, associações e relações. Extrapolam-se, portanto, apenas aquelas relações tradicionalmente mais caras aos linguistas, como, por exemplo, a observação de relações sintagmáticas e paradigmáticas. Nesse novo âmbito, considerar apenas unidades mais frequentes torna-se insuficiente, sendo preciso ir além e avançar na dimensão do reconhecimento do *modus dicendi* de determinados tipos de textos e de determinadas áreas de conhecimento. Assim, estudos quantitativos necessitarão ser acompanhados por observações qualitativas, sobretudo porque, nesse tipo de pesquisa com grandes *corpora* textuais, as frequências de uso de determinados termos e construções precisam ser ponderadas à luz das diferentes funcionalidades textuais.

LEITURAS RECOMENDADAS

BERBER SARDINHA, T. (2000a) Compilação e anotação de um corpus de português de linguagem profissional. *The Especialist*. São Paulo: 2000, n. 21, vol. 1, p. 111-147.

BERBER SARDINHA, T. (2000b) Linguística de Corpus: Histórico e problemática. *Revista Delta*. São Paulo: 2000, v. 16, n. 2, p. 22-39.

ESTOPÀ, R. (2000) Los adjetivos en las unidades terminológicas poliléxicas: un análisis morfosemántico. *Organon*. Porto Alegre: IL/UFRGS, 2000, v. 14, n. 28/29, p. 233-246.

FINATTO, M. J. B., ENZWEILER, N., HUANG, C., EICHLER, M. L., DEL PINO, J. C. (2003) Manuais acadêmicos de Química Geral em língua portuguesa: aspectos linguístico-terminológicos e aspectos conceituais. São Paulo: *TradTerm*, 2003, vol. 8, p. 211-240.

MACIEL, A. M. B. (2001) *Para o reconhecimento da especificidade do termo jurídico*. Porto Alegre: UFRGS. Tese de Doutorado.

VALE, O. A. *Expressões cristalizadas do português do Brasil: uma proposta de tipologia*. São Paulo: UNESP, 2002. Tese de Doutorado.

NOTAS

[1] Mais detalhes estão no capítulo "Histórico: realizações e teorias". Observar também as leituras recomendadas desse capítulo.

[2] Concepção que tem marcado, já de longa data, os trabalhos práticos e teóricos do Grupo TERMISUL. Veja www.ufrgs.br/termisul.

[3] A multidimensionalidade diz respeito à variação, à poliedricidade, isto é, à possibilidade de uma mesma unidade ser tratada sob diferentes pontos de vista e à dinamicidade das USE. A multifuncionalidade refere-se às funções representativa e comunicativa dessas unidades.

[4] Observa-se uma discordância a respeito do caráter não linguístico de algumas fórmulas químicas em Finatto (2001d), trabalho dedicado à linguagem da Química.

[5] Estopà (1999) afirma que essas unidades estão formadas por um núcleo (nominal) e um complemento, mas que a unidade em seu conjunto não forma um termo. Cita como exemplo, *radiografia do tórax, diagnóstico de mononucleose infecciosa*.

[6] Uma sugestão de software específico para utilização em *corpora* textuais é o Wordsmith tools. Com essa ferramenta, geram-se listas de palavras de textos, listas de frequência e de associações recorrentes de unidades. Sobre associações recorrentes de palavras no português, veja Vale (2002).

[7] Os exemplos aqui trazidos foram objeto de pesquisas de colegas e colaboradores do Grupo TERMISUL, grupo que tem estendido seus interesses para as relações entre Linguística de *Corpus*, desenhos de bases textuais e Terminologia teórica e aplicada.

[8] Outros detalhes estão na seção "Fraseologia" do capítulo "Objetos".

[9] Tal como aponta Bevilacqua (1999), há autores que consideram como fraseológicos também os sintagmas adjetivais, adverbiais e preposicionais.

Bibliografia citada e de leituras recomendadas

ADELSTEIN, A., FELIU, J. Relacións semàntiques entre unitats lèxiques amb valor specialitzat i descriptors. *Terminologia i Documentació: I Jornada de Terminologia i Documentació*. Barcelona: IULA, Pompeu Fabra, 2000, p. 121-133.

AHUMADA LARA, I. *Aspectos de Lexicografia teórica*. Granada: Universidad de Granada, 1989.

ALMEIDA, G. M. de B. A problemática epistemológica em Terminologia: relações entre conceitos. *Alfa*. São Paulo: 1998, v. 42, n. esp., p. 223-233.

ALMEIDA, G. M. de B., ALUÍSIO, S. M., TELINE, M. F. Extração manual e automática de terminologia: comparando abordagens e critérios. In: *1º Workshop em Tecnologia da informação e da Linguagem Humana*, 2003, São Carlos. Anais do TIL, 2003.

ALVES, I. M. (1998) (coord.). Glossário de termos neológicos de Economia. *Cadernos de Terminologia*. São Paulo: Humanitas, FFLCH/USP, 1998.

ALVES, I. M. (1999) A delimitação da unidade lexical nas línguas de especialidade. *Palavra*. Rio de Janeiro: Grypho, 1999, v. 5, p. 69-80.

ALVES, I. M. (2001) Neologia e tecnoletos. In: OLIVEIRA, A. M. P. P., ISQUERDO, A. N. (orgs.). *As ciências do léxico*: Lexicologia, Lexicografia, Terminologia. Campo Grande: UFMS, 2001, p. 25-31.

ANTUNES, I. C. O papel da repetição na construção textual. *ABRALIN* (Boletim da Associação Brasileira de Linguística). Salvador: 1994, n. 15, p. 131-138.

ARAÚJO, L. A. *De big bangs a buracos negros no universo da tradução no Brasil: um estudo sobre o papel da terminologia na prática tradutória e na formação de tradutores*. Campinas: Universidade Estadual de Campinas. 2001. Tese de Doutorado.

AUBERT, F. Introdução à metodologia da pesquisa terminológica bilíngue. *Cadernos de Terminologia*. São Paulo: Humanitas, FFLCH/USP, 1996.

AUGER, P. La terminologie au Québec et dans le monde de la naissance à la maturité. In: *Actes du Sixième Colloque OLF-STQ de Terminologie. L'ère Nouvelle de la Terminologie*. 1985. Québec: Office de la Langue Française et Société des Traducteurs du Québec. 1988, p. 27-59.

BEAUGRANDE, R. de. L. SP and terminology in a new science of text and discourse. In: GALINSKY, C., SCHMITZ, K. *TKE' 96 Terminology and knowledge engineering*. Frankfurt/M: Indeks Verlag, 1996, p. 12-26.

BEAUGRANDE, R., DRESSLER, W. *Introduction to text Linguistics*. London: Longman, 1981.

BÉJOINT, H., THOIRON, P. Le sens des termes. In: BÉJOINT, H., THOIRON, P. (orgs). *Le sens en Terminologie*. Lyon: Presses Universitaires de Lyon, 2000.

BENVENISTE, É. (1989) *Problemas de Linguística Geral II*. Campinas: Pontes, 1989.

BENVENISTE, É. (1991) *Problemas de Linguística Geral I*. 3ª ed. Campinas: Pontes, 1991.

BERBER SARDINHA, T. (1999) Noções de compilação de *corpus*. *I Seminário Estudos de Corpus*, USP, outubro/1999. Disponível em fev/2002 em http://www.tonyberber.f2s.com

BERBER SARDINHA, T. (2000a) Compilação e anotação de um *corpus* de Português de linguagem profissional. *The Especialist*. São Paulo: 2000, n. 21, vol. 1, p.111-147.

BERBER SARDINHA, T. (2000b) Linguística de *corpus*: histórico e problemática. *Revista Delta*. São Paulo: 2000, v. 16, n. 2, p. 22-39.

BERBER SARDINHA, T. (2002) Corpus linguistics. http://www.tonyberber.f2s.com, 2002.

BERNÁRDEZ, E. *Introducción a la lingüística del texto.* Madrid: Espasa, 1982.

BESSÉ, B. La définition terminologique. In: CHAURAND, J., MAZIÈRE, F. (orgs.). *La définition.* Paris: Larousse, 1990, p. 252-261.

BESSÉ, B., NKWENTI-AZEH, B., SAGER, J. C. Glossary of terms used in terminology. *Terminology*, 3. Amsterdam: John Benjamins, 1998, p. 119-156.

BESSÉ, B. Des fichiers terminologiques aux bases de connaissances. In: CLAS, A., SAFAR, H. *L'environnement traductionnel. La station de travail du traducteur del'an 2001.* Québec: Presses Universitaires du Québec, 1996, p. 283-300.

BEVILACQUA, C. R. (1996) *A fraseologia jurídico-ambiental.* Porto Alegre: UFRGS. Dissertação de Mestrado.

BEVILACQUA, C. R. (1998) Unidades fraseológicas especializadas: novas perspectivas para sua identificação e tratamento. *Organon.* Porto Alegre: 1998, v. 12, nº 26, p. 119-132.

BEVILACQUA, C. R. (1999) *Unidades Fraseológicas Especializadas: estado de la cuestión y perspectivas.* Barcelona: Universitat Pompeu Fabra, Institut Universitari de Lingüística Aplicada, 1999. Trabalho de Pesquisa.

BIDERMAN, M. T. C. (2001) As ciências do léxico. In: OLIVEIRA, A. M. P. P., ISQUERDO, A. N. (orgs.). *As ciências do léxico:* Lexicologia, Lexicografia, Terminologia. Campo Grande: UFMS, 2001, p. 13-22.

BIDERMAN, M. T. C. (2001) *Teoria linguística.* 2ª ed. São Paulo: Martins Fontes, 2001.

BLAIS, E. Le phraséologisme. Une hypothése de travail. *Terminologies Nouvelles.* Bélgica: RINT, 1993, n. 10, p. 50-56.

BORGES, M. F. *Identificação de sintagmas terminológicos em Geociências.* Porto Alegre: UFRGS, 1998. Dissertação de Mestrado (inclui volume de anexos com 254 pp.).

BOULANGER, J. C. (1979) Néologie et terminologie. *Néologie en Marche*, 1979, v. 4, p. 9-116.

BOULANGER, J. C. (2001) Convergências e divergências entre a lexicografia e a terminografia. In: LIMA, M. S., RAMOS, P. C. (orgs.) *Terminologia e ensino de segunda língua:* Canadá e Brasil. Porto Alegre: UFRGS/Núcleo de Estudos Canadenses da UFRGS/ ABECAN, 2001, p. 7-28.

BOULANGER, J. C., L'HOMME, M. C. Les technoletes dans la pratique dictionnairique générale. Quelques fragments d'une culture. *Meta*, mars 1991, v. 36, n. 1, p. 22-39.

BOURIGAULT, D., JACQUEMIN, C., L'HOMME, M. C. (eds.) *Presentation of the Book on: Computational Terminology; Book Proposal.* Disponível em: http://m17.limsi.fr/ Individu/jacquemi/Computerm acessado em 10/jul/1999.

BRADY, J. E., HUMISTON, G. E. *Química Geral.* 2 ed. Rio de Janeiro: Livros Técnicos e Científicos (LTC), 1996, vol. 2.

BRUMME, J. (1998) *Actes Del co-loqui: La història dels llenguatges iberoromànics d'especialitat (segles XVII-XIX): solucions per al present.* Barcelona: Institut Universitari de Lingüística Aplicada, Universitat Pompeu Fabra, Barcelona, 15-17 maio, 1997.

CABRÉ, M. T. (1993) *La terminología: teoría, metodología, aplicaciones.* Barcelona: Antártida/Empúries, 1993.

CABRÉ, M. T. (1993) Aspectos organizativos. In: CABRÉ, M. T. *La terminología: teoría, metodología, aplicaciones.* Barcelona: Antártida/Empúries, 1993.

CABRÉ, M. T. (1994) Terminologie et dictionnaires. *Meta*, décembre 1994, n. 4, v. 39, p. 590-597.

CABRÉ, M. T., MOREL, J., TEBÉ, C. (1996). Las relaciones conceituales de tipo causal; un caso práctico. In: *V Congreso de la Red Iberoamericana de Terminología*, 4-11 Nov. 1996, México-DF. Actas. Paris: União Latina, 1998.

CABRÉ, M. T., LORENTE, M., ESTOPÀ, R. (1996) Terminología y fraseologia. *Actas del V Simposio de Terminologia Iberoamericana.* Ciudad de México: RITERM, nov. de 1996, p. 67-81.

BIBLIOGRAFIA CITADA E DE LEITURAS RECOMENDADAS 217

CABRÉ, M.T. (1998a) Elementos para una teoría de la terminología: hacia un paradigma alternativo. *Lenguaraz*, Buenos Aires, abril/1998, v. 1, n. 1, p. 59-78.

CABRÉ, M. T. (1998b) Una nueva teoría de la terminología: de la denominación a la comunicación. *VI Simposio Iberoamericana de Terminología*. La Habana: nov. 1998. In: CORREIA, M. *Terminologia, desenvolvimento e identidade nacional*. Lisboa: Edições Colibri/ILTEC, 2002, p. 41-61.

CABRÉ, M. T. (1999a) *Principios teóricos sobre la terminología, ámbito y unidades de estudio. Sumario de principios y consecuencias metodológicas. La terminología científico-técnica: reconocimiento, análisis y extracción de información formal y semántica*. (Informe DGES PB-96-0293). Barcelona: Universitat Pompeu Fabra, Institut Universitari de Lingüística Aplicada, 1999.

CABRÉ, M. T. (1999b) Variació per tema. El discurs especialitzat o la variació funcional determinada per la temática: noves perspectives. *Revista Internacional de Filología*. Caplletra: Valencia, 1999, n. 25, p. 173-194.

CABRÉ, M. T. (1999c) *Terminología:* Representación y comunicación. Elementos para una teoría de base comunicativa y otros artículos. Série Monografies, 3. Barcelona: Universitat Pompeu Fabra, Institut Universitari de Lingüística Aplicada, 1999.

CABRÉ, M. T. (1999) Traducción y Terminología. In: CABRÉ, M. T. (1999c) *Terminología:* Representación y comunicación. Elementos para una teoría de base comunicativa y otros artículos. Sèrie Monografies, 3. Barcelona: Universitat Pompeu Fabra, Institut Universitari de Lingüística Aplicada, 1999.

CABRÉ, M. T., FREIXA, J., LO RENTE, M., TEBÉ, C. (2001) La Terminologia hoy: replanteamiento o diversificación. *Organon*. Porto Alegre: 2001, v. 12, n. 26.

CABRÉ, M. T., ESTOPÀ, R., FREIXA, J. LORENTE, M., TEBÉ, C. (2001) ¿És la terminologia um simple instrument d'ajuda a la traducció? *Actas do I Congresso de Traducción Especializada*. Barcelona: UPF, 2001.

CABRÉ, M. T., ADELSTEIN, A. (2001) ¿Es la terminología lingüística aplicada? In: MUÑOZ, C. (coord.) *Trabajos en lingüística aplicada*. Barcelona: Univerbook, S. L., 2001, p. 387-393.

CALSAMIGLIA, H., CASSANY, D. Voces y conceptos en la divulgación científica. *Revista Argentina de Lingüística*, 1999, v. 15, p. 173-208.

CASARES, J. *Introducción a la Lexicografia moderna*. Madri: Consejo Superior de Investigaciones, 1992.

CASSIRER, E. Filosofia de las formas simbólicas. *I El Lenguaje*. México: Fondo de Cultura Económica, 1971.

CASTILLO, R. A. *¿Como hacer un diccionario científico técnico?* Buenos Aires: Memphis, 1997.

CHAROLLES, M. Intoduction aux problèmes de la cohèrence des textes. *Langue française*. Paris: Larousse, 38:7-41, maio de 1978.

CIAPUSCIO, G. E. (1998) La terminología desde el punto de vista textual: selección, tratamiento y variación. *Organon*. Porto Alegre: 1998, v. 12, n° 26, p. 43-65.

CIAPUSCIO, G. E. (1999) Variación conceptual del término y grado de especialidad de los textos. *Revista Argentina de Lingüística*, 1999, v. 15, p. 49-82.

CLAS, A., BAUDOT, J. BATEM. Une banque terminologue sur micro-ordinateur. INFOTERM Symposium, 2, 1985. Viena. Proceedings: Networking in Terminology. München: K. G. Saur, 1986. (Infoterm Series 8), p. 376-389.

CLAS, A. (2001) Terminologia e terminologia lexicográfica. In: LIMA, M. S., RAMOS, P. C. (orgs.) *Terminologia e ensino de segunda língua:* Canadá e Brasil. Porto Alegre: UFRGS/ Núcleo de Estudos Canadenses da UFRGS/ABECAN, 2001, p. 29-36.

218   Introdução à terminologia

COPI, I. M. *Introdução à Lógica*. 2ª ed. São Paulo: Mestre Jou, 1978.

DESMET, I. A análise do sentido em terminologia: teoria e prática da definição terminológica. *Tradterm*, 8, 2002, p. 169-188

DESMET, I. *Pour une approche terminologique des sciences sociales et humaines. Les sciences sociales et humaines du travail en portugais et en français*. Paris: Université Paris-Nord (Paris XIII), 1995-1996. Tese de Doutorado.

DICTIONARY OF SCIENCE. 6ª ed. London: Penguin, 1988.

DOMENÉCH, M. Unitats de coneixement i textos especialitzats: primera proposta d'analisi. Barcelona: Universitat Pompeu Fabra, 1998. Tese de Doutorado.

DUBOIS, J. *Dicionário de Linguística*. São Paulo: Cultrix, 1973.

ESTOPÀ, R. (1999) *Extracció de terminologia: elements per a la construcció d'un SEACUSE (Sistema d'Extracció Automàtica de Candidats a Unitats de Significació Especialitzada)*. Barcelona: Universitat Pompeu Fabra, Institut Universitari de Lingüística Aplicada, 1999. Tese de Doutorado.

ESTOPÀ, R. (2000) Los adjetivos en las unidades terminológicas poliléxicas: un análisis morfosemántico. *Organon*. Porto Alegre: il/ufrgs, 2000, v. 14, n. 28/29, p. 233-246.

ETTINGER, S. Formación de palabras y fraseología en la lexicografia. In: HAENSCH, Günther, *La lexicografia: de la lingüística teórica a la lexicografia práctica*. Madrid: Gredos, 1982, p. 233-258.

FAULSTICH, E. Planificação linguística e problemas de normalização. *Alfa*. São Paulo, usp, 1998, n. 42, p. 247-268.

FEDOR DE DIEGO, A. *Terminologia Teoria e practica*. Universidad Simon Bolivar. Venezuela: Equinoccio, 1995.

FELBER, H. Prefácio. In: CABRÉ, M. T., FREIXA, J., LORENTE, M., TEBÉ, C. *Textos de terminólogos de la Escuela Rusa*. Barcelona: Universitat Pompeu Fabra, 2001.

FERREIRA, A. B. H. (1986) *Novo dicionário da língua portuguesa*. 2ª ed. Rio de Janeiro: Nova Fronteira, 1986.

FINATTO, M. J. B. (1993) *Da lexicografia brasileira* (1913-1991): tipologia microestrutural de verbetes substantivos. Porto Alegre: ufrgs, 1993. Dissertação de Mestrado.

FINATTO, M. J. B. (1996) Da lexicografia brasileira (1813-1991): a microestrutura dos dicionários gerais de língua. *Lingüística*. Madrid: alfal, 1996, vol. 8, p. 53-88.

FINATTO, M. J. B. (1998) Elementos lexicográficos e enciclopédicos na definição terminológica: questões de partida. *Organon*. Porto Alegre: ufrgs, 1998, vol. 12, n. 26.

FINATTO, M. J. B. (2000) *Para a descrição do texto especializado: proposta preliminar para o enfoque linguístico-terminológico de manuais acadêmicos de Química Geral*. Porto Alegre: ufrgs, 2000. [inédito]

FINATTO, M. J. B. (2001a) *Definição terminológica: fundamentos teórico-metodológicos para sua descrição e explicação*. Porto Alegre: Instituto de Letras, Universidade Federal do Rio Grande do Sul, 2001. Tese de Doutorado.

FINATTO, M. J. B. (2001b) Terminologia e ciência cognitiva. In: KRIEGER, M. G., MACIEL, A. M. B. (orgs.). *Temas de Terminologia*. Porto Alegre/São Paulo: Universidade/ufrgs/Humanitas/usp, 2001, p. 141-149.

FINATTO, M. J. B. (2001c) A definição terminológica no dicionário termisul: expressão linguística de relações conceptuais complexas. In: OLIVEIRA, A. M. P. P., ISQUERDO, A. N. *(orgs.)*. *As ciências do léxico: Lexicologia, Lexicografia, Terminologia*. Campo Grande: ufms, 2001, p. 211-223.

BIBLIOGRAFIA CITADA E DE LEITURAS RECOMENDADAS   219

FINATTO, M. J. B. (2001d) *Para uma descrição do manual acadêmico de Química Geral.* Porto Alegre: inédito, 2001.

FINATTO, M. J. B. (2001e) *Terminografia brasileira no final do século XIX:* contraponto entre domínios emergentes e consolidados. In: KRIEGER, M. G., MACIEL, A. M. B. (orgs.). *Temas de Terminologia.* Porto Alegre/São Paulo: Universidade/UFRGS/Humanitas/USP, 2001, p. 197-212.

FINATTO, M. J. B., DEL PINO, J. C., EICHLER, M. L. Sobre os verbos PODER e DEVER em textos de Química. *Organon.* Porto Alegre: 2002, n. 30, p. 83-104.

FINATTO, M. J. B., ENZWEILER, N., HUANG, C., EICHLER, M. L., DEL PINO, J. C. (2003) Manuais acadêmicos de Química Geral em língua portuguesa: aspectos linguístico-terminológicos e aspectos conceituais. São Paulo: *TradTerm,* 2003, vol. 8, p. 211-240.

GAMERO, S. *La traducción de textos técnicos.* Barcelona: Arial, 2001.

GAUDIN, F. (1993) *Pour une socioterminologie.* Des problemees semantiques aux pratiques institutionelles. Rouen: Publications de l'Université de Rouen.

GODENJELM, N. Quality of a termbank from the service viewpoint – a case study on the Nokia termbank. *IITF Journal,* 1999, vol. 10, n. 1, p. 31-37.

GONZALEZ DE GOMÉZ, M. N. A representação do conhecimento e o conhecimento da representação: algumas questões epistemológicas. *Ciência da Informação.* Brasília: set/dez. 1993, v. 22, n. 3, p. 217-222.

GOUADEC, D. (1990) *Terminologie: constitution des données.* Paris: AFNOR, 1990. GOUADEC, D. (1994) Nature et traitement des entités phraséologiques. Terminologie et phraseologie. Acteurs et amenageurs. *Actes du Deuxieme Université d'Automne en Terminologie.* Paris: La Maison du Dictionnaire, 1994, p. 164-193.

GREIMAS, A. J. (1968) *Du sens.* Paris: Du Seuil, 1968.

GREIMAS, A. J. (1973) *Semântica estrutural.* São Paulo: Cultrix, 1973.

GREIMAS, A. J., COURTÈS, J. *Dicionário de Semiótica.* São Paulo: Cultrix, sd.

GUILBERT, L. (1965) *La formation du vocabulaire de l'aviation.* Paris: Larousse, 1965.

GUILBERT, L. (1975) *La créativité lexicale.* Paris: Larousse, 1975.

GUTIÉRREZ RODILLA, B. M. *La ciencia empieza en la palabra.* Análisis e historia del lenguaje científico. Barcelona: Península, 1998.

HABERT, B., NAZARENKO, A., SALEM, A. *Les linguistiques de corpus.* Paris: Armand Colin,1997.

HAENSCH, G. Delimitación del léxico y de la lexicografía en la lingüística. In: HAENSCH et al. *La lexicografia:* de la lingüística teórica a la lexicografia practica. Madrid: Gredos, 1982.

HALLIDAY, M., HASAN, H. *Cohesion in English.* London: Longman, 1976.

HEID, Ulrich. Towards a corpus-based dictionary of German noun-verb collocations. In: FONTENELLE, T. [org.]. *Euralex'98 Proceedings.* Liège: Vol. II. p. 513-522, 1998.

HOFFMANN, L. (1998) *Llenguatges d'especialitat.* Selecció de textos. In: BRUMME, J. (dir.) Barcelona: IULA/UPF, 1998.

HOUAISS, A., VILLAR, M. S. *Dicionário Houaiss da língua portuguesa.* Rio de Janeiro: Objetiva, 2001.

HURTADO ALBIR, A. (1999) *Ensenãr a traduzir:* metodologia em la formación de traductores e intérpretes. Madrid: Edelsa, 1999.

HURTADO ALBIR, A. (2001a) *Traducción y traductología: introducción a la traductología.* Madrid: Cátedra, 2001.

HURTADO ALBIR, A. (2001b) La tradución de textos especializados. In: HURTADO ALBIR, A. *Traducción y traductología: introducción a la traductologia.* Madrid: Cátedra, 2001, p. 59-61.

KOCOUREK, R. Textes et Termes. *Meta*, vol. 36, n. 1, mars, Numéro Spécial. La Terminologie dans le monde: orientations et recherches, 1991, p. 71-76.

KOSTINA, I. *Dinamicidad de los conceptos especializados en los textos de diferente nivel de especialización*. Bella Terra: Universidad Autónoma de Barcelona, 2000. Trabajo de Investigación.

KRIEGER, M. G. (1981) *A definição lexicográfica no novo dicionário Aurélio: análise sêmica de verbetes substantivos*. Porto Alegre: UFRGS, 1980. Dissertação de Mestrado.

KRIEGER, M.G. (1993) A obra e o fazer dicionarísticos. *Cadernos do IL*. Porto Alegre: Universidade Federal do Rio Grande do Sul, jun. 1993, n. 10, p. 9-16.

KRIEGER, M. G., MACIEL, A. B. M., BEVILACQUA, C. R., FINATTO, M. J. B. Dicionário jurídico-ambiental: relações de interlocução. *Ciência da Informação*. Brasília: set/dez, 1995, v. 24, n. 3, p. 308-312.

KRIEGER, M. G. (1998). A interface semiótica/terminologia no dicionário jurídico-ambiental TERMISUL. In: OLIVEIRA, A. M. P. P., ISQUERDO, A. N. (orgs.). *As ciências do léxico: Lexicologia, Lexicografia, Terminologia*. Campo Grande: UFMS, 2001, p. 225-236.

KRIEGER, M. G. (1998b) Terminologia em contextos de integração: funcionalidade e fundamentos. *Organon*. Porto Alegre: IL/UFRGS, 1998, v. 12, n. 26, p. 19-32.

KRIEGER, M. G., MACIEL, A. B. M., ROCHA, J. C. C., FINATTO, M. J. B., BEVILACQUA, C. R. *Dicionário de Direito Ambiental: Terminologia das leis do meio ambiente*. Porto Alegre: UFRGS/Ministério Público Federal, 1998.

KRIEGER, M. G., MACIEL, A. M. B., FINATTO, M. J. Terminografia das leis do meio ambiente: princípios teórico-metodológicos. *TradTerm*, 6, 2000.

KRIEGER, M. G., MACIEL, A. M. B. (orgs.). *Temas de Terminologia*. Porto Alegre/São Paulo: Universidade/UFRGS/Humanitas/USP, 2001, p. 336-342.

KRIEGER, M. G. O termo: questionamentos e configurações. São Paulo: Humanitas, *TradTerm*, 2001, vol, 7, p. 111-140.

KRIEGER, M. G. (2001a) A face linguística da Terminologia. In: KRIEGER, M. G., MACIEL, A. M. B. (orgs.). *Temas de Terminologia*. Porto Alegre/São Paulo: Universidade/UFRGS/Humanitas/USP, 2001, p. 22-33.

KRIEGER, M. G. (2001b) Relações entre Terminologia e Tradução. In: KRIEGER, M. G., MACIEL, A. M. B. (orgs). *Temas de Terminologia*. Porto Alegre/São Paulo: Universidade/UFRGS/Humanitas/USP, 2001, p. 155-163.

KRIEGER, M. G. (2001c) Terminologia revisitada. In: KRIEGER, M. G., MACIEL, A. M. B. (orgs.). *Temas de Terminologia*. Porto Alegre/São Paulo: Universidade/UFRGS/Humanitas/USP, 2001, p. 47-60.

KRIEGER, M. G. (2001d) Sobre terminologia e seus objetos. In: LIMA, M. S., RAMOS, P. C. (orgs.) *Terminologia e ensino de segunda língua: Canadá e Brasil*. Porto Alegre: UFRGS/Núcleo de Estudos Canadenses da UFRGS/ABECAN, 2001, p. 37-43.

KRIEGER, M. G. Glossário de Direito Ambiental Internacional: implicações pragmáticas. In: KRIEGER, M. G., MACIEL, A. M. B. (orgs.). *Temas de Terminologia*. Porto Alegre/São Paulo: Universidade/UFRGS/Humanitas/USP, 2001, p. 336-342.

KUGUEL, I. Variación terminológica y correferencialidad textual. *Organon*. Porto Alegre: 1998, v. 12, n. 26, p. 91-108.

LAINÉ, C. *Vocabulaire combinatoire de la CFAO mécanique*. Canadá: Réseau International de Néologie, 1993, p. 14.

LAINÉ, C., PAVEL, S., BOILEAU, M. La phrasélogie – nouvelle dimension de la recherche terminologique. Travaux du module canadien du RINT. *L'Actualité terminologique*, 25/3. Canada: Bureau de Traduction, 1992.

BIBLIOGRAFIA CITADA E DE LEITURAS RECOMENDADAS 221

LAKOFF, G. *Women, fire, and dangerous things: what categories reveal about the mind.* Chicago: University of Chicago Press, 1987.

LANDAU, S. I. *Dictionaries.* The art and craft of lexicography. Cambridge: Cambridge University Press, 1993.

LARA, L. F. *Teoria del diccionario monolingüe.* México: El Colegio del México, 1996.

LÉRAT, P. (1995a) *Les langues spécialisées.* Paris: Presses Universitaires de France, 1995.

LÉRAT, P. (1995b) Langues spécialisés et documentation. In: LÉRAT, P. *Les langues spécialisées.* Paris: PUF, 1995, p. 106-113.

LIMA, V. M. A. *Terminologia, comunicação e representação documentária.* São Paulo: USP, 1998. Dissertação de Mestrado.

LONGMAN DICTIONARY OF SCIENTIFIC USAGE. London: Longman, 1979.

MACIEL, A. M. B. (1996) Pertinência pragmática e nomenclatura de um dicionário terminológico. *Revista Internacional de Língua Portuguesa.* Lisboa: Associação das Universidades de Língua Portuguesa, 1996, n. 15, p. 69-76.

MACIEL, A. M. B. (1998) Terminologia, linguagem de especialidade e dicionários. *V Congresso Brasileiro de Linguística Aplicada.* Porto Alegre: ALAB/Associação de Linguística Aplicada do Brasil/Universidade Federal do Rio Grande do Sul, de 31.08 a 04.09.98. (no prelo)

MACIEL, A. M. B. (1998c) Bancos de dados teminológicos – BTDS. *VII Encontro Nacional de Tradutores/Encontro Internacional de Tradutores.* Associação Brasileira de Pesquisadores em Tradução e Centro Interdepartamental de Tradução e Terminologia, Universidade de São Paulo, SP, 07-11/09/1998.

MACIEL, A. M. B. (2001) *Para o reconhecimento da especificidade do termo jurídico.* Porto Alegre: UFRGS. Tese de Doutorado.

MAHAN, B. M., MYERS, R. J. (1995) *Química, um curso universitário.* São Paulo: Edgard Blücher, 4ª ed., 1995.

MARTÍ, J. *El vocabulari del taller mecànic.* Barcelona: Universitat Politècnica de Catalunya, 1991. Tese de Doutorado. [inédita]

MASTERTON, W. L., SLOWINSKI, E. J., STANITSKI, C. L. *Princípios de Química.* Livros Técnicos e Científicos (LTC), 6ª ed., 1990.

MOURA, L. A. A. de. *Qualidade e Gestão Ambiental: sugestão para implantação das normas ISO 14.000 nas empresas.* São Paulo: Juarez de Oliveira, 2001.

NUOPPONEN, A. Terminologies on-line: from term banks to the world wide web. *Terminology Science and Research*, 1996, v. 7, n. 1, p. 21-27.

OTMAN, G. *Les répresentations sémantiques em terminologie.* Paris: Masson, 1996.

PAVEL, S., NOLET, D. *Manual de Terminologia.* Quebéc: Bureau de la traduction, 2002.

PEARSON, J. (1999) Comment accéder auxs éléments définitoires dans les textes spécialisés? *Terminologies nouvelles.* Québec: RINT (Réseau international de néologie et de terminologie), décembre 1998, juin, 1999, n. 19, p. 21-28.

PESANT, G., THIBAULT, E. Analyse sémantique de termes de juridiction et compétence. *Terminogramme*, n. 68, Quebec, Office de la Langue Française, 1993, p. 25.

PICHT, H. Korpora als Ausgangpunkt für die Extraktion von terminologischen Daten. *Synaps*, 2001, n. 8, p. 38-48.

POTTIER, B. *Linguística geral: teoria e descrição.* Rio de Janeiro: Presença, 1978.

PUSTEJOVSKY, J. *The Generative Lexicon.* Cambridge: The Mit Press, 1995.

REFORMATSKII, A. A. ¿Qué es el término y qué es la terminología? In: CABRÉ, M. T., FREIXA, J., LORENTE, M., TEBÉ, C. *Textos de terminólogos de la Escuela Rusa.* Barcelona: Universitat Pompeu Fabra, 2001, p. 151-162.

222   INTRODUÇÃO À TERMINOLOGIA

REY, A. (1970) *La Lexicologie: lectures*. Paris: Klincksieck, 1970.

REY, A. (1977) *Le lexique: images et modèles, du dictionnaire à la lexicologie*. Paris: Armand Colin,1977.

REY, A. (1979) *La terminologie*. Noms et notions. Paris: Presses Universitaires de France. (Que sais-je?)

REY, A. (1985) La terminologie dans un dictionnaire générale de la langue française: le Grand Robert. *TermNet News*. Vienne: INFOTERM, n. 14, p. 5-7, 1985. (Edition spécial pour la France).

REY, A. (1990) Polysémie du terme définition. In: CHAURAND, J., MAZIÈRE, F. (orgs.). *La définition*. Paris: Larousse, 1990, p. 13-22.

REY, A. (1992) *La terminologie*. Noms et notions. 2. ed. Paris: Presse Universitaires de France, 1992 (Que sais-je?)

REY, A. (1995) *Essays on Terminology*. Philadelphia: John Benjamins, 1995.

REY, A. (2000) Defining definition. In: SAGER, J. C (org.) *Essays on Definition*. Philadelphia: John Benjamins, 2000, p. 1-14.

REY-DEBOVE, J. (1971) *Étude linguistique et sémiotique des dictionnaires français contemporains*. La Haye: Mouton, 1971.

REY-DEBOVE, J. (1984) Léxico e dicionário. *Alfa*. São Paulo, 1984, 28 (supl.): 45-69.

RONDEAU, G., FELBER, H. (orgs). *Textes choisis de terminologie: I. Fondements théoriques de la terminologie*. Québec: Université Laval, 1981.

RONDEAU, G. *Introduction à la terminologie*. Québec: Gaëtan Morin, 1984.

RUSSEL, J. B. *Química Geral*. São Paulo: Makron Books do Brasil, 1994, 2ª ed., vol. 2.

SAGER, J. C. (1990) *A practical course in terminology processing*. Amsterdam: John Benjamins, 1990.

SAGER, J. C. (1993a) *Curso práctico sobre el processamiento de la terminologia*. Fundación Germán Sánchez Riupérez/Ediciones Pirámides, Madrid: Pirámide, 1993.

SAGER, J. C (org.) (2000) *Essays on Definition*. Philadelphia: John Benjamins, 2000.

SANDRINI, P. (1996b) *Terminologiearbeit im Recht: Deskriptiver begriffsorientierter Ansatz vom Standpunkt des Übersetzers*. Vienna: TermNet. (IITF Series, n. 8)

SELOV, S. D., MJASNIKOV, A. G. Logical-Semantic Structure of a Terminology and its Formal Properties. Selected readings in Russian Terminology Research. IITF-*Series*, 1993, vol. 3, p. 38-55.

SLODZIAN, M. (1995b) Comment révisiter la doctrine terminologique aujourd'hui? *La Banque des Mots*. Rencontres Terminologie et Intelligence Artificielle. Numéro spécial, Paris: Conseil International de la Langue Française, n. 7. p. 11-18, 1995.

SLODZIAN, M. (2000) L'émergence d'une terminologie textualle et le retour du sens. In: BÉJOINT, H., THOIRON,P. (orgs.). *Le sens en Terminologie*. Lyon: Presses Universitaires de Lyon, 2000.

TÁLAMO, M. F. G. M., LARA, M. L. G., KOBASHI, N. Y. (1992) Contribuição da terminologia para a elaboração de tesauro. *Ciência da Informação*, v. 21, n. 3, p. 197-200.

TEBÉ, C. Bancos de dados terminologicos. *Terminometro*. La Terminología en España. Numero Especial, p. 65-68, 1996.

TEMMERMAN, R. (1998) *Terminology beyond standardisation: language and categorisation in the life sciences*. Leuven: Catholic University, 1998.

TEMMERMAN, R (1999) Terminology: the socio-cognitive approach. *II Simposio Internacional de Terminología*. Barcelona: Universitat Pompeu Fabra, IULA, julio 1999. (no prelo)

TEMMERMAN, R. (2000) *Towards New Ways of Terminology Description*. The sociocognitive approach. Philadelphia: John Benjamins, 2000.

VALE, O. A. *Expressões cristalizadas do português do Brasil: uma proposta de tipologia*. São Paulo: UNESP, 2002. Tese de doutorado.

VAN DER LAAN, R. *Tesauro e Terminologia: uma inter-relação lógica*. Porto Alegre: UFRGS, 2002. (mimeo) Tese de Doutorado. (inclui anexos)

VAN DIJK, T. A. *Texto y contexto*. Semântica e pragmática del discurso. Madrid: Cátedra, 2. ed., 1984.

VEGA, M. A. Terminología y Traducción. *Jornada Panlatina de Terminología*, 1995. Barcelona: Universitat Pompeu Fabra. IULA, 1996, p. 65-71.

WALCZAK, O. La terminologie dans les dictionnnaires généraux. *Neoterm*. Varsóvie, 13/16, 1991, p. 126-129.

WIEGAND, H. E. Sinonímia e seu significado numa lexicografia monolíngue. In: VILELA, M. *Problemas da Lexicologia e da Lexicografia*. Porto: Civilização, 1979, p. 118-180.

WÜSTER, E. (1974). Die allgemeine Terminologielehre – ein Grenzgebiet Zwischen Sprachwissenschaft, Logik, Ontologie, Informatik und Sachwissenschaften. *Linguistics*, v. 119, p. 61-106.

WÜSTER, E. (1981) L'étude scientifique générale de la terminologie, zone frontalière entre la linguistique, la logique, l'ontologie, l'informatique et les sciences des choses. In: RONDEAU, G., FELBER, H. (orgs). *Textes choisis de terminologie:* I. Fondements théoriques de la terminologie. Québec: Université Laval, 1981.

WÜSTER, E. (1998) *Introducción a la teoría general de la terminología y a la lexicografía terminológica*. Trad. Anne-Céceli Nokerman. Barcelona: Universitat Pompeu Fabra, 1998.